HISTOIRE DES JUIFS

LOUIS-PHILIPPE DE SÉGUR

TABLE DES MATIÈRES

1. Temps écoulé depuis la création jusqu'au déluge	1
2. Précis depuis le déluge jusqu'à la vocation d'Abraham	3
3. Abraham	4
4. Isaac, Jacob et Joseph	8
5. Moïse	16
6. Josué et les Juges	27
7. Samuel, dernier juge ; Saül, premier roi	36
8. David	43
9. Salomon	47
10. Roboam, roi de Juda. Jéroboam, roi d'Israël	52
11. Aza, roi de Juda. Nadab, Baasa, Éla, Zambri et Amri, rois d'Israël	56
12. Achab, Ochozias, Joram, rois d'Israël. Josaphat, Joram, Ochozias, rois de Juda	58
13. Athalie, Joas, Amazias ou Osias, Joathan, Achaz, Ézéchias, Ammon, rois de Juda. Jéhu, Joachas, Joas, Jéroboam II, Zacharias, Sellum, Manahé, Phacéia, Phacée et Ozea, rois d'Israël	62
14. Josias, Joachas, Joachim, Sédécias, rois de Juda	68
15. Godolias, Zorobabel, Esdras	70
16. Tobie	73
17. Judith	75
18. Esther	77
19. Job	80
20. Isaïe, Jérémie, Baruch, Ézéchiel, Daniel, prophètes.	82
21. Suzanne, Jonas.	86
22. République juive, gouvernement des pontifes. Fin de la république juive	88
23. Éléazar, les Maccabées, Judas Maccabée et ses frères	95
24. Aristobule, Alexandre, Alexandra, Hyrcan, Aristobule, rois	105
25. Hérode	109
26. Jésus-Christ	114
27. Archélaüs, Agrippa, Hérode le tétrarque, Agrippa II, Simon, Jean, Josèphe	126

1

TEMPS ÉCOULÉ DEPUIS LA CRÉATION JUSQU'AU DÉLUGE

Il serait honteux à tout honnête homme, disait Bossuet, *d'ignorer le genre humain et les changements mémorables que la suite des temps a faits dans le monde. Apprenons donc à la jeunesse à les connaître : préparons la, par un précis de l'histoire universelle, à l'étude de l'histoire particulière de chaque peuple.*

Nous lui proposerons un grand spectacle : elle y verra tous les siècles précédents se développer, pour ainsi dire, en peu d'heures devant elle. Elle trouvera dans la naissante, dans l'élévation, dans la chute des empires, d'éternels monuments de la puissance de Dieu et des faiblesses des hommes. Elle y apprendra, non par des maximes abstraites, mais par des exemples convaincants, à respecter là religion qui fonde et conserve la morale ; à chérir la vertu et la justice, sans lesquelles il n'existe ni gloire ni puissance durables ; et à détester les vices, les lâchetés et les crimes qui entraînent la décadence des nations, et tous les malheurs dont l'homme se plaint, et dont il est à la fois lui-même cause et victime.

L'antiquité nous cache, sous un voile épais, l'origine et l'enfance de presque tous les peuples de la terre. En voulant percer la nuit des temps, chaque philosophe s'est fait un système, chaque peuple s'est créé des fables. On ne trouve, à cet égard, dans les auteurs les plus anciens, que des romans dépourvus de liaisons et de vraisemblance.

Moïse est le seul qui nous ait donné une histoire suivie. Ainsi c'est en apprenant l'Histoire de notre religion que nous apprenons celle des premiers temps du monde. Une source si sacrée nous commande le respect, et nous fait un devoir de présenter les lumières qu'on y puise sans discussion.

Il serait imprudent de vouloir sonder les mystères et la profondeur des livres saints, et de prétendre en expliquer les obscurités. Ces livres, au reste, nous ont transmis peu de détails sur les événements qui ont précédé le déluge. On ne peut donc que rappeler comme eux, en peu de mots, que Dieu, par sa parole créa le ciel et la terre en six jours, et qu'il fit l'homme à son image[1]. Le dernier jour, la femme fut tirée de l'homme pour être son éternelle compagne. Placés tous deux dans le paradis terrestre, ils devaient y jouir d'une parfaite et constante félicité. Le démon, sous la forme d'un serpent, les tenta : l'orgueil les séduisit. Ils voulurent connaître le bien et le mal, et manger le fruit défendu : ils succombèrent. Leur chute fut punie par l'exil : leurs corps célestes devinrent sujets à la douleur et à la mort. Ils sortirent du lieu de délices qui les avait vus naître, sans espoir d'y retourner jamais ; et leur âme, privée de l'appui divin, fut depuis exposée aux séductions des sens, à l'entraînement des passions. Tous les peuples, en regrettant l'âge d'or, semblent conserver quelques antiques images de la perfection primitive de l'homme, de la félicité qu'il a perdue, et du jardin dont il s'est vu banni.

Bientôt la terre se peupla, et les premiers enfants d'Adam l'ensanglantèrent par le premier crime. L'innocent Abel, le féroce Caïn, donnèrent le premier exemple des vertus et des vices qui ont partagé l'empire du monde. Le ciel reçut les offrandes d'Abel, et rejeta celles de Caïn. Caïn n'écoutant que sa fureur tua son frère. Ce premier homicide fut puni par une réprobation éternelle[2].

Caïn, poursuivi par la vengeance divine et par les tourments de sa conscience, chercha vainement, en errant d'asile en asile, à calmer son effroi et à fuir la haine du genre humain. Partout il trouvait la colère céleste ; partout l'image de son frère le poursuivait. Ses enfants, objets, ainsi que lui, du courroux divin se laissèrent entraîner par les passions et les vices. Ils fondèrent des états, inventèrent les arts et introduisirent le luxe sur la terre. Seth et sa nombreuse famille échappèrent à cette dépravation : ils demeurèrent fidèles à Dieu et à la vertu. Hénoch se distingua tellement par la pureté de ses mœurs et la sainteté de sa vie, qu'excepté, de la loi commune, Dieu l'enleva, dit-on, dans le ciel sans lui faire subir la mort.

Le mélange des enfants du ciel et des enfants des hommes, c'est-à-dire, des bons et des méchants, répandit la corruption dans le monde. La vertu fut immolée aux passions, la vérité à l'erreur : on oublia l'Être suprême ; l'idolâtrie et le crime régnèrent, et la perversité devint telle que Dieu résolut de détruire le genre humain. La terre fut submergée : tout périt sous les eaux[3]. Noé seul et sa famille, dont les vertus allaient trouver grâce devant l'Éternel, se sauvèrent dans l'arche que le patriarche avait construite par l'ordre céleste.

Voilà tout ce que nous ont appris les auteurs sacrés de l'histoire des mille six cent cinquante-six années qui se sont écoulées depuis la création jusqu'au déluge. Les différents peuples de la terre ont presque tous conservé la tradition de ce grand désastre, et néanmoins leurs fables historiques ne sont pas toujours d'accord entre elles. Cependant elles, attestent toutes que, dans l'enfance du monde, l'homme était plus heureux que sa félicité était le fruit de ses vertus et de sa piété, et que les criminels dérèglements du genre humain devinrent la cause de sa perte.

---

1. An du monde 1. — Avant Jésus-Christ 4003.
2. An du monde 128. — Avant Jésus-Christ 3376.
3. An du monde 1657. — Avant Jésus-Christ 2347.

2

PRÉCIS DEPUIS LE DÉLUGE JUSQU'À LA VOCATION D'ABRAHAM

Les trois enfants de Noé, Sem, Cham et Japhet ou Japet repeuplèrent le monde. Le souvenir de Japet s'est conservé dans l'Occident comme celui de Cham en Égypte, et celui de Sem chez les Hébreux.

La civilisation, la culture, l'industrie firent des progrès ; mais la corruption s'étendit comme elles. Les descendants de Noé, dans leur orgueil, voulurent s'approcher du ciel, et bâtirent la tour de Babel. Dieu confondit leur folle présomption[1]. Il leur donna des langages différents : ils ne s'entendirent plus, se séparèrent, et prirent pour rois et pour chefs les chasseurs les plus forts et les plus adroits d'entre eux.

La vie de l'homme s'abrégea. Les héros, d'abord célèbres par leurs combats contre les animaux féroces, cherchèrent bientôt une gloire moins utile, en combattant des hommes. Le fer qui, dans ces premiers temps, avait couvert la terre de moissons, l'inonda de sang. Nembrod fut le premier conquérant ; il fonda Ninive. Les Chaldéens étudièrent les astres. Les Égyptiens fondèrent quatre royaumes. Comme on rapporte à cette époque le commencement de la législation égyptienne et la construction des pyramides, on peut juger de la rapidité des progrès de la population et des lumières. Mais ces lumières, en éclairant la terre, inspirèrent à ses habitants un orgueil qui les aveugla, et leur fit perdre de vue la première et la plus importante des vérités, Ils oublièrent la Divinité, quittèrent le culte spirituel pour le culte matériel, et adorèrent les idoles qu'ils avaient créées.

Cet aveuglement fut cause de la vocation d'Abraham.

Dieu choisit ce pieux descendant de Sem, pour conserver son culte chez un peuple qu'il destinait à le répandre un jour sur le monde entier. La vocation d'Abraham eut lieu l'an 2083 du monde, mille neuf cent vingt et un ans avant Jésus-Christ.

---

1. An du monde 1757. — Avant Jésus-Christ 2247.

3

ABRAHAM

On nous donne la généalogie d'Abraham dans l'ordre suivant : Sem, Asphaxad, Salé, Hébert, Phaaleg, Reü, Sarug, Nachor, Tharé et Abraham.

Tharé prit avec lui Abraham son fils, Sara sa belle-fille, et Loth son petit-fils. Ils sortirent d'Ur en Chaldée pour aller dans le pays de Chanaan. Ils arrivèrent jusqu'à Haran, où ils habitèrent. Tharé y mourut à l'âge de deux cent trente-cinq ans.

Dieu apparut à Abraham. Il lui ordonna de quitter sa famille, son pays, et de venir dans le lieu où il le conduirait. Il lui promit qu'un grand peuple sortirait de lui ; que son nom serait célèbre ; qu'il le bénirait et maudirait ses ennemis, et que tous les peuples de la terre seraient bénis en lui. Abraham avait alors soixante-quinze ans. Il marcha jusqu'à Sichem qu'occupaient alors les Chananéens. Dieu lui promit de donner ce pays à sa postérité. Abraham établit ses tentes sur une montagne près de Béthel, et continua ensuite sa marche vers le midi : mais le pays qu'il occupait étant désolé par la famine, il se retira en Égypte, où, craignant que la beauté de sa femme ne lui attirât des persécuteurs, il la fit passer pour sa sœur. Le roi d'Égypte en devint amoureux, et l'enleva. C'est en vain qu'il voulut réparer ce crime par de grandes largesses : le Seigneur frappa de plaies le monarque et sa maison. Pharaon rendit Sara à Abraham, en lui reprochant sa dissimulation, et le renvoya d'Égypte avec tout ce qui lui appartenait. Abraham revint à Béthel, où il s'établit. Mais il possédait, ainsi que Loth, tant de richesses que la terre qu'ils habitaient devint insuffisante pour eux deux. Ils se séparèrent, et Loth s'établit sur les rives du Jourdain, près de Ségor, dans un pays alors très fertile et très agréable.

Avant que Dieu eût détruit Sodome et Gomorrhe, huit ou dix rois, qui se partageaient cette contrée, se firent la guerre et se battirent dans la vallée des Bois, qui depuis est devenue la mer Salée. Le roi de Sodome était du nombre des vaincus. Loth, qui habitait ses états, fut emmené prisonnier par des vainqueurs qui s'emparèrent de ses biens. A cette nouvelle, Abraham rassemble les plus braves de ses serviteurs, bat les ennemis en plusieurs rencontres, les poursuit jusqu'à Damas, leur reprend leur butin, et délivre son neveu. Le roi de Sodome sortit au-devant de lui pour le recevoir ; et Melchisedec, à la fois pontife et roi de Salem, le bénit au nom de

Dieu. Abraham, pour prix de sa bénédiction, lui donna la dîme du butin qu'il avait fait, et ne voulut recevoir aucun des présents que lui offrait le roi de Sodome.

Dieu renouvela ses promesses à Abraham et lui annonça qu'il aurait un fils. La prédiction fut d'abord accomplie par la naissance d'Ismaël qu'il eut, d'Agar sa servante[1]. L'exil punit l'orgueil d'Agar. Avertie par un ange, elle alla s'humilier devant Sara. C'est à son fils Ismaël que les Arabes attribuent leur origine, et par là ils semblent justifier cette prophétie faite à Agar : *Votre fils sera un homme fier et sauvage. Il lèvera la main contre tous, et tous lèveront la main contre lui ; et il dressera ses pavillons contre tous ses frères.*

Abraham reçut l'ordre de faire circoncire son fils et tous les esclaves nés dans sa maison : Les anges vinrent de nouveau annoncer à Sara, qui ne pouvait le croire, *qu'elle aurait un fils.* Ces anges, revêtus d'une forme humaine, s'étant rendus à Sodome, furent reçus par Loth qui employa les plus grands efforts pour les mettre à l'abri des outrages dont ils étaient menacés par les infimes habitants de cette ville impie. Dieu, pour punir cette cité corrompue, fit descendre du ciel sur Sodome[2] et sur Gomorrhe, aussi perverse qu'elle, une pluie de feu.

Loth, s'étant retiré dans Ségor, eut peur d'y périr, et chercha un asile sur une montagne. Les anges avaient défendu à sa femme et à lui de porter leurs regards sur les villes proscrites qu'ils venaient de quitter. La femme de Loth désobéit : elle se retourna pour voir les flammes qui brûlaient Sodome. Dieu, pour la punir de sa curiosité, la transforma en statue de sel. Loth, arrivé sur la montagne, entra dans une caverne avec ses filles. Celles-ci, croyant la terre dépeuplée comme les villes qu'elles avaient vues réduites en cendres, commirent un crime énorme. Elles enivrèrent leur père, et furent incestueuses dans l'espoir de devenir mères. Leurs fils s'appelèrent Moab et Ammon : les Ammonites et les Moabites leur doivent leur origine.

Abraham, quelque temps après, fit encore un voyage, et se rendit à Gérara. Craignant que, dans ce pays, on n'eût peu de religion, il pensa que les habitants pourraient le tuer pour s'emparer de sa femme : il employa donc le même stratagème qui lui avait si mal réussi en Égypte, et qui n'eut pas, cette fois, un meilleur succès ; car Abimélech, croyant que Sara n'était que la sœur d'Abraham, l'enleva ; mais, averti, par un songe, de l'outrage qu'il faisait au saint patriarche, il lui reprocha son artifice ; et combla les deux époux de présents.

Touché par ses prières, Dieu guérit Abimélech, sa femme ainsi que sa servante, que, dans sa colère, il avait frappés de stérilité. Sara vit enfin s'accomplir la parole divine. Elle conçut et enfanta, dans sa vieillesse, ce fils prédit par les anges. Il fut appelé Isaac[3].

Abraham alors âgé de cent ans, reçut de Dieu l'ordre de faire circoncire Isaac ; et, depuis, les Hébreux conservèrent cet usage.

Sara supportait impatiemment la présence d'Agar et de son fils Ismaël : elle exigea qu'Abraham les bannît tous deux. Abraham résistait mais Dieu, qui destinait Isaac à être le chef de son peuple, voulut qu'Abraham cédât au désir de Sara, et lui promit en même temps qu'il ferait naître d'Ismaël une grande nation. Abraham envoya Agar et son fils dans le désert. Tous deux étaient près de succomber à la faim, à la soif et à la fatigue ; mais la douleur d'Agar, ses prières, sa confiance en Dieu, fléchirent le Créateur, qui pourvut à leur nourriture. Ismaël devint en peu de temps un chasseur adroit, et célèbre par son habileté à tirer de l'arc. Il habitait dans le désert de Pharan ; et sa mère, depuis lui fit épouser une femme égyptienne.

Les serviteurs d'Abimélech et ceux d'Abraham eurent, dans ce temps, quelques démêlés ensemble. Abraham les termina par un traité d'alliance dont Abimélech et lui jurèrent l'observation dans un lieu nommé Bethsabée. Abraham y creusa un puits, et y planta un bois pour conserver la mémoire de ce traité, le premier dont les détails aient été consacrés dans les annales du monde. A l'occasion de cette solennité, les deux chefs se firent réciproquement des présents ; et Abraham, tranquille d'après la foi jurée, demeura longtemps dans le pays des Philistins.

Sa piété avait été jusque là récompensée par un bonheur sans mélange ; mais Dieu, voulant mettre sa foi à l'épreuve, lui ordonna de partir avec son fils, et de lui offrir en sacrifice sur une des montagnes qu'il lui indiqua. Arrivés dans ce lien, ils dressèrent un autel, le couvrirent de bois. *Quelle sera la victime ?* demanda Isaac, ignorant l'ordre du Seigneur, *Dieu lui-même l'a désignée*, répondit Abraham[4] ; et sans hésiter, attachant Isaac sur l'autel ; il étendit la main et prit le couteau pour immoler son fils : mais à l'instant un ange, arrêtant son bras, lui cria : *Ne faites aucun mal à cet enfant ; car Dieu, voit maintenant à quel point vous le craignez, puisque pour lui obéir vous n'avez pas épargné votre fils unique.* A ces mots, Abraham, entendant du bruit, tourna la tête, et vit un bélier qui s'était embarrassé avec ses cornes dans un buisson : l'ayant pris, il l'offrit en sacrifice à la place de son fils. L'ange du Seigneur renouvela au patriarche toutes les promesses que Dieu lui avait faites ; et lui dit : *Toutes les nations de la terre seront bénies dans celui qui sortira de vous.*

Bientôt, Abraham eut la douleur de perdre Sara qui mourut à l'âge de cent vingt-sept ans, à Hébron, dans le pays de Chanaan[5]. Les larmes d'Abraham coulèrent pour la première fois. Il porta le deuil de Sara, et demanda aux Chananéens de lui céder un sépulcre pour enterrer la compagne fidèle qu'il avait perdue. Ephron, l'un des enfants de Heth, voulut lui faire présent d'un champ et d'une caverne qu'il possédait, mais Abraham n'y consentit pas et les acheta quatre cents sicles d'argent Il déposa Sara dans la caverne double du champ qui regarde Membré, près de la ville d'Hébron, au pays de Chanaan dont les habitants de Heth lui garantirent la possession.

Abraham, se voyant avancé en âge, voulut marier son fils, et fit jurer à l'intendant qui gouvernait sa maison de ne jamais laisser épouser à Isaac une Chananéenne, et d'aller lui chercher une femme dans le pays qu'habitait encore sa famille. Il lui défendit pareillement de ramener son fils dans ce pays, d'où il était sorti par la volonté de Dieu. L'intendant suivit les ordres de son maître et partit pour la Mésopotamie.

Arrivé près de la ville de Nachor, il pria le Seigneur d'ordonner que la fille destinée par la Providence à devenir la femme d'Isaac arrivât la première dans le lieu où il s'était arrêté, et lui donnât le moyen de la reconnaître au bon accueil qu'elle lui ferait. Sa prière fut exaucée ; bientôt après il vit paraître Rébecca, fille de Bathuel, et nièce d'Abraham.

C'était une vierge parfaitement belle. Comme elle allait puiser de l'eau à une fontaine située dans cet endroit, l'intendant lui en demanda, elle lui donna à boire, et lui offrit de tirer de l'eau pour tous ses chameaux. L'intendant, pour lui marquer sa reconnaissance, lui donna des pendants d'oreilles et des bracelets d'or. Rébecca courut informer sa mère de cette rencontre et de ces offres. Laban, frère de Rébecca, vint au-devant de l'intendant et le conduisit avec tout son bagage dans la maison de Bathuel. Avant de profiter de l'hospitalité qu'on lui offrait, l'intendant s'acquitta des ordres d'Abraham, et demanda à Bathuel d'accorder pour épouse à Isaac sa fille Rébecca. Bathuel reconnut la volonté divine dans cette rencontre, et Rébecca, partit avec l'intendant pour le pays de Chanaan, où elle épousa Isaac.

Abraham, quoique vieux, se maria avec une femme, nommée Cétura. Sentant ses forces s'affaiblir, il déclara Isaac son héritier, fit des présents aux fils de ses autres femmes, et les envoya s'établir dans l'Orient. Il avait conservé, dans sa vieillesse, son bonheur et sa santé. Agé de cent soixante-quinze ans, étant parvenu, comme le dit l'Écriture, *à la plénitude de ses jours, il mourut, et fut réuni à son peuple*[6].

Isaac et Ismaël ses enfants le portèrent dans la caverne d'Éphrom, où ils l'enterrèrent près de Sara. Abraham florissait l'an 2148 du monde, mil huit cent cinquante-six ans avant Jésus-Christ, dans le temps où Inachus, fondait en Grèce, le royaume d'Argos.

Nous ne nous permettrons aucune réflexion sur ce qui peut paraître étrange et même inexplicable dans l'histoire d'Abraham ; la philosophie doit respecter les traditions sacrées ; elle serait imprudente si elle portait sa critique sur les livres saints. Ainsi nous nous bornerons à faire quelques observations morales sur la vie de ce grand homme, choisi pour être la tige et le père de tous les croyants. Au milieu des peuples corrompus, il conserva les mœurs antiques ; entouré de la magnificence des rois, il mena toujours une vie simple et pastorale. L'existence humaine était encore d'une très longue durée ; selon l'écriture, Noé achevait sa vie lorsque Abraham commençait la sienne, et Sem vivait encore.

Malgré les souvenirs que devaient conserver des générations si rapprochées, les lois divines étaient oubliées, sur la terre, tous les peuples se livraient l'idolâtrie ; et, pour conserver le dépôt du culte spirituel, Dieu choisit celui qui résistait à la contagion générale.

Abraham fut toujours célèbre dans l'Orient. Les Iduméens ainsi que les Hébreux le regardent comme leur père. Son dévouement fut sans bornes comme sa piété. Il sacrifia à Dieu ce qu'il avait de plus cher, les lieux de sa naissance et son fils. Abraham était compté par les Chaldéens, ses compatriotes, comme un de leurs plus savants astronomes. Quoique pasteur, il sait faire la guerre, il défendit son indépendance, et vengea ses alliés. Respecté par ses vertus, il traitait d'égal à égal avec les rois.

Nous ne pouvons avoir qu'une imparfaite connaissance des évènements de ces siècles reculés ; mais ce qui est certain, c'est que le nom d'Abraham a traversé les temps, toujours en vénération parmi les hommes.

---

1. An du monde 2107. — Avant Jésus-Christ 1897.
2. An du monde 2107. — Avant Jésus-Christ 1897.
3. An du monde 2108. — Avant Jésus-Christ 1896.
4. An du monde 2145. — Avant Jésus-Christ 1859.
5. An du monde 2145. — Avant Jésus-Christ 1859.
6. An du monde 2183. — Avant Jésus-Christ 1821.

4

ISAAC, JACOB ET JOSEPH

Rébecca, femme d'Isaac, étant grosse d'Ésaü et de Jacob, on lui prédit que les deux enfants qui s'agitaient dans son sein deviendraient pères de deux peuples dont les divisions seraient longues et cruelles, et que la race de l'aîné serait assujettie à celle du plus jeune : Ésaü et Jacob naquirent jumeaux ; le premier fut chasseur, le second mena la vie pastorale. Ésaü, pressé par la fatigue et par la faim, vendit un jour à Jacob son droit d'aînesse pour un plat de lentilles ; et commença ainsi à vérifier la prédiction faite à leur mère.

Isaac fit des voyages, comme son père, pour échapper à la famine. Il habita quelque temps les états d'Abimélech, roi des Philistins. Dominé par la même crainte qu'avait ressentie Abraham, il fit passer Rébecca pour sa soeur ; ce stratagème eut la même conséquence. Les richesses d'Isaac s'étant considérablement augmentées, les Philistins en devinrent jaloux ; il fut obligé de s'éloigner. Bientôt après, cette querelle finit par un traité qu'il conclut avec Abimélech. Dans le même temps, Dieu lui renouvela les promesses qu'il avait faites à son père.

Ésaü se maria à Bethsabée, contre la volonté de ses parents, avec Judith et Basemath.

Isaac étant fort vieux, devint aveugle. Prévoyant une fin prochaine, il voulut bénir ses enfants, et leur ordonna de préparer un festin. Jacob, par le conseil de Rébecca, sa mère, revêtit les habits d'Ésaü, couvrit ses mains de peau de chèvre, parce que son frère était velu. Cette supercherie lui réussit ; il reçut le premier la bénédiction de son père qui le prit pour Ésaü. Son frère se plaignit amèrement de cette tromperie ; mais Isaac, reconnaissant dans ce qui s'était fait la volonté divine, lui ordonne de s'y soumettre, puisqu'il avait, en la présence du ciel, assujetti tous ses frères à la domination de Jacob, Ensuite, pour le consoler, il le bénit aussi, et lui annonça qu'il vivrait de l'épée, qu'il servirait son frère, mais que par la suite des temps il serait délivré de son joug. Ésaü, dans sa colère méditait le crime de Caïn ; mais Jacob, d'après les conseils de Rébecca, partit pour la Mésopotamie, et alla chercher un asile chez Laban son oncle. Ce fut dans ce voyage qu'il vit en songe une échelle dont le pied était appuyé sur la terre et dont le haut touchait le ciel. Une grande quantité d'anges montaient et descendaient cette échelle.

En levant les yeux, il vit le Seigneur et entendit sa voix qui dit : *Je suis le dieu d'Abraham, et le dieu d'Isaac. Je vous donnerai, à vous et à votre race, la terre où vous dormez. Votre postérité sera nombreuse comme la poussière ; vous vous étendrez dans toutes les parties du monde, et les nations seront bénies en vous et dans tout ce qui sortira de vous. Je vous protégerai partout ; je vous ramènerai dans ce pays ; je ne vous quitterai que lorsque ma promesse sera accomplie.*

Jacob, à son réveil, dressa dans ce lieu un monument avec la pierre sur laquelle il s'était reposé ; et pour conserver le souvenir de cette vision, il donna le nom de Béthel, c'est-à-dire *maison de dieu*, à la ville de Lura, près de laquelle il se trouvait alors.

Jacob, se conformant, aux ordres de sa mère, arriva dans le pays de Haran. Ayant rencontré Rachel, fille de son oncle, il conçut de l'affection pour elle, et la demanda en mariage à Laban qui la lui promit à condition qu'il le servirait sept ans. Mais ce temps accompli, et les noces célébrées, Laban fit entrer le soir, dans la chambre de Jacob, Lia, sa fille aînée, à la place de Rachel. Jacob s'étant plaint de cette tromperie, Laban lui promit de nouveau de lui donner Rachel, à condition qu'il le servirait encore sept ans.

Lia mit successivement au monde Ruben, Siméon, Lévi et Juda. Rachel, se voyant stérile, fit épouser à Jacob sa servante Bala qui donna naissance à Dan et Nephtali ; et Lia, s'apercevait qu'elle avait cessé d'avoir des enfants, voulut que son mari vécût avec Zelpha, sa servante. Il en eut deux fils, nommés Gad et Azer. Ayant obtenu de sa soeur Rachel, en lui donnant des mandragores, qu'elle lui permît d'habiter avec son mari, Lia redevint féconde, et mît encore au monde deux fils appelés Issachar et Zabulon, et une fille nommée Dina.

Le Seigneur touché des pleurs de Rachel, l'exauça, lui ôta sa stérilité et elle eut un fils appelé Joseph.

Jacob, voulant retourner dans son pays, fit un traité avec Laban, et lui demanda pour récompense de ses longs services, les agneaux et les brebis qui naîtraient avec des taches et des couleurs variées. Alors ayant pris des branches vertes de peupliers, et les ayant dépouillées de leur écorce en divers endroits, il plaça ces branches dans les abreuvoirs, de sorte que les brebis, frappées par la vue de ces rameaux bigarrés y conçurent toutes des agneaux tachés et de diverses couleurs. Par cette ruse la part, de Jacob fut immense, et ses richesses s'accrurent considérablement. Laban se plaignit ; mais Jacob lui rappela le peu de bonne foi dont il avait usé envers lui. Il partit ensuite avec ses femmes, ses enfants, ses troupeaux, et tout ce qu'il avait acquis en Mésopotamie. Laban, furieux de son départ auquel il n'avait pas consenti, se mit à sa poursuite avec ses serviteurs ; mais Dieu lui apparut, et lui interdit tout projet de vengeance. Ainsi, ayant atteint Jacob, il se contenta de lui reprocher la promptitude de son départ, l'enlèvement de ses filles, et l'accusa de lui avoir volé ses idoles. Jacob nia ce dernier fait, ignorant que Rachel les avait emportées et cachées. Il apaisa son beau-père, lui rappela la longueur de ses services si tardivement payés, et lui promit de rendre ses filles heureuses, et de ne point prendre d'autres femmes. Pour consolider cette réconciliation, ils firent tous deux un traité d'alliance, et placèrent sur la montagne de Galaad un monument de pierre afin d'en consacrer le souvenir.

Jacob, continuant son voyage, était inquiet de l'accueil que lui ferait son frère Ésaü. Ceux qu'il avait envoyés pour le prévenir de son arrivée lui apprirent qu'Ésaü marchait avec rapidité contre lui, a la tête de quatre cents hommes. Effrayé par cette nouvelle, il supplia le Seigneur de toucher le coeur de son frère et, cherchant les moyens de le fléchir, il lui envoya des présents et la plus grande partie de ses troupeaux en trois détachements. Ayant passé le gué de Jaboé, il s'arrêta dans ce lieu pendant que sa troupe continuait la route.

Étant seul, il fut attaqué par un homme qui lutta contre lui toute la nuit. Son adversaire ne pouvant le terrassera toucha le nerf de sa cuisse qui se sécha, aussitôt. Cet homme pria ensuite de cesser leur combat et de le laisser partir. Jacob y consentit à condition qu'il le bénirait. L'autre lui ayant demandé son nom, et ayant appris qu'il s'appelait Jacob, lui dit : *Vous vous nommerez dorénavant Israël, c'est-à-dire, fort contre Dieu et, si vous avez été fort contre Dieu, combien le serez-vous davantage contre les hommes !* Jacob, lui demanda vainement son nom ; il ne put le savoir : il reçut sa bénédiction, et appela ce lieu *Phanuel*, pour perpétuer chez ses descendants l'idée qu'il y avait vu Dieu face à face. Depuis cet événement, Jacob fut toujours boiteux.

Ésaü, arrivé avec ses troupes à peu de distance de celles de Jacob, courut au-devant de son frère, l'embrassa, s'informa de l'état de sa famille, refusa ses présents, et lui jura une éternelle amitié. Après l'avoir accompagné quelque temps, ils se séparèrent en bonne intelligence. Ésaü retourna à Séir, et Jacob à Salem dans le pays de Chanaan.

Jacob, dont le bonheur avait été jusque-là troublé par tant de travaux et de peines, éprouva bientôt un malheur qui l'affligea profondément. Sichem, fils du prince d'Hémor, devint amoureux de Dina, fille de Lia. Il usa de violence envers elle, l'enleva, et voulut après cette action criminelle que Jacob consentît à son mariage. Jacob et ses enfants, dissimulèrent leur courroux ; ils répondirent à Sichem que la religion leur défendait de faire alliance avec des incirconcis ; mais que si tous les sujets du prince de Sichem voulaient se soumettre à la circoncision, Jacob accéderait à sa demande, et donnerait même une dot considérable à sa fille. Les Sichémites acceptèrent cette offre. Tous se firent circoncire ; mais trois jours après, comme ils étaient malades de cette opération, les enfants de Jacob prirent les armes, entrèrent dans la ville, enlevèrent leur sœur, et pour venger son outrage, après avoir tout ravagé, ils tuèrent les habitants.

Jacob fit de violents reproches à Siméon et à Lévi sur ce massacre qui le rendait odieux à tout le pays, il fut obligé de partir ; il alla à Béthel ; et, força ses serviteurs à briser les idoles qu'il avait trouvées chez eux. Le Seigneur, touché de sa piété, reçut dans ce lieu son encens, et lui réitéra ses promesses.

Jacob ayant quitté Béthel prit le chemin d'Ephrata. Rachel mourut en cet endroit, en donnant naissance à Benjamin. On l'enterra, dans un lieu nommé depuis Bethléem. Jacob, pour consacrer la douleur que lui causait la perte d'une épouse si chère, dressa sur son sépulcre un monument de pierre, que l'on voyait encore du temps d'Esdras.

Une autre affliction blessa le coeur de Jacob dans ce même temps ; ce fût le crime de Ruben qu'il surprit en commerce incestueux avec Bala, une ses femmes.

Contraint de quitter le tombeau de Rachel pour rendre les derniers devoirs à Isaac qui termina sa carrière à l'âge de cent quatre-vingts ans, Jacob se rendit à Hébron. Aidé de son frère Ésaü il descendit son père dans le sépulcre.

La vie de Jacob ne fut plus qu'une longue épreuve, qu'un perpétuel combat, de la vertu contre le malheur. Joseph, l'un de ses fils, lui découvrit un crime qu'avaient commis ses frères ; et la naïve, franchise de cet enfant, qu'il préférait à tous les autres, le rendit l'objet de leur aversion. Joseph l'augmenta encore en leur racontant un de ses songes. Il lui semblait, dans ce rêve, qu'ils liaient tous ensemble des gerbes dans un champ ; que sa gerbe s'étant levée, celles de ses frères rendaient hommage à la sienne. Jacob lui reprocha son indiscrétion ; et ses frères, irrités, méditèrent la vengeance. L'occasion qu'ils attendaient pour satisfaire leur courroux ne tarda pas à se présenter. Ils faisaient paître leurs troupeaux près de Dothaïm, Joseph, sans défiance, vint les y trouver. Dès qu'ils l'aperçurent ils résolurent de le tuer. Ruben, qui voulait le sauver et le rendre à son père, les détourna de ce crime ; en leur représentant qu'ils pouvaient se délivrer de lui par d'autres moyens, et sans souiller leurs mains du sang fraternel. Ils suivirent son conseil ; et, dès qu'il se fut approché d'eux, ils le dépouillèrent de sa robe, et le jetèrent au fond d'une vieille citerne qui était sans eau[1]. Au même instant ils virent passer des Ismaélites qui se rendaient en Égypte, sur leurs chameaux pour y faire le commerce des parfums. Juda dit à ses frères qu'au lieu de laisser périr Joseph dans la citerne, il fallait le vendre à ces marchands. Ruben s'opposa vainement à ce projet ; Joseph fut vendu et livré pour vingt pièces d'argent, et ses nouveaux maîtres le menèrent avec eux en Égypte, où Putiphar, eunuque de Pharaon et général de ses troupes, l'acheta et le prit à son service.

Ses coupables frères, voulant cacher leur crime, prirent sa robe, la déchirèrent, la trempèrent dans le sang d'un chevreau, et l'envoyèrent à Jacob. Ce malheureux père crut qu'une bête féroce avait dévoré son fils bien aimé. Il pleura longtemps cette perte cruelle. En vain ses autres enfants rassemblés autour de lui voulurent le consoler, il leur dit : *Mes larmes ne tariront point jusqu'au moment où je descendrai dans la terre pour rejoindre mon fils.* L'infortuné vieillard ne put même jouir de la tranquillité qu'il cherchait dans la solitude, et son repos fut troublé par les désordres de sa famille. Les crimes de Juda, son fils, de Thamar sa belle-fille, ceux de Her et d'Onan ses petits-fils, remplirent de douleurs son âme vertueuse et sensible.

Pendant ce temps, Joseph, protégé par le Seigneur, gagna l'affection de son maître Putiphar, qui lui donna toute autorité dans sa maison, et lui laissa ses biens à régir. Par son intelligence et avec le secours de la protection divine, tout lui prospéra tellement que la fortune de Putiphar s'accrut d'une manière rapide. L'épouse de son maître, charmée de son esprit, et séduite par sa beauté, brûla pour lui d'un amour criminel. En vain elle le pressa de partager sa tendresse ; en vain, par ses remontrances, Joseph tâcha de calmer sa passion. Un jour, voyant qu'elle perdait toute idée de ses devoirs et toute retenue, il s'échappa malgré ses efforts, lui laissant dans les mains son manteau qu'elle avait saisi pour le retenir[2]. Sa fuite et ses mépris changèrent en fureur la passion de cette femme. Elle alla trouver son mari, et accusa Joseph d'avoir voulu l'outrager. Le manteau, témoin de la vertu de cet esclave fidèle, fut regardé par Putiphar comme une preuve évidente du crime qu'on lui reprochait ; et sans vouloir entendre sa justification, n'écoutant que sa colère, il envoya Joseph dans la prison où les criminels que le roi faisait arrêter étaient détenus. Dieu ne l'abandonna pas dans ce nouveau malheur. Il inspira pour lui une si forte estime au gouverneur de la prison, que celui-ci lui donna la surveillance de tous ceux qui s'y trouvaient renfermés, et que rien ne s'y faisait plus que par ses ordres.

Quelque temps après, Pharaon, étant irrité contre son grand échanson et son grand panetier ; les fit mettre dans la prison de Joseph. Le gouverneur remit ces officiers entre les mains de celui-ci qui fut pour eux plein d'attentions et d'égards. Ces deux prisonniers, ayant fait des songes inquiétants, les racontèrent à Joseph qui les leur expliqua. Le grand échanson avait vu, en rêve un cep de vigne, dont trois provins poussaient des bourgeons, ensuite des fleurs et des raisins mûrs. Joseph lui annonça que dans trois jours Pharaon, se ressouvenant de ses services, le rétablirait dans son rang et dans ses fonctions. Il le pria, quand il serait en faveur de se souvenir de lui et de demander sa liberté au roi. Le grand panetier avait rêvé qu'il portait sur sa tête trois corbeilles de farine, et que les oiseaux venaient la manger. Joseph lui dit que ce songe annonçait un grand malheur pour lui ; qu'au bout de trois jours Pharaon lui ferait trancher la tête ; et qu'il servirait de pâture aux vautours. Ses prédictions ne tardèrent pas à s'accomplir. Le grand panetier périt ; le grand échanson revint en faveur et oublia Joseph, dont la captivité dura encore deux ans.

Dans ce temps, Pharaon vit en songe sortir du Nil sept vaches grasses, et ensuite sept vaches maigres, qui dévorèrent les premières. Il vit de même sept épis très gros sortant d'une même tige, et qui furent dévorés par sept épis desséchés. Effrayé par ce rêve, il fit consulter les sages et les devins ; nul ne put expliquer ce songe. Le grand échanson se souvint alors du jeune Hébreu ; il raconta au roi la manière dont il avait interprété son rêve et celui du grand panetier. Pharaon ordonna qu'on le mit en liberté et qu'on l'amenât devant lui. Lorsqu'il parut le roi lui demanda l'explication de ses songes. Joseph lui répondit que ce serait Dieu, et non pas lui, qui les interpréterait, et qu'ainsi sa parole ne serait que l'expression de la volonté divine. Il annonça à Pharaon que, conformément à son premier songe, une fertilité extraordinaire régnerait pendant sept ans en Égypte, et que, pendant les sept années suivantes, le pays serait désolé par une grande stérilité. Il ajouta que le second songe signifiait la même close que le premier, et ne faisait qu'en confirmer la vérité. Il conseilla ensuite au roi de confier à un homme habile l'administration générale des vivres de toute l'Égypte, afin qu'il pût nommer des officiers, et établir des magasins pour amasser pendant les années fertiles, le grain nécessaire aux habitants dans les années de stérilité. Pharaon, admirant la sagesse du jeune Hébreu, et persuadé qu'il était rempli de l'esprit divin le fit revêtir d'habits superbes et lui donna son anneau ; et le nomma gouverneur de l'Égypte. L'ayant fait monter sur un de ses chars, il fit ordonner par un héraut que tout le monde fléchît le genou devant lui et lui obéît. Joseph épousa, par son ordre, Azaneth, fille de Putipharès, prêtre d'Héliopolis, dont il eut, deux fils : Manassès et Éphraïm.

Les prédictions de Joseph s'accomplirent. Après sept années fertiles, toute la terre fut désolée par une grande disette. L'Égypte seule avait conservé du blé, par la prévoyance de son administrateur, et, de tout l'Orient, on arrivait dans ce royaume chercher quelque soulagement contre les rigueurs de cette famine.

Jacob, ayant entendu dire alors qu'on ne trouvait de ressource et de blé qu'en Égypte, il envoya les dix frères de Joseph, ne gardant auprès de lui que le jeune Benjamin. Lorsqu'ils furent en présence du gouverneur, Joseph les reconnut, leur fit un accueil sévère et feignit de les prendre pour des espions. Ils lui assurèrent qu'ils venaient de Chanaan pour acheter des vivres ; qu'ils étaient douze frères, fils d'un même père ; que l'un d'eux avait périt, et que le dernier était resté prés de Jacob leur père. Joseph parut douter de la vérité de leur récit ; il les fit mettre trois jours en prison. Au bout de ce terme il leur rendit la liberté, et leur dit : *Retournez dans le pays de Chanaan et portez y le blé que vous avez acheté. Je garde Siméon pour otage. Je veux que vous m'ameniez le dernier de vos frères. Si vous le faites, je croirai à votre sincérité.* Les frères de Joseph partirent ; et, lorsqu'ils délièrent leurs sacs de blé, ils furent surpris d'y trouver l'argent qu'ils avaient payé pour en faire l'achat. Ils ne pouvaient s'expliquer ce mélange incroyable de rigueur et de générosité.

Lorsque Jacob eût entendu le récit de leur voyage, il leur dit : *Joseph n'est plus au monde, Siméon est en prison ; et vous voulez encore m'enlever Benjamin. Toutes vos fautes sont retombées sur moi. Je ne consentirai jamais à confier à votre imprudence le plus jeune, le plus chéri de mes enfants.* Jacob, ayant persisté dans son refus, supporta avec sa famille la plus affreuse disette. Leurs ressources étant totalement épuisées, le saint patriarche se vit obligé de céder aux instances de ses enfants. Après leur avoir renouvelé ses avertissements et ses reproches, il leur dit de retourner en Égypte pour y acheter du blé. Il leur permit d'emmener Benjamin, et leur ordonna d'emporter, indépendamment de l'argent nécessaire à leur achat, celui qu'ils avaient trouvé dans leurs sacs, craignant qu'il n'y eût été mis par surprise, et qu'il ne les fit soupçonner de vol et d'infidélité. Ils partirent, laissant leur père seul et dans l'affliction.

Lorsque Joseph les vit et Benjamin avec eux, il ordonna à son intendant, de les retenir dans, son, palais, d'y faire entrer tous leurs bagages, et de préparer un festin. Ses frères furent saisis de frayeur, croyant qu'on voulait les arrêter et s'emparer de ce qu'ils possédaient, sous prétexte qu'ils avaient emporté de l'argent d'Égypte. L'intendant les rassura, en leur disant que cet argent, leur avait été volontairement donnés et acheva de dissiper leurs craintes en leur rendant Siméon.

Joseph, revenu dans son palais, s'informa de la santé de Jacob, reçut les présents et les hommages de ses frères ; les admit tous à sa table, et fit donner au jeune Benjamin une portion cinq fois plus forte que celle de ses frères. Ne voulant pas encore se faire reconnaître, et pouvant à peine contenir son émotion, il sortit de la salle du festin, et ordonna qu'après avoir remis l'argent de ses frères dans leurs sacs, on cachât sa coupe d'argent dans celui de Benjamin.

Le lendemain les frères de Joseph partirent ; mais l'intendant, suivant les ordres de son maître, envoya courir après eux des gens qui les arrêtèrent. On les ramena dans la ville, malgré leurs plaintes et leurs protestations ; et lorsqu'on eut ouvert leurs sacs et trouvé la coupe d'argent dans celui de Benjamin, Joseph leur adressa de vifs reproches, et déclara qu'ils pouvaient partir, mais qu'il voulait retenir Benjamin comme esclave près de lui. Ses frères déchirèrent leurs vêtements, se prosternèrent à ses pieds, et le supplièrent de permettre qu'ils partageassent l'esclavage de Benjamin. Joseph leur répondit que Dieu, lui ayant donné la science des choses cachées, ne lui permettait pas d'agir avec injustice, qu'il ne punirait que celui d'entre eux qui avait pris sa coupe. Juda, s'approchant alors de lui, s'écria : *Ne soyez point insensible à nos prières seigneur ! Notre père est accablé de vieillesse : il regrette sans cesse un de ses fils qu'il perdu. Sa seule consolation était d'avoir auprès de lui cet autre fils de Rachel, ce Benjamin dont vous voulez le priver aujourd'hui. Lorsque, d'après vos ordres, nous voulûmes l'emmener, Jacob nous résista longtemps. Il nous reprocha notre imprudence qui avait rendu son fils Joseph la proie des animaux sauvages ; il nous avertit que, s'il arrivait par notre faute, un semblable malheur à Benjamin, nous accablerions sa vieillesse d'une affliction qui le mènerait au tombeau. Si le dernier de vos frères, nous dit-il, ne revient pas avec vous ne me revoyez jamais. Ah ! Seigneur, révoquez cet ordre cruel ! Retenir Benjamin, c'est ordonner la mort de Jacob ; c'est nous rendre les meurtriers de notre père. Permettez donc que ce soit moi qui sois votre esclave, puisque je me suis rendu caution de cet enfant et, que j'en ai répondu à mon père. Au reste, quelle que soit votre décision, je resterai près de Benjamin. Je ne puis retourner sans lui, vers mon père, il me serait impossible de supporter sa douleur et son courroux.* A ces mots, Joseph, ne pouvant plus contenir des sentiments qui l'oppressaient, ordonna à ses officiers de sortir ; et, élevant la voix dit aux enfants de Jacob : *Je suis Joseph*. Et touché de leur saisissement et de leur silence, il leur parla d'un ton plus doux, et leur dit : *Approchez-vous de moi : je suis Joseph, votre frère, que vous avez vendu à des marchands*[3]. *Dissipez vos craintes, consolez-vous de m'avoir vendu pour être conduit en Égypte, puisque Dieu m'y a envoyé pour votre salut*. Vous n'avez été que l'instrument de sa volonté qui m'a rendu, pour ainsi dire, le père de Pharaon, le grand-maître de sa maison, le prince de l'Égypte. Hâtez-vous d'aller trouver mon père. Dites-lui ! Voilà ce que vous mande votre fils, Joseph. Dieu m'a donné l'autorité sur toute l'Égypte. Venez me trouver ; ne différez pas. Vous demeurerez dans la terre de Jessen, avec vos enfants, vos serviteurs, vos troupeaux, et je vous nourrirai tous. Allez, partez, annoncez à mon père la gloire dont je suis comblé, ce que vous avez vu, et hâtez-vous de me l'amener. Il serra ensuite, tous ses frères dans ses bras ; et ils se livrèrent à de douces émotions qui leur firent oublier leurs malheurs passés.

Bientôt les frères de Joseph partirent pour le pays de Chanaan, chargés de grains, d'habits, d'argent et de présents magnifiques.

Jacob, apprenant que Joseph était vivant et commandait dans toute l'Égypte, sortit de sa longue affliction comme on se réveille d'un profond sommeil ; et, après s'être fait répéter tous les détails nécessaires pour lui faire ajouter foi à une nouvelle si étrange et si inattendue, il remercia le Seigneur, et dit : *Je n'ai plus rien à souhaiter ; puisque mon fils Joseph vit encore, et que je le verrai avant de mourir.*

Israël partit donc après avoir immolé des victimes au Seigneur qui lui apparut et lui renouvela ses promesses. Il transporta en Égypte tout ce qu'il possédait au pays de Chanaan, et y arriva avec ses fils, ses filles, ses petits-fils et tout ce qui était né de lui ; ce qui faisait en tout soixante-dix personnes.

Joseph vint au-devant de Jacob, et se jeta à ses genoux, qu'il arrosa de larmes de tendresse. Il lui conseilla de dire à Pharaon qu'il avait toujours été pasteur, ainsi que ses pères, afin de ne pas être retenu à la cour et d'avoir la permission de demeurer dans la terre de Jessen, permission qu'ils obtiendraient facilement à cause de l'aversion des Égyptiens pour la vie pastorale. Jacob suivit les conseils de son fils, et fut bien reçu de Pharaon qui lui donna la terre de Jessen pour l'habiter avec sa famille.

Joseph ayant amassé pour le roi une quantité immense d'argent par le commerce des blés, Pharaon devint propriétaire de tout l'or et de tous les troupeaux de l'Égypte ; mais, d'après les avis de son sage ministre, ce monarque rendit à tous ses sujets leurs propriétés, se contentant de recevoir comme tribut la 5ᵉ partie de leur revenu. Depuis ce temps on a toujours payé aux rois d'Égypte cet impôt, dont les seules terres des prêtres étaient exemptes.

Jacob, qu'on nommait Israël, vécut dix-sept ans dans la terre de Jessen dont il jouit comme de son bien propre, et où sa famille s'accrut et se multiplia extraordinairement.

Voyant sa fin approcher, il demanda à Joseph de n'être point enterré en Égypte, et d'être transporté dans la sépulture de ses ancêtres. Joseph le lui jura ; Israël, ayant reçu son serment, adora Dieu, et termina sa vie à l'âge de cent quarante-sept ans[4]. Il avait adopté avant de mourir les deux premiers fils de Joseph, Éphraïm et Manassès. Les autres enfants de Jacob éprouvèrent, dans ces derniers moments de justes reproches sur leurs fautes, et entendirent d'effrayantes prédictions sur la durée de leurs races, qu'on appela part la suite tribus. Ainsi Ruben fut averti de la décadence de sa maison, Siméon et Lévi de leur dispersion ; mais il prédit à Juda que le sceptre ne lui serait point ôté *jusqu'au moment où celui qui doit être envoyé serait venu remplir l'attente des nations*. Zabulon, Issachar, Dan, Azer ; Gad et Nephtali reçurent par lui l'espérance, les uns de la gloire militaire, les autres d'une opulence commerciale ou d'une richesse laborieuse. Joseph fut prévenu que sa race serait toujours un objet d'envie, et Benjamin que sa tribu s'enrichirait des dépouilles de ses ennemis.

Joseph, ayant embaumé le corps de son père, fit porter son deuil en Égypte pendant l'espace de soixante-dix jours : ensuite il prit les ordres de Pharaon, partit accompagné des premiers officiers et des grands de la cour du roi, porta Israël dans le pays de Chanaan, et l'enterra dans la caverne qu'Abraham avait achetée d'Éphron.

Depuis ce temps, Joseph demeura avec toute sa famille en Égypte : il y vécut cent dix ans et vit la troisième génération de ses petits-fils. Il prédit à ses frères que Dieu les visiterait après sa mort, et les conduirait dans la terre qu'il avait juré de donner à Abraham, Isaac et Jacob. Il leur ordonna d'embaumer son corps, de le placer dans un cercueil, et de le conserver au milieu d'eux. Après avoir reçu leurs promesses, il expira[5].

La vie de Jacob paraît tout entière représentée par sa lutte contre un ange ; il eut continuellement à combattre contre la corruption qui l'entourait et le malheur qui le poursuivait. Sa piété fortifia son âme ; sa vertu triompha de l'adversité. Simple pasteur, il reçut les hommages qu'on rendit aux rois ; et le nom de ce patriarche a traversé les siècles avec un éclat aussi vif et plus pur que celui des plus fameux conquérants.

Joseph nous offre d'autres leçons. Il se garantit de l'ivresse de la prospérité, comme son père s'était préservé de l'abattement dans le malheur. Envié, trahi par ses frères, vendu par eux comme esclave, sa fidélité pour son maître, son esprit et sa sagesse l'élevèrent de la servitude au faîte des grandeurs. Il ne se servit de son pouvoir que pour rendre sa nouvelle patrie heureuse ; il fit bénir par ses sujets le monarque, qui l'avait honoré sa confiance. Oubliant ses propres injures, non seulement il pardonna à ses frères après s'être assuré de leur repentir mais il les combla de biens. Fils, tendre et respectueux, il répandit le bonheur sur les derniers jours de Jacob et la récompense de ses vertus fut le spectacle de la prospérité de sa famille qui devint bientôt un peuple nombreux.

---

1. An du monde 2276. — Avant Jésus-Christ 1728.
2. An du monde 2286. — Avant Jésus-Christ 1718.
3. An du monde 2298. — Avant Jésus-Christ 1706.
4. An du monde 2316. — Avant Jésus-Christ 1688.
5. An du monde 2369. — Avant Jésus-Christ 1635.

5

MOÏSE

(AN DU MONDE 3433. — AVANT JÉSUS-CHRIST 1571)

Les Hébreux s'étant excessivement multipliés en peu d'années, les Égyptiens en devinrent jaloux, et craignirent à la fois et leur force et leur fuite. Un nouveau monarque était monté sur le trône d'Égypte ; il n'avait point pour les Israélites les mêmes sentiments que son prédécesseur. Prévoyant qu'une nouvelle nation, formée dans ses états, pourrait y dominer, ne voulant pas non plus, en la bannissant, se priver de cet accroissement de population et d'industrie, il conçut le barbare et chimérique projet de les empêcher de se multiplier davantage. Il les traita en esclaves, les condamna aux plus rudes travaux, les força à bâtir deux villes, et les employa à la construction de ces prodigieux monuments qui attestent la puissance des rois d'Égypte et la servitude de leurs sujets.

Le roi, trompé dans ses espérances, vit la population des Hébreux s'accroître encore malgré le poids de la fatigue et du malheur ; il se décida à prendre les moyens les plus cruels pour parvenir à son but.

Pharaon (c'était le nom qu'on donnait à tous les rois d'Égypte) ordonna aux sages-femmes Israélites de faire périr les enfants mâles qui naîtraient d'elles ; cet ordre ne fut pas exécuté. Les sages-femmes aimèrent mieux obéir à la nature et à Dieu qu'à la tyrannie. Le roi, irrité, ordonna que tous les enfants hébreux mâles seraient jetés dans le Nil. Cette volonté cruelle eut un plein effet. Toute cette génération naissante périt.

Une seule femme, de la race de Lévi, hésita longtemps à sacrifier son fils ; elle le cacha et le conserva trois mois. Enfin dénoncée, menacée, effrayée, elle se décida à exposez cet enfant sur le bord du Nil, dans un panier de jonc ; et, par son ordre, sa sœur se tint sur la rive du fleuve pour voir quel serait le sort de cette malheureuse victime.

Dieu, qui préparait une grande destinée à cet enfant, voulut qu'au même moment la fille de Pharaon arriva dans ce lieu pour se baigner. Voyant une corbeille flotter sur les eaux, elle se la fit apporter. Touchée de la beauté de cette innocente créature, la princesse résolut de la sauver ; elle ordonna à ses femmes de lui chercher une nourrice israélite. La mère avertie accourut promptement, et reçut ainsi l'ordre de nourrir son propre enfant que la princesse nomma Moïse, c'est-à-dire *sauvé des eaux*.

Lorsqu'il fut sevré, la fille de Pharaon le prit dans son palais, et le fit élever par des prêtres égyptiens.

Moïse, devenu grand, s'indignait du malheur de ses compatriotes. Un jour qu'il vit un Hébreu maltraité par un Égyptien, il ne put contenir sa fureur ; il combattit et tua cet Égyptien. Mais, apprenant que ce meurtre était découvert, il sortit du palais de Pharaon, quitta l'Égypte, et chercha un asile, dans le pays de Madian. Là il secourut et vengea les filles de Jéthro, que les Arabes insultaient. Il fut récompensé de cette action généreuse et, devint l'époux de Séphora, l'une d'elles.

Toujours occupé du malheur des Hébreux, il apprit bientôt par Dieu même qu'il était destiné à terminer leur captivité. Le Seigneur lui apparut au milieu d'un buisson ardent[1], et lui ordonna de retourner en Égypte, d'annoncer à ses frères leur délivrance et de leur dire qu'il les conduirait dans la terre de Chanaan, dont la possession avait été promise à Abraham, Isaac et Jacob. Lui et les enfants d'Israël devaient, selon l'ordre de Dieu, déclarer à Pharaon que le Seigneur ordonnait au peuple hébreu de se rendre à trois journées de chemin, dans le désert, pour lui faire un sacrifice sur la montagne d'Horeb.

Moïse, effrayé de la vue de Dieu, et se croyant peu propre à remplir une si grande mission, se défendit quelque temps de l'accepter, alléguant son incapacité et l'impossibilité de prouver à Pharaon qu'il parlait au nom du Seigneur. Dieu le rassura, en lui rappelant que c'était de lui que venait *toute lumière, toute parole et toute sagesse*. Il lui dit que, si Pharaon était incrédule, il le frapperait par des prodiges, et épouvanterait l'Égypte par les plaies qu'il répandrait sur elle. Pour prouver à Moïse qu'il lui accordait effectivement le don des miracles, il lui fit changer en serpent la verge qu'il tenait dans sa main ; et cette même main fut couverte de lèpre et guérie à l'instant. Enfin, pour le délivrer de toute inquiétude, Dieu lui adjoignit son frère Aaron. Moïse exécuta promptement les ordres de Dieu et retourna en Égypte, accompagné de sa famille.

Étant parti de Madian avec les siens, et Aaron, son frère, venu au-devant de lui ainsi que Dieu le lui avait prédit, il fut au moment, pendant son voyage, de perdre son fils aîné. Le Seigneur voulait le lui enlever, pour avoir négligé de lie faire circoncire, suivant l'usage prescrit aux Israélites ; mais Séphora circoncit son enfant et le sauva par cet acte d'obéissance.

Lorsque Moïse fut arrivé en Égypte, il rassembla les anciens d'Israël, et leur dit : *Dieu m'a fait connaître sa volonté en ces termes : Je suis celui qui est le Seigneur, le dieu d'Abraham, d'Isaac et de Jacob. J'ai résolu de délier mon peuple et de le conduire dans la terre de Chanaan, que je lui ai promise. Il possédera cette terre, où ses pères n'ont habité qu'en voyageurs. Le peuple d'Israël demandera aux Égyptiens des vases, des joyaux, des habits, de l'or et de l'argent. Les Égyptiens le laisseront aller, et il emportera ainsi les dépouilles de l'Égypte. Vous irez avec Aaron trouver le roi Pharaon : vous lui direz que je veux que mon peuple vienne à trois journées dams le désert pour me faire un sacrifice. Pharaon ne le permettra pas : son cœur s'endurcira : mais je frapperait le roi et les Égyptiens par des prodiges et par des plaies ; et Pharaon sera forcé de laisser partir mon peuple d'Égypte.*

Ce que le prophète annonçait ne tarda pas à s'accomplir. Loin de consentir à la demande du peuple d'Israël, Pharaon l'accabla de nouvelles rigueurs. Il exigea de lui les mêmes travaux et la même célérité, et défendit en même temps qu'on lui fournît les matériaux nécessaires. Le désespoir s'empara du peuple d'Israël. Moïse, lui-même, se sentit découragé, Dieu lui apparut de nouveau ; et, d'après ses ordres, Moïse et Aaron se rendirent près du roi, et lui renouvelèrent leurs demandes au nom du Dieu d'Israël. Le monarque incrédule ne voulut ni reconnaître l'existence du Seigneur ni croire aux menaces de Moïse. Aaron ayant changé en sa présence sa verge en serpent, les magiciens de Pharaon imitèrent ce prodige. Moïse ayant ensuite transformé en sang toutes les eaux des fleuves et des ruisseaux d'Égypte, le même miracle fut encore opéré par les magiciens du roi, qui persista dans ses refus et son incrédulité.

Alors, Moïse frappa successivement l'Égypte de différentes plaies. Cette contrée fut d'abord couverte de grenouilles, ensuite de moucherons et de mouches, qui répandaient l'infection partout[2]. Peu après, il fit périr tous les troupeaux des Égyptiens. Leurs arbres et leurs moissons furent détruits par une grêle épouvantable. Tous les habitants et les animaux se virent remplis d'ulcères. Les champs furent ravagés par des nuées de sauterelles, et d'épaisses ténèbres couvrirent toute la contrée. Les lieux habités par les Israélites étaient seuls à l'abri de ces différents fléaux.

Chacune de ces plaies frappait de terreur le monarque qui demandait grâce à Moïse, et le priant de la faire cesser, en lui promettant la liberté d'Israël. Mais il retombait, bientôt dans son endurcissement, rétractait ses promesses, et ne voulait consentir à laisser sortir d'Égypte qu'une partie des Hébreux.

Enfin le Seigneur manifesta son courroux et sa puissance en frappant l'Égypte d'une dernière plaie, la plus terrible de toutes. Interprète de la volonté divine, Moïse dit aux Israélites : *Le Seigneur va frapper de mort les premiers nés de tous les Égyptiens. Cette époque sera celle de votre délivrance et ce mois-ci deviendra dorénavant le premier de l'année pour vous. Demandez aux Égyptiens des habits, des bijoux, ils vous les donneront. Chacun de vous doit tuer, le dixième de ce mois, un agneau sans tache d'un an, ou un chevreau du même âge, pour sa famille et pour sa maison, il doit arroser du sang de cet animal le haut des portes et des poteaux de son logis. Vous préparerez tous aussi du pain sans levain. Le soir du quatorzième jour, vous mangerez en entier ces pains et ces agneaux, étant debout, les reins ceints, et un bâton à la main. Dans l'avenir, à la même époque, cette solennité aura lieu tous les ans pour consacrer le souvenir des bienfaits du Seigneur, de votre délivrance et de votre sortie d'Égypte. Cette même nuit le Seigneur passera dans le pays ; il épargnera toutes les maisons arrosées du sang de l'agneau ; et frappée toutes celles qui ne porteront pas ce signe de sa protection.*

Les Israélites se conformèrent aux ordres de Moïse ; et, la nuit du quatorzième jour, tous les premiers nés des Égyptiens, depuis le fils du roi jusqu'à celui du plus pauvre pâtre, furent frappés de mort.

Toute l'Égypte jeta un cri de douleur : Pharaon, consterné, appela Moïse et Aaron ides conjura de prier le Seigneur pour lui, et permit au peuple d'Israël d'aller dans le désert[3].

Ce fut ainsi que les Israélites, au nombre de six cent mille hommes de pied, sans les enfants, sortirent d'Égypte, sous la conduite des deux prophètes, avec leurs serviteurs, leurs biens, leurs troupeaux, et emportant, comme il leur avait été prédit, tous les riches présents obtenus des Égyptiens. Moïse était alors âgé de quatre-vingts ans. Les voyages du peuple hébreu dans le pays de Chanaan et sa captivité avaient duré l'espace de quatre cent trente années.

Moïse, selon les ordres de Dieu, ne conduisit point son peuple directement dans le pays des Philistins, parce qu'il craignait qu'au sortir d'un si long esclavage, les guerres sanglantes qu'il aurait à soutenir ne lui fissent perdre le courage, méconnaître le Seigneur, et regretter l'humiliante tranquillité de sa servitude. Il résolut de leur faire traverser le désert et de les y tenir assez longtemps pour les former à l'indépendance, pour les affermir dans le vrai culte, et pour les accoutumer à la législation qu'il leur voulait donner. Il marcha, en conséquence, de Ramsez à Socoth et de là sur les bords de la mer Rouge, portant avec lui les os de Joseph, selon la promesse qui en avait été faite à ce patriarche. L'armée était précédée le jour par une colonie de nuées, et la nuit par une colonne de feu, Dieu voulant ainsi guider les Hébreux, pour dissiper leur frayeur et les rendre dociles aux ordres de son prophète.

Moïse leur ordonna de manger, pendant sept jours, les pains sans levain qu'ils avaient préparés et les agneaux qu'ils avaient tués, sans en rien laisser. Il leur défendit d'admettre à ce repas, nommé depuis la Pâque, aucun étranger, à moins qu'il ne se fit circoncire ; et il leur ordonna de consacrer à Dieu tous les premiers nés, des hommes et des animaux, pour conserver à jamais la mémoire des miracles faits pour terminer leur captivité. Depuis ce temps cette consécration a toujours eu lieu, et les Hébreux ont toujours été obligés de racheter leurs premiers nés et ceux des animaux qu'ils voulaient garder.

Après le départ des Israélites, Pharaon se repentit de leur avoir rendu la liberté. Furieux de perdre un si grand nombre d'ouvriers et d'esclaves, il rassembla tous ses soldats et ses chariots de guerre et poursuivit lui-même les hébreux à la tête de son armée.

Dès que les Israélites aperçurent ces troupes, ils éclatèrent en plaintes contre Moïse lui demandant s'il n'y avait pas assez de sépulcres pour eux en Égypte ; et pourquoi il les avait emmenés si loin pour les faire tous périr le même jour. Moïse les rassura en leur promettant de nouveaux miracles. La colonne de nuées qui les précédait se plaça derrière eux, entre Israël et Pharaon : elle était obscure du côté des Égyptiens, et lumineuse du côté des Hébreux. Moïse, ayant pris les ordres du Seigneur, étendit sa verge sur la mer Rouge, qui s'ouvrit : les eaux se séparèrent et tout le peuple d'Israël traversa la mer à pied sec, entre ses eaux, comme entre deux murailles[4].

Lorsque l'armée israélite fut sur l'autre rive, elle vit l'armée égyptienne qui la suivait par ce même chemin ouvert pour elle au milieu des eaux. Mais Moïse ayant étendu une seconde fois sa verge sur la mer, les vagues se précipitèrent avec furie les unes sur les autres et l'armée entière des Égyptiens s'engloutit dans les flots avec son monarque.

Moïse célébra cette victoire par un cantique que Marie, sa sœur, et les femmes israélites chantaient en dansant au son des instruments. Quelques phrases suffiront ici pour donner une juste idée de l'esprit de ce temps, et de la poésie de Moïse : *Chantons des hymnes au Seigneur, parce qu'il a fait éclater sa grandeur et sa gloire, et qu'il a précipité dans la mer le cheval et le cavalier. Le Seigneur est ma force et le sujet de mes louanges, parce qu'il est devenu mon sauveur : c'est lui qui est mon Dieu et je publierai sa gloire. Il est le Dieu de mon père, et je révélerai sa grandeur. Le Seigneur apparu comme un guerrier son nom est le Tout-Puissant. Il a fait tomber dans la mer les chariots de Pharaon et son armée. Les plus grands d'entre ces princes ont été submergés dans la mer Rouge ; ils ont été ensevelis dans les abîmes ; ils sont tombés comme une pierre au fond des eaux. Votre droite, Seigneur, s'est signalée et a fait éclater sa force ; votre droite, Seigneur, a frappé l'ennemi de votre peuple ; et vous avez renversé votre adversaire par la grandeur de votre puissance et de votre gloire ; vous avez envoyé le feu de votre colère qui les a dévorés comme la paille.*

Les Israélites entrèrent dans le désert de Sur. Au bout de quelques jours de marche, ils éprouvèrent une grande disette d'eau, et n'en trouvèrent que dans un lieu nommé Mara ; mais cette eau, trop amère, n'était point potable. Moïse fit un nouveau prodige, et l'adoucit, en y jetant des morceaux d'un bois que l'Écriture ne nomme pas.

Quinze jours après, l'armée étant arrivée à Éliou, y trouva douze fontaines et soixante-dix palmiers ; mais le pain était épuisé, les vivres manquaient : les murmures commencèrent, le peuple regrettait hautement les viandes d'Égypte. Dieu, après leur avoir reproché leur ingratitude, opéra un nouveau prodige en leur faveur. Une multitude innombrable de cailles couvrit le camp, et le Seigneur fit tomber du ciel une gelée nourrissante, que les Hébreux nommèrent *Manne*[5]. Ce présent du ciel leur fut continué pendant quarante ans qu'ils habitèrent le désert. Ils en récoltaient pendant six jours de la semaine ; le septième il n'en tombait pas, parce que ce jour, ainsi que le prescrivit Moïse, devait être consacré au repos et au culte de Dieu ; c'est ce qu'on appelle le jour du sabbat. Ce précepte qui le concerne a été jusqu'à présent religieusement observé par les Juifs.

Les Israélites continuèrent leur marche. Trois mois après leur entrée dans le désert, se trouvant près de Raphiti, ils souffrirent encore d'une nouvelle disette d'eau. Ce peuple, incrédule et indocile, douta de la protection du Seigneur, de sa puissance, et reprocha avec ingratitude à Moïse de l'avoir tiré d'un pays fertile pour le faire mourir de soif dans un désert. Moïse eut recours au Seigneur, qui lui dit d'approcher de la montagne d'Horeb avec les anciens, et de frapper de sa verge le rocher. Il le fit, et vit jaillir de ce rocher une eau abondante qui désaltéra le peuple.

Ce fut dans ce lieu que les Amalécites, en armes, vinrent attaquer les Hébreux. Moïse, assis sur la montagne pendant le combat, éleva les mains vers Dieu pour implorer son secours. Tant que les bras de Moïse étaient levés vers le ciel, Israël avait l'avantage ; et lorsque ses bras se baissaient, la fortune favorisait les Amalécites[6]. Aaron s'en aperçut et soutint les bras de Moïse pour qu'ils restassent levés. Par ce moyen, les Hébreux, commandés par Josué, remportèrent une victoire complète sur Amalec, et taillèrent son armée en pièces.

En même temps Jéthro, beau-père de Moïse, vint le trouver avec sa famille, et le félicita des prodiges qu'il avait opérés par la protection du Seigneur. Avant de le quitter, il lui donna le sage conseil de se vouer exclusivement au sacerdoce et à la législation. Moïse suivit son avis ; il nomma des chefs qui commandèrent le peuple, partagé en troupes de mille, de cent, de cinquante et de dix hommes ; il leur confia le soin de juger leurs différends, se réservant l'appel de ces causes et la décision des affaires les plus importantes.

Lorsque les Hébreux furent arrivés près du mont Sinaï, Dieu ordonna à Moïse et à Aaron de leur dire : *Vous avez vu vous-mêmes ce que j'ai fait aux Égyptiens, et de quelle manière je vous ai portés comme l'aigle porte ses aiglons sur ses ailes, et je vous ai pris pour être à moi. Si donc vous écoutez ma voix, et si vous gardez mon alliance, vous serez le seul de tous les peuples que je posséderai comme mon bien propre ; car toute la terre est à moi. Vous serez mon royaume, et un royaume consacré par la prêtrise, vous serez la nation sainte.*

Moïse leur annonça ensuite que le Seigneur se montrerait à eux dans le sein des nuages, sur le sommet du mont Sinaï. Il leur ordonna de planter des poteaux au pied de la montagne ; et les prévint que ceux qui oseraient franchir ces limites seraient frappés de mort.

Au jour prédit, un nuage épais couvrit le mont Sinaï. Au milieu des feux et des éclairs qui brillaient dans le ciel, et dans l'intervalle dès éclats du tonnerre qui grondait, on entendit la voix de Dieu appeler Moïse et Aaron du sommet de la montagne. Le peuple d'Israël qui couvrait toute la plaine, ayant entendu le tonnerre de la voix de Dieu qui parlait à Moïse, fut saisi de frayeur ; et lorsque le prophète, descendit de la montagne vers eux ; il le supplièrent de demander au Seigneur de ne plus faire entendre sa voix formidable, dont ils ne pouvaient soutenir l'éclat.

Moïse et Aaron, étant retournés sur la montagne, rapportèrent, au peuple les commandements de Dieu et les lois qu'il prescrivait à Israël[7]. Ces commandements, que les Hébreux avaient entendu dicter à Moïse par Dieu même, renferment les principes de toute la morale ; et rendraient toutes les antres lois inutiles pour les hommes qui s'y conformeraient avec exactitude, puisqu'ils nous défendent l'idolâtrie, tous les crimes, et nous enseignent tous les devoirs.

Nous ne donnerons qu'une idée sommaire de toutes les autres lois de Moïse, qui forment un code très complet et très détaillé, mais nous rappellerons textuellement les premiers commandements, puisqu'ils sont encore restés et considérés parmi nous comme la base sacrée de la législation de tous les peuples chrétiens. *Je suis le Seigneur, votre Dieu, qui vous ai tirés d'Égypte, de la maison de servitude. Vous n'aurez point de dieux étrangers devant moi. Vous ne ferez point d'images taillées ni aucune figure de tout ce qui est en haut dans le ciel et en bas sur la terre, ni de tout ce qui est dans les eaux, sous la terre. Vous ne les adorerez point, et vous ne leur rendrez point le souverain culte ; car je suis le Seigneur votre Dieu, le Dieu fort et jaloux, qui venge l'iniquité des pères sur les enfants jusqu'à là troisième et quatrième génération, dans tous ceux qui me haïssent, et qui fais miséricorde, dans la suite de mille générations, à ceux qui m'aiment et qui gardent mes préceptes.*

Vous ne prendrez point en vain le nom du Seigneur votre Dieu ; car le Seigneur ne tiendra point innocent celui qui aura pris en vain le nom du Seigneur son Dieu.

Souvenez-vous de sanctifier le jour du sabbat. Vous travaillerez durant six jours et vous ferez tout ce que vous aurez à faire, mais le septième jour est le jour du repos, consacré au Seigneur votre Dieu. Vous ne ferez en ce jour aucun ouvrage, ni vous, ni votre fils, ni votre fille, ni votre serviteur, ni votre servante, ni vos bêtes de service, ni l'étranger qui sera dans l'enceinte de vos villes ; car le Seigneur a fait en six jours le ciel, la terre et la mer, et tout ce qui y est renfermé, et s'est reposé septième : c'est pourquoi le Seigneur a béni le jour du sabbat, et l'a sanctifié.

Honorez votre père et votre mère, afin que vous viviez longtemps sur la terre que le Seigneur votre Dieu vous donnera.

Vous ne tuerez point.

Vous ne commettrez point de fornication.

Vous ne déroberez point.

Vous ne porterez point de faux témoignage contre votre prochain.

Vous ne désirerez point la maison de votre prochain ; vous ne désirerez point sa femme, ni son serviteur, ni sa servante, ni son bœuf, ni son âne, ni aucune de toutes les choses qui lui appartiennent.

Moïse, ayant reçu les commandements, les écrivit, les lut au peuple qui jura de s'y conformer. Israël construisit deux autels de pierre au pied du mont Sinaï, et, sacrifia des victimes au Seigneur. Ce fut ainsi que Moïse solennisa cette mémorable alliance de Dieu avec son peuple.

Étant de nouveau appelé par le Seigneur, Moïse laissa à Hur et à Aaron le commandement des Hébreux. Il remonta sur la montagne, pénétra dans l'obscurité qui la couvrait, s'approcha de la flamme qu'on en voyait jaillir, et, après être resté quarante jours en présence du Seigneur, il rapporta, gravées sur des tables de pierre, toutes les lois qui devaient régir désormais le peuple d'Israël.

La longueur de l'absence de Moïse fit croire aux Hébreux qu'ils ne le reverraient plus. Ce peuple, indocile et léger, oubliant les bienfaits du Seigneur, se révolta contre sa puissance. Parjure au serment qu'il venait de prêter, il voulut se créer un autre Dieu. Comme il avait vu les Égyptiens adorer, le bœuf Apis, il força Aaron, à leur faire un veau d'or. Les Israélites donnèrent à cet effet tous leurs bijoux, leurs colliers et leurs bracelets. Lorsque cette idole fut fabriquée, ils l'adorèrent et célébrèrent cette solennité par des danses et des chants[8].

Moïse, descendant avec Josué de la montagne, crut d'abord, au bruit qu'il entendait qu'Israël était attaqué par l'ennemi ; mais lorsqu'en approchant il vit cette fête impie, saisi d'indignation, il jeta et brisa sur la terre les tables de pierre où Dieu lui-même avait écrit ses lois. Séparant ensuite les enfants de Lévi des autres tribus, parce qu'il les trouvait fidèles, il les anima de sa fureur, les arma et, s'étant mis à leur tête, il entra dans le camp, brisa l'idole, et passa au fil de l'épée près de vingt mille de ces Israélites.

Les Hébreux, épouvantés, se prosternèrent, et conjurèrent Moïse de les réconcilier avec le Seigneur, Moïse, touché de leur repentir, fléchit la colère de Dieu qui d'abord voulait détruire tous les Hébreux et se créer un autre peuple. Il confirma donc les premières promesses faites à Jacob, et renouvela son alliance. La tribu de Lévi fut exclusivement consacrée à son culte et au sacerdoce, et Moïse rapporta au peuple de nouvelles tables où ses lois étaient gravées.

La législation de Moïse est le monument le plus remarquable que l'antiquité nous ait conservé. Elle nous offre l'étonnant tableau d'un peuple isolé des autres peuples, enfoncé dans un désert, se soumettant à un gouvernement purement théocratique, conduit, éclairé, régi, non par des rois représentants de Dieu, mais par Dieu lui-même ; ne recevant des lois ni par tradition, ni par fragments, mais en code complet, fait d'un seul jet, et contenant, avec le plus grand détail, toutes les lois religieuses, politiques, civiles, rurales, pénales, et jusqu'aux règlements de police, d'administration et de discipline.

Cet inconcevable ouvrage porta la morale au milieu de la corruption, la lumière dans un siècle d'ignorance, la civilisation au fond des déserts.

La loi des Juifs attacha la peine de mort à l'homicide ; les animaux mêmes qui ont tué y sont soumis. Elle punit également par la perte de la vie l'idolâtrie, la sorcellerie, le rapt, le sacrilège, les offenses faites à la nature en frappant un père ou une mère, la vente d'un homme libre. La peine du talion est appliquée à tous les autres crimes. Le vol simple est puni de la restitution au double, triple ou quintuple de la chose volée. L'hospitalité envers les étrangers est impérieusement prescrite aux Juifs, en leur rappelant qu'ils furent longtemps eux-mêmes errants et étrangers dans les lieux où ils habitaient. Une loi rigoureuse leur ordonne la destruction des peuples du pays de Chanaan qui doit être leur conquête, et leur défend tout mélange et toute alliance avec eux. La loi défendit l'usure aux Israélites entre eux seulement. Elle veut qu'un esclave soit libre au bout de sept ans ; elle ordonne également que la septième année les propriétés aliénées retournent à leurs maîtres, si elles n'ont pas été rachetées, et que toutes les productions et les fruits de la terre, pendant cette septième année, soient la propriété exclusive des pauvres. Enfin elle soumet à des peines gaves le faux témoignage et la prévarication des juges. Tout ce qui est relatif à la violation des limites et aux dégâts causés dans les champs par les hommes et les animaux, est réglé avec des indemnités bien gradées. Une disposition de ce code, digne de son auteur, veut qu'on secoure et qu'on oblige même son ennemi.

La loi religieuse est d'une beaucoup plus grande étendue, dans un gouvernement théocratique, elle devait être la base principale de la législation. Ce code religieux prescrit non seulement la célébration de la pâque, du sabbat, et de toutes les fêtes et cérémonies qu'on devait observer, ainsi que les devoirs des prêtres, et des règles à suivre pour l'élection des pontifes ; il ordonne encore tout ce qui est relatif aux formes les plus minutieuses de ces cérémonies, tout ce qui concerne l'habillement des prêtres, leur manière de vivre, les heures des prières, le choix des victimes, le genre de purification pour tous les états d'impureté, celui des expiations pour tous les genres de délits : enfin il sépare soigneusement les animaux purs des animaux impurs ; ceux dont on doit s'abstenir, et ceux qui peuvent servir à la nourriture et aux sacrifices. Comme Dieu avait annoncé que les tables de la loi devaient être enfermées dans une arche et dans un tabernacle ; qui seraient placés à la tête du camp ; que lui-même, caché dans un nuage, il couvrirait cette arche et ce tabernacle, et servirait ainsi, de guide à son peuple, une grande partie du rôde fut consacré à régler dans le plus grand détail la forme de cette arche et ses ornements, ainsi que tous les matériaux qui devaient servir à sa construction.

Lorsque ce code fut achevé, Dieu renouvela son alliance avec son peuple, et en ordonna le dénombrement. L'armée des enfants d'Israël, distingués en diverses bandes, selon leur maison et leur famille, se trouva composée de six cent trois mille cinq cent cinquante hommes, sans compter les lévites qui montaient au nombre de vingt-deux mille.

Après le renouvellement de l'alliance et le dénombrement, les tables de la loi furent placées dans l'arche que Moïse confia à la garde des lévites et Dieu lui-même, enveloppé dans un nuage, se plaça au-dessus de l'arche comme il l'avait promis.

Malgré la présence de l'Éternel, la publication de ses lois et le renouvellement de ses promesses, les murmures des Israélites recommencèrent : une disette les occasionna. Un nouveau miracle leur donna une grande abondance de cailles et de manne ; mais Marie la prophétesse, sœur de Moïse, fut affligée de la lèpre, pour la punir d'avoir mêlé sa voix aux murmures des Hébreux. Moïse ayant envoyé quelques Israélites à la découverte dans le pays de Chanaan, ses émissaires revinrent portant des fruits qui attestaient la fertilité du pays. En même temps, ils eurent un tableau alarmant de la force des Héthéens, des Amorrhéens, des Chananéens, des Phérazéens, des Hévéens et des Jébuséens, nations belliqueuses qui habitaient la terre promise. Tout le peuple d'Israël effrayé des obstacles qu'il aurait à vaincre, regretta la servitude et la paix d'Égypte, se révolta et ne voulut plus continuer sa marche.

Dieu résolut de l'exterminer ; mais Moïse ayant apaisé son courroux, il révoqua l'arrêt de mort, et les condamna seulement à errer pendant quarante ans dans le désert, leur annonçant qu'aucun d'eux, excepté Caleb et Josué, n'entrerait dans la terre promise qu'ils avaient devant les yeux, et qui ne serait accordée qu'à leurs enfants. Le même jour les Amalécites et les Chananéens, étant descendus des montagnes, attaquèrent les Hébreux les taillèrent en pièces, les poursuivirent jusqu'à Horma, vérifiant ainsi ces paroles de Moïse : *Vous tomberez sous l'épée de vos ennemis, parce que vous avez désobéi à Dieu, et que le Seigneur, s'étant retiré de l'arche, ne sera pas avec vous.*

Bientôt une nouvelle révolte contre Moïse fut punie par la mort de Coré, Dathan et Abiron, qui en étaient les chefs, et se virent engloutis vivants dans la terre. A la même époque, les princes des tribus, jaloux d'Aaron, lui disputèrent le privilège du sacerdoce. Ayant pris le Seigneur pour juge, ils placèrent tous dans le tabernacle leurs verges avec leurs noms gravés ; celle d'Aaron fleurit seule, et le sacerdoce fut révolu à Aaron et à sa famille pour toujours. Peu après, les Israélites, manquant tout à fait d'eau, éclatèrent en plaintes contre Moïse et Aaron, qui firent entendre alors comme eux leurs doutes incrédules et leurs murmures. Le Seigneur ordonna à Moïse de frapper deux fois le roc avec sa verge, et il en sorti une eau très abondante pour désaltérer le peuple et les animaux. Mais le Seigneur, irrité contre ses prophètes, leur annonça une mort prochaine, Aaron expira peu de jours après sur la montagne de Hor ; Éléazar, son fils, lui succéda.

Une nouvelle défaite des Hébreux par le roi d'Arad les punit de leur révolte récente. Leur repentir fut récompensé ensuite par une victoire complète sur les Chananéens[9]. S'étant révoltés de nouveau, le Seigneur envoya contre eux une foule de serpents qui causèrent de grands ravages. Cependant, touché, de leurs prières, il leur fit construire un serpent d'airain, comme signe de cet événement ; et, en le regardant, ils guérirent tous de leurs blessures.

Les Amorrhéens ayant refusé passage aux Israélites, ceux-ci les taillèrent en pièces, et s'emparèrent de leur royaume. Balac, roi des Moabites, voulant éviter un sort pareil envoya chercher un prophète nommé Balaam, pour l'engager à répandre ses malédictions sur Israël. Le prophète, après plusieurs refus, s'était décidé à monter sur son ânesse et à venir trouver le roi. Mais l'ânesse effrayée par la vue d'un ange, s'arrêta en chemin malgré les coups dont Balaam la pressait ; elle reçut même le don de la parole, et se plaignit de sa cruauté. L'ange apparut ensuite au prophète et lui transmit les ordres de Dieu : Balaam, cachant au roi sa mission, se rendit avec lui sur les hauteurs de Baal ; et là, au lieu de maudire les Israélites, selon les ordres du roi, il les bénit, prédit leurs triomphes sur les peuples de Chanaan, et annonça même la venue du Messie.

Quelque temps après, les peuples d'Israël se laissant séduire par des femmes moabites, adorèrent Baal. Dieu, dans sa colère, fit périr vingt-quatre mille de ces parjures, et promit le sacerdote à Phinée, fils d'Éléazar, en faveur de soi zèle.

Les Madianites s'étant ensuite mis en armes contre Israël, Moïse fit marcher mille hommes de chaque tribu contre eux, les battit, tua cinq de leurs rois, ainsi que le prophète Balaam, et livra au pillage leurs villes, leurs villages et leurs châteaux. Il ordonna aux siens de tuer tous les habitants et leurs femmes, en épargnant toutes les filles qui se trouvèrent au nombre de trente-deux mille. Le butin s'éleva à plus de six cent soixante mille brebis, soixante-douze mille bœufs, soixante et un mille ânes ; on donna la moitié de ce butin au peuple, et l'autre aux lévites.

Après cette victoire, la tribu de Ruben et celle de Gad demandèrent à s'établir, ainsi que la moitié de la tribu de Manassès, dans les pays situés à l'orient du Jourdain. Moïse le leur accorda, à condition qu'elles y laisseraient les femmes et les enfants, et qu'elles~marcheraient avec les autres tribus pour les aider à conquérir le pays de Chanaan, dont les limites étaient au midi le désert de Sin, à l'orient la mer Morte, à l'occident la grande mer, et au nord la même mer jusqu'au Liban.

Ce pays fut partagé d'avarice entre les dix tribus qui devaient habiter au-delà du Jourdain. On décida que les lévites auraient dans chaque lot les villes qui leur seraient exclusivement données : Moïse leur en réserva ainsi quarante-huit, dont six furent destinées à servir de refuge aux meurtriers et aux criminels, pour échapper aux vengeances privées, jusqu'au moment où la loi les aurait condamnés ou absous.

Ces dispositions se prirent lorsque le peuple d'Israël, ayant quitté le mont Horeb, arriva dans une plaine du désert, près du Jourdain et vis-à-vis Jéricho.

Les quarante années que les Israélites devaient passer dans le désert expiraient. Moïse monta sur la montagne de Phasya, d'où ses yeux découvrirent au-delà du Jourdain la terre promise, dans laquelle Dieu ne lui avait pas permis d'entrer. Il rappela aux Israélites les lois du Seigneur, ses promesses et ses menaces ; il leur rappela qu'ils devaient exterminer tous les peuples de Chanaan, et ne point contracter d'alliance avec eux ; il leur prescrivit d'effacer de la terre promise tous les vestiges de l'idolâtrie, et de n'offrir de sacrifices à Dieu que dans les lieux désignés par lui. Il leur donna ensuite de nouveaux règlements relatifs à leurs fêtes, à leur nourriture, à leurs habillements, aux mariages, à la répudiation, aux sacrifices, à la dîme destinée aux lévites et aux parts qui devaient leur revenir dans les holocaustes Les Hébreux reçurent aussi de leur législateur des ordonnances militaires qui réglaient le choix des combattants, et les cas où l'on pourrait être exempt de la milice. Ces ordonnances défendent de dévaster les champs, d'abattre les arbres fruitiers ; elles veulent que les Hébreux, impitoyables pour les habitants du pays où ils doivent s'établir, fassent la guerre humainement contre les autres peuples, proposent toujours la paix avant de commencer les hostilités, et de ne permettre aucun désordre dans les villes qui auraient capitulé.

Après avoir complété ce code de police, d'administration et de législation ; Moïse rassembla le peuple et lui dit : *J'ai cent vingt ans, et ne puis plus vous conduire. Dieu m'a défendu de passer le Jourdain. Le Seigneur marchera devant vous. Ce sera lui-même qui guidera Josué. Je le place, par son ordre, à votre tête.* Ensuite il adressa ces paroles à Josué : *Soyez ferme et courageux, car c'est vous qui ferez entrer ce peuple dans la terre que le Seigneur à juré à ses pères de lui donner ; et c'est vous aussi qui la partagerez au sort entre les tribus. Ne vous laissez point intimider : le Seigneur traitera ces nations comme il a traité les rois des Armorhéens, et il les exterminera.*

Les prêtres lurent alors la loi devant les Israélites qui en jugèrent de nouveau l'observation. Moïse enfin chanta devant Israël son dernier cantique, dont la prophétique éloquence, applaudie dans le désert étonne encore les siècles éclairés : *Cieux, écoutez que je vais dire ! Que la terre entende les paroles de ma bouche ! Que les vérités que j'enseigne soient comme la pluie qui s'épaissit dans les nues ! Que mes paroles se répandent comme la rosée, comme les gouttes de l'eau du ciel qui tombent sur l'herbe naissante ; car je vais célébrer le nom du Seigneur. Rendez l'honneur qui est dû à la grandeur de notre Dieu. Ses œuvres sont parfaites, ses voies sont pleines d'équité. Dieu est fidèle dans ses promesses : il est ennemi de toute iniquité.*

Après voir adressé ses dernières prières au Seigneur, fait entendre au peuple ses dernières prophéties ; et donné à Josué ses dernières instructions, Moïse, dont la vue n'était point affaiblie, dont les dents n'étaient point ébranlées, dont la santé était dans toute sa vigueur, résigné aux ordres de Dieu, se sépara d'Israël, monta sur la montagne, et mourut ; nul homme a connu jusqu'à présent le lieu de sa sépulture. C'est ainsi que l'Écriture rapporte la vie, les actions, les lois, les prédications et la fin de Moïse, le plus ancien et le plus célèbre des législateurs.

Tout semble étonnant, tout parait inconcevable dans l'histoire de cet homme et de ce peuple. La foi seule peut faire croire à tant de prodiges, et faire respecter le mélange inouï d'ignorance et de lumières, de luxe, et de simplicités, de vertus et d'inhumanité, d'obéissance et de révolte, de religion et d'impiété.

Mais ce que tout homme étranger même à notre culte, ne peut s'empêcher d'admirer, c'est l'étendue des connaissances de Moïse, l'audace de son entreprise, la constance de son caractère, la fermeté de son courage, l'habileté avec laquelle il sut relever des esclaves dégradés, aguerrir un peuple asservi, discipliner des tribus sauvages, proportionner les lois aux temps et aux mœurs, ressusciter le courage par des promesses, apaiser la révolte par des châtiments, former et civiliser une nation dans un désert, partager d'avance un pays qu'il n'avait pas conquis, et lier tellement les lois aux mœurs, et la terre au ciel, que l'homme, surveillé depuis le berceau jusqu'à la tombe, dans toutes ses actions, dans tous ses usages, dans toutes ses volontés, par des préceptes qui règlent tout, n'avait presque plus de choix à faire, de décision à prendre, de conseils à demander, puisque tout était d'avance réglé pour lui, depuis les devoirs les plus élevés de son âme, jusqu'aux soins les plus minutieux de sa conduite, de sa famille, de ses propriétés, de son commerce, de sa nourriture et de son vêtement.

Aussi les lois de Moïse, devenues pour les Hébreux religion, sentiment, mœurs et habitudes, se sont tellement gravées dans l'âme, dans le cœur, dans l'imagination, et l'on peut presque dire dans la chair de ce peuple, que la prospérité, le malheur, la dispersion, les outrages, les violences, et trente siècles n'ont pu en détruire ni même en affaiblir l'impression.

---

1. An du monde 2513. — Ayant Jésus-Christ 1491.
2. Même année 2513.
3. An du monde 2513. — Avant Jésus-Christ 1491.
4. Même année 2513.
5. Même année 2513.
6. Même année 2513.
7. Même année 2513.
8. Même année 2513.
9. An du monde 2552. — Avant Jésus-Christ 1452.

6

JOSUÉ ET LES JUGES

Après la mort de Moïse, Dieu dit à Josué : *Levez-vous, et passez le fleuve du Jourdain avec tout le peuple d'Israël, pour entrée dans la terre que je lui ai promise. Vos limites seront le désert au midi, le Liban au nord, l'Euphrate à l'orient, et le pays des Gétéens au couchant. Nul ne pourra vous résister, à vous et à mon peuple, tant que vous vivrez. Méditez jour et nuit le livre de la loi, et observez tout ce qui y est écrit. Punissez de mort celui qui vous contredira et vous désobéira.*

Josué envoya des émissaires pour reconnaître la ville de Jéricho ; le roi du pays en fut averti et voulut les faire pendre. La courtisane. Raab, chez laquelle ils logeaient, les fit sauver après qu'ils eurent promis que sa maison serait épargnée lorsqu'on pillerait la ville.

Les émissaires de Josué lui ayant rendu compte de la consternation des habitants de Jéricho, il fit prendre les armes aux Israélites, et ils traversèrent à pied sec le fleuve du Jourdain[1], en suivant l'arche du Seigneur. Lorsque les prêtres qui la portaient mirent le pied dans le fleuve, les eaux d'en bas s'écoulèrent et laissèrent la rivière à sec, et celles qui venaient d'en haut s'arrêtèrent et demeurèrent suspendues. Pour conserver la mémoire de ce miracle, chacune des douze tribus prit une pierre au milieu du lit du fleuve, et l'emporta, après l'avoir remplacée par une autre pierre du rivage, et, lorsqu'ils arrivèrent à Galgala, leur premier camp, au delà du Jourdain ils firent un monument de ces douze pierres pour rappeler à la postérité qu'Israël avait traversé le fleuve à pied sec.

Avant de commencer les hostilités, Josué pour obéir aux ordres divins, fit circoncire toute l'armée qui ne l'avait pas été dans le désert. La pâque fut célébrée avec solennité. La manne, n'étant plus nécessaire dans un pays fertile, cessa de tomber.

Les Israélites restèrent quelques temps à Galgala qu'ils nommèrent ainsi en mémoire de leur circoncision.

Josué étant venu campé sur le territoire de Jéricho, un ange lui apparut, et lui annonça que le Seigneur livrait entre ses mains la ville, le roi et tous ses guerriers. Il lui prescrivit de faire pendant six jours le tour de la ville avec son armée, précédée par l'arche, et au son de sept trompettes. Il lui prédit que le septième jour, lorsqu'il ferait sonner les mêmes trompettes, et que tout le peuple jetterait un grand cri, les murailles de la ville tomberaient jusqu'aux fondements, et que chaque soldat entrerait sans obstacle par l'endroit qui se trouverait devant lui. Cet ordre fut exécuté et la prédiction fut accomplie. Les Hébreux entrèrent dans Jéricho[2]. Ils passèrent au fil de l'épée tout ce qui s'y rencontra, hommes, femmes, vieillards, enfants ; la courtisane Raab et sa famille furent les seules sauvées. Ils tuèrent également les bœufs, les brebis et les ânes ; ils brûlèrent ensuite la ville, et tout ce qui était dedans, à la réserve de l'or, de l'argent et des vases d'airain, qui furent portés au trésor et consacrés au Seigneur.

Un Hébreu seul, nommé Achan, de la tribu de Juda, transgressa cet ordre, et déroba une part du butin. Il attira, par cette désobéissance, la colère de Dieu sur l'armée. Les habitants de Haï devinrent les instruments du courroux céleste ; ils battirent complètement et mirent en déroute trois mille Israélites, envoyés par Josué contre eux. Le crime d'Achan fut découvert et expié ; on le lapida, et on brûla le lingot d'or, l'argent et le manteau d'écarlate qu'il avait dérobés.

Josué, réconcilié avec le Seigneur, attira les habitants de Haï dans une embuscade, les défit, prit leur ville, la brûla, et fit pendre leur roi.

Tous les rois du pays de Chanaan, informés de ces nouvelles et de ces sanglantes exécutions, formèrent une ligue, et se réunirent pour combattre les Israélites. Les Gabaonites seuls voulurent tromper Josué, et s'allier avec lui ; mais il découvrit leur ruse, et, au lieu de les recevoir comme alliés, il les condamna à la servitude. Adonibézech, roi de Jérusalem, avec quatre autre rois, assiégèrent Gabaon, pour la punir de sa défection. Josué marcha contre eux, mit leur armée en déroute, la tailla en pièces, et, comme la nuit approchait et laissait peu de temps aux Israélites pour compléter leur victoire et la défaite de leurs ennemis, Josué commanda au soleil, à la lune de s'arrêter, et ils s'arrêtèrent[3]. Le Seigneur, ainsi que le dit l'Écriture, obéit à la voix d'un homme. Jamais avant ni depuis, on ne vit un jour d'une telle longueur.

Josué poursuivit les cinq rois qui se cachèrent dans une caverne près de Macéda. Ils furent découverts, pris et pendus. Il s'empara ensuite de Macéda, de Lebna et de Lachis, dont le roi subit aussi la mort. Celui de Gazer, qui avait voulu secourir Lachis, et ceux d'Hébron et d'Abit furent aussi tués ; on ravagea le pays, et on extermina les habitants. Les rois du septentrion et des montagnes, commandés par le roi d'Azor, après de longs combats, perdirent leur royaume et la vie. La race des géants, qui habitait les montagnes, fut détruite. On n'épargna que les villes de Gaza, de Geth et d'Azoth. A l'orient du Jourdain, la résistance des Chananéens n'eut pas plus de succès. On détruisit tous ces peuples, parce que leurs cœurs s'étaient endurcis, ils avaient oublié le culte du vrai Dieu et combattu son peuple.

Moisez avait donné aux tribus de Ruben et de Gad, et à la demi tribu de Manassès, le pays qui se trouvait entre le Jourdain et le désert. Josué partagea aux autres tribus, le reste de la terre de Chanaan. Les lévites n'y eurent d'autre pays que quarante-huit villes et leurs faubourgs, pour y habiter et pour nourrir leurs troupeaux. Caleb reçut en propriété la montagne d'Hébron, qu'on lui promit autrefois dans le désert, lorsque, seul il s'opposa à la révolte des Israélites.

Josué consacra sa vie à la conquête de la terre promise. Lorsqu'elle fut achevée, et qu'il en eut réglé le partage, il apaisa le différend élevé entre les tribus au sujet d'un autel que les enfants de Ruben, de Gad et de Manassès, venaient d'élever sur les rives du Jourdain. Les autres tribus, qui avaient leur autel à Silo, se réunirent, et, voulurent les combattre ; mais elles déclarèrent que leur dessein était de purifier leur pays, et non d'élever autel contre autel. Phinée, fils du grand-prêtre Éléazar, reçut leur déclaration, et parvint à conclure la paix.

Josué, ayant rassemblé le peuple à Sichem, lui rappela tout ce que Dieu avait fait pour les Israélites, leur prédit la plus grande prospérité, s'ils suivaient la loi de Dieu, et les menaça des plus grands malheurs s'ils lui devenaient infidèles. Il reçut le serment d'Israël, renouvela son alliance avec le Seigneur, enterra les os de Joseph dans le tombeau d'Abraham et de Jacob, écrivit ensuite dans le livre de la loi toute l'histoire du peuple hébreu pendant le temps qu'il l'avait gouverné, et mourut âgé de cent dix ans[4]. Israël, à cette même époque, perdit aussi le grand-prêtre Éléazar, digne fils et successeur d'Aaron.

Après la mort de Josué, le Seigneur ordonna que Juda commanderait Israël. Les tribus de Siméon et de Juda vainquirent les Chananéens, en tuèrent vingt mille à Bérée, et s'emparèrent de la ville de Salem, ancienne patrie de Melchisédech, et qu'on appela depuis Jérusalem. Adonibésech, roi de ce pays, fut pris, et les Hébreux lui coupèrent les pieds et les mains ; cruelle expiation de son inhumanité contre soixante-dix rois que, dans le temps de sa puissance, il avait fait mutiler, et qu'il contraignait à se coucher à ses pieds pour manger les miettes qui tombaient de sa table.

Les deux tribus firent encore d'autres conquêtes, elles s'emparèrent de Galaa, dAscalon et de Horma. Les enfants de Jéthro s'établirent au midi d'Arad. Caleb donna sa fille Aza à Othoniel. La tribu de Joseph s'empara de Béthel. Celles de Benjamin, d'Éphraïm et de Manassès ne suivirent plus les commandements de Moïse ; elles épargnèrent les Chananéens, et les gardèrent au milieu d'elles. La guerre se prolongea et, changea de face ; les peuples, vaincus dans les plaines, se retirèrent sur les montagnes ; d'où ils faisaient de fréquentes incursions contre les Israélites.

Au bout de quelques années les Hébreux, qui avaient servi sous Moïse et sous Josué, derniers témoins des merveilles du Seigneur, ayant terminé leur carrière, les générations, qui leur succédèrent, ne gardèrent plus la même foi ni le même respect pour la loi de Dieu. Les Israélites se laissèrent corrompre par l'exemple des infidèles et par la séduction des femmes chananéennes. Beaucoup d'Hébreux quittèrent le culte du Seigneur pour adorer Astaroth et Baal. Dieu les punit et les abandonna quelque temps ; les Sidoniens, les Philistins les battirent, les dispersèrent et les firent captifs.

Le Seigneur, voulant les délivrer, les soumit au commandement de juges, choisis parmi les plus fidèles d'Israël. Redevenus obéissants aux lois divines, la victoire se déclarait pour eux ; mais après la mort de leurs juges, ils retombaient dans leurs égarements, dans leur idolâtrie ; et les malheurs de ce peuple indocile et léger recommençaient avec ses crimes.

Dieu résolut, pour éprouver la foi des Hébreux, de ne point exterminer encore les peuples de Chanaan ; il laissa donc subsister les Sidoniens, les Hévéens et les Philistins. Les tribus furent vaincues par Chusan, roi de Mésopotamie, qui les tint huit ans dans la captivité.

Othoniel, suscité par le Seigneur, devint le juge et le vengeur d'Israël, le délivra des mains de Chusan, et les tribus jouirent pendant quarante ans, de la paix et de la liberté. Au bout de ce temps, redevenus infidèles, les Juifs furent vaincus par Églon, roi de Moab, qui resta leur maître pendant dix-huit années. Enfin Aod, destiné à sauver le peuple hébreu, poignarda le roi Églon ; sonna de la trompette sur la montagne d'Éphraïm rassembla et souleva les tribus, combattit les Moabites, en tua dix mille, et fit jouir Israël d'une paix de quatre-vingts ans.

Samgar, son fils, lui succéda, défit les Philistins et en tua six cents de sa main avec un soc de charrue. Samgar étant mort, les enfants d'Israël retombèrent dans leur égarement, et Dieu les livra aux mains de Jabain, roi de Chanaan et d'Azor, dont Sisara commandait l'armée. Leur oppression dura vingt années.

Le peuple alors était jugé par une prophétesse nommée Débora[5] : elle fit venir Barac, de la tribu de Nephtali, et lui ordonna, au nom de Dieu, de rassembler dix mille combattants sur le mont Thabor. Elle lui dit qu'elle lui livrerait l'armée de Jabain ; mais elle lui annonça en même temps que Sisara ne tomberait pas sous ses coups, et qu'il devait périr de la main d'une femme. Barac exécuta les ordres de la prophétesse. Les troupes de Jabain furent défaites ; on les passa au fil de l'épée ; on brisa leurs chariots. Sisara s'enfuit à pied, mais comme il était entré chez un homme nommé Haber pour s'y reposer, Jaël, femme de Haber, tandis qu'il dormait, prit un des grands clous de sa tente, avec un marteau, et perça le cerveau de Sisara avec ce clou, l'enfonçant jusque dans la terre ; Sisara passa ainsi, dit l'Écriture, du sommeil naturel au sommeil de la mort[6]. Barac et Débora chantèrent un cantique pour célébrer cette victoire, et pour rappeler aux Hébreux qu'ils ne la devaient qu'à la protection du Seigneur.

Bientôt de nouvelles impiétés attirèrent de nouveaux malheurs sur Israël ; les Madianites les asservirent. Gédéon, inspiré par un ange les délivra[7]. Il renversa d'abord l'autel de Baal, que desservait son père. Il fit un sacrifice et le ciel reçut ses offrandes. Pour dissiper ses doutes sur sa mission, le Seigneur ne fit tomber la rosée que sur une toison qu'il avait étendue devant sa tente ; toute la terre qui l'environnait demeura sèche ; le second jour toute la terre fut trempée de rosée, et la toison seule n'en reçut pas une goutte.

Gédéon, ayant armé le peuple, marcha contre les Madianites ; mais le Seigneur, pour manifester sa puissance, ne voulut pas que toute cette multitude combattit. De trente mille hommes armés, Gédéon n'en garda que trois cents. Un songe vint confirmer son espoir, en lui montrant une tente de Madianites renversée par la chute d'un pain d'orge qui tombait du haut d'une montagne. S'étant donc avancé avec trois cents hommes qui portaient des trompettes et des lampes, il surprit la nuit le camp des Madianites, et y répandit, par le bruit des trompettes et la clarté des feux[8], une telle épouvante, qu'ils tournèrent leurs armes les uns contre les autres, et qu'ils s'entre-tuèrent. Ceux qui prirent la fuite furent poursuivis ; leurs princes tombèrent entre les mains de Gédéon et ils perdirent dans cette défaite cent vingt mille hommes armés.

Les Israélites voulurent donner le titre de prince à Gédéon qui le refusa ; mais, il employa les pendants d'oreilles pris aux ennemis, et qui pesaient dix-sept cents sicles d'or, et les vêtements d'écarlate du roi de Madian à se faire un éphod gracieux, trophée d'orgueil, qui devint un objet d'idolâtrie pour les Hébreux, et causa par la suite la ruine de Gédéon et de sa famille.

La victoire sur les Madianites fut suivie d'une paix de quarante années. Gédéon mourut, laissant soixante-dix enfants de ses différentes femmes et un fils d'une concubine, nommé Abimélech. Les enfants de Gédéon se livrèrent au culte de Baal, et s'allièrent avec les idolâtres. Abimélech, dévoré d'ambition, représenta aux habitants de Sichem, et aux parents de sa mère qu'ils seraient plus tranquilles et mieux gouvernés par un prince que par soixante-dix chefs. Les Sichémites se rangèrent de son parti. Il marcha contre ses soixante-dix frères, les immola tous, à l'exception de

Jonathan, le plus jeune, qui se sauva. Il fut ensuite reconnu solennellement comme roi par le peuple de Sichem, et proclamé près d'un grand chêne, qui décorait cette ville. Il régna sur Israël pendant trois ans.

Excitée par Jonathan, une partie des Hébreux et même des Sichémites voulut venger la famille de Gédéon. La guerre dura longtemps, Abimélech eut d'abord l'avantage. Il s'empara de plusieurs villes ; mais, ayant enfin attaqué une tour de la ville de Tébez, une femme qui était sur la muraille fit tomber sur lui un morceau d'une meule de moulin qui lui fracassa la tête. Ce prince craignant que l'on ne sût qu'il avait été tué par une femme, se fit achever par son écuyer[9].

Tola son oncle, frère de Gédéon, lui succéda comme juge, et gouverna tranquillement Israël pendant vingt-trois ans. Après lui Jaïr de Galaad remplit, vingt-deux ans sa place, et laissa trente fils, princes de trente villes.

Les Israélites retombèrent encore dans l'idolâtrie ; et le Seigneur, irrité, les condamna à la servitude, sous la domination des Philistins et des Ammonites. Cet esclavage dura dix-huit ans. Enfin, le peuple, affligé et repentant, implora la clémence de Dieu, qui se laissa toucher par sa misère.

Les princes de Galaad ayant déclaré qu'ils se soumettraient au commandement de l'homme qui combattrait le premier les Ammonites ou les Philistins, il se trouva que Jephté, fils naturel de Galaad, qui avait été chassé par sa famille, s'était mis à la tête d'une bande d'hommes armés, qui exerçaient partout leurs brigandages. Les Hébreux le pressèrent de combattre Ammon. Il consentit pourvu qu'on se soumit à lui ; et les Israélites le reconnurent pour leur prince. Jephté tenta vainement de négocier avec les Ammonites, marcha contre eux, et promit au Seigneur de lui offrir en holocauste la première personne qui sortirait de sa maison et qui viendrait au-devant de lui lorsqu'il retournerait victorieux du pays des enfants d'Ammon. Il combattit les ennemis, les défit complètement, en tua un grand nombre, prit et saccagea à vingt de leurs villes, et revint dans ses foyers.

En approchant de Maspha, sa ville natale, il rencontra sa fille unique, qui venait au-devant de lui en dansant au son du tambour. A sa vue, Jephté déchira ses vêtements et lui apprit en pleurant le vœu qu'il avait fait[10]. Sa fille, résignée, lui répondit qu'il devait le remplir, et que sa mort était un léger sacrifice pour une aussi grande victoire. Elle le pria seulement de lui permettre d'aller deux mois sur la montagne pleurer sa virginité avec ses compagnes. Au bout de ce temps, elle revint trouver son père, qui accomplit son vœu. Depuis ce fatal événement, toutes les filles d'Israël s'assemblent une fois l'année pour pleurer pendant quatre jours la fille de Jephté de Galaad.

Bientôt après, la tribu d'Éphraïm s'étant révoltée contre Jephté, il la subjugua. Elle perdit dans cette défaite quarante-deux mille hommes qui essayèrent en vain par la fuite d'échapper au carnage. Les habitants de Galaad, qui les rencontraient, leur ordonnaient de dire *schibboleth* (épis) ; et comme les enfants d'Éphraïm prononçaient *sibboleth*, ce défaut de prononciation les faisait reconnaître et massacrer.

Jephté gouverna six ans et mourut dans la ville de Galaad. Après lui Israël eut successivement pour juges Absan, pendant sept ans ; Ahialon, pendant dix ans ; et Abdon qui gouverna pendant huit années. Israël éprouva de nouveaux malheurs et les Philistins le réduisirent quarante ans en servitude.

Il existait dans la tribu de Dan un homme nommé Manué, dont la femme était stérile. Un ange lui apparu deux fois, et lui défendit de rien manger d'impur ni de s'enivrer parce qu'elle devait accoucher d'un fils qui serait Nazaréen, et consacré à

Dieu depuis son enfance jusqu'à sa mort. C'est ainsi que la naissance de Samson fut annoncée[11].

Cet enfant, protégé par le ciel, crût rapidement et devint d'une force prodigieuse. Une femme philistine lui inspira de l'amour et il surmonta la répugnance de ses parents contre ce mariage. Étant allé chercher cette femme, il rencontra un jeune lion, le déchira et le tua. En revenant chez lui il trouva un essaim d'abeilles dans la gueule du lion mort. Arrivé dans sa patrie, il promit à trente jeunes gens, qui assistaient à ses noces, de leur donner trente robes et trente tuniques, s'ils devinaient l'énigme suivante : *La nourriture est sortie de celui qui mangeait, et la douceur est sortie du fort*. Il exigea d'eux, en revanche, de lui donner trente robes et trente tuniques, s'ils ne pouvaient la deviner. La femme de Samson, tourmentée par la curiosité, obtint de son mari, par ses larmes et par ses importunités, le mot de l'énigme. Elle fut indiscrète, et les jeunes gens revinrent le même jour dire à Samson : *Qu'y a-t-il de plus doux que le miel, et de plus fort que le lion ?* Samson, irrité de la trahison de sa femme, courut à Ascalon, y tua trente hommes, dont il prit les vêtements pour les donner à ceux qui avaient expliqué son énigme. Son épouse infidèle le quitta et épousa un de ces jeunes gens.

Cette injure irrita Samson contre les Philistins. Il prit trois cents renards qu'il lia l'un à l'autre par la queue, y attacha des flambeaux, et, les ayant allumés, il chassa les renards qui coururent au travers des blés des Philistins, les brûlèrent et les détruisirent. Les Philistins, apprenant que le courroux de Samson avait été excité par la perfidie de sa femme, jetèrent dans les flammes cette épouse parjure avec Thamnath son père. Samson ne fut point satisfait de cette vengeance. Il combattit seul les Philistins, en fit un grand carnage, et se cacha ensuite dans la caverne d'Étam.

La tribu de Juda, menacée par les Philistins, ordonna d'arrêter Samson, lui reprochant de vouloir aggraver leur servitude. On le lia avec de grosses cordes, et on le conduisit aux ennemis pour le leur livrer. Mais, à l'aspect des Philistins, Samson brisa les cordes, dont il était lié, aussi facilement que le feu consume le lin. Ayant trouvé dans cet endroit une mâchoire d'âne[12] qui était à terre, il la prit, et avec cette seule arme, il mit en déroute les Philistins, et leur tua mille hommes. Ce lieu, s'appela depuis *la Mâchoire*. Pressé d'une grande soif après le combat, il invoqua Dieu, qui fit sortir d'une des grosses dents de cette mâchoire assez d'eau pour le désaltérer.

Israël, frappé de ces miracles et délivré par Samson, le prit pour juge ; les Juifs furent gouvernés par lui pendant vingt ans. La terreur inspirée aux Philistins par Samson les forçait non seulement à rester en paix, mais encore à respecter sa personne. Ils l'avaient voulu surprendre une fois dans la ville de Gaza ; mais Samson, entouré par tous les soldats qui cernaient la ville, se fit jour au travers de cette multitude, arracha les portes de Gaza [13]; les chargea sur ses épaules et les porta sur le haut de la montagne où il se retira.

Les Philistins quelque temps après, ayant appris qu'il était venu dans leur ville capitale, et qu'une courtisane nommée Dalila lui inspirait de l'amour, firent de grands présents à cette femme pour l'engager à découvrir le secret de la force prodigieuse de Samson. Il résista d'abord aux demandes, aux prières de Dalila ; et, feignant ensuite de se laisser toucher, il lui dit que, si on le liait avec sept grosses cordes mouillées, il deviendrait faible comme les autres hommes. Les princes des Philistins, instruits de sa réponse, engagèrent Dalila à le lier, comme il l'avait dit. Cet ordre fut exécuté, mais quand les Philistins parurent, Samson rompit ses cordes comme un fil, et s'échappa. Il trompa encore deux fois Dalila, par des ruses semblables ; mais enfin, comme elle l'importunait sans cesse, et employait contre lui tous les genres de séduction, la fermeté de son âme s'affaiblit ; il céda et lui dit : *Le rasoir n'à jamais passé sur ma tête, parce que je suis Nazaréen, c'est-à-dire, consacré à Dieu ; si l'on me rase, toute ma force m'abandonnera.* Dalila rendit compte aux Philistins de sa découverte ; et comme Samson dormait un jour chez elle [14] ayant la tête sur ses genoux, elle fit couper ses cheveux par un barbier. Les Philistins parurent ; Samson réveillé voulut en vain les combattre : sa force l'avait abandonné ; le Seigneur s'était éloigné de lui. Ses ennemis le saisirent, lui arrachèrent les yeux, le menèrent à Gaza, chargé de chaînes, et l'enfermèrent dans une prison où ils lui firent tourner la meule d'un moulin.

Quelques mois après, lorsque ses cheveux commençaient à revenir, les princes, les grands et les officiers du pays se rassemblèrent dans un temple pour immoler des hosties à leur dieu Dagon, et pour y faire, des festins en réjouissance de leur triomphe. Ayant ordonné qu'on leur amenât Samson pour jouer de la harpe devant eux, son guide le plaça entre deux colonnes qui soutenaient l'édifice. Demandant alors à Dieu de lui rendre sa force pour se venger de ses ennemis, il ébranla fortement les deux colonne, et dit : *Que je meure avec les Philistins !* Aussitôt le temple s'écroula[15]. Tout de qui s'y trouvait de grands et de peuple y fut écrasé ; et Samson immola beaucoup plus de Philistins en mourant qu'il n'en avait tué dans sa vie.

Pendant quelques temps les tribus d'Israël existèrent sans juges, sans princes, et dans la plus complète anarchie. Un homme d'Éphraïm, appelé Michas, s'était fait une riche idole. Un lévite corrompu consentit à en être le prêtre. Les peuples de la tribu de Dan, mécontents de leur partage, voulurent augmenter leurs possessions. Six cents hommes de cette tribu, persuadés que l'idole de Michas les protégeraient, la lui dérobèrent, s'emparèrent de la ville de L'aïs, qui appartenait aux Sidoniens, la détruisirent, et en rebâtirent une autre qu'ils appelèrent Dan. Ils y établirent l'image de leur faux dieu, dont Jonathan, petit-fils de Moïse, fut le pontife. Ainsi, tandis que l'arche sainte était à Silo, une partie infidèle des Hébreux, dressait des autels aux dieux étrangers.

D'autres désordres attirèrent de grandes calamités sur ce peuple. Un lévite d'Éphraïm s'était marié à une femme de Bethléem. Sa femme le quitta, et revint dans sa ville natale, où elle passa quatorze ans chez son père. Bientôt le lévite accourut pour se réconcilier avec elle. Il y parvint ; et, ayant consenti à rester trois jours avec son beau-père, il emmena sa femme, traversa Jérusalem, où il ne voulut pas s'arrêter parce que les Jébuséens, qui l'habitaient, étaient étrangers. Il continua sa marche jusqu'à Gabaa ; de la tribu de Benjamin où il n'arriva qu'à l'approche de la nuit. Non seulement les habitants lui refusèrent l'hospitalité, mais ils voulurent l'insulter et s'emparer de sa femme qu'ils outragèrent [16] ; elle vint expirer à la porte d'un vieillard chez lequel son mari avait été forcé de se réfugier. Le lévite, furieux, emporta dans son pays le corps de cette malheureuse victime, le coupa en douze morceaux qu'il envoya aux douze tribus pour les exciter à la vengeance.

Les tribus, s'étant rassemblées, se liguèrent contre cette ville coupable. Les enfants de Benjamin, au nombre de vingt-cinq mille, prirent le parti de Gabaa, et remportèrent deux victoires contre la ligue des autres tribus.

Phinée, petit-fils, d'Aaron, consulté par les Israélites, leur parla au nom du Seigneur et leur promit son appui. Les Benjamites et les habitants de Gabaa, tombèrent, dans une embuscade, furent battus et passés au fil de l'épée. On brûla la ville de Gabaa ; et il ne resta que six cents hommes de la tribu de Benjamin.

Tout le peuple d'Israël se rassembla ensuite à Silo pour rendre grâce au Seigneur. Les tribus y jurèrent de ne point donner leurs filles aux six cents Benjamites qui restaient. Se repentant ensuite d'un vœu qui prononçait la destruction totale d'une tribu, ils éludèrent leurs serments et laissèrent les Benjamites enlever leurs filles au milieu d'une fête, pour en faire leurs épouses.

Les Israélites continuèrent encore à vivre sans juges, sans principes et sans gouvernement régulier.

C'est dans cet endroit que l'Écriture rapporte l'histoire de Ruth, dans le dessein de faire connaître d'avance la famille, et l'origine de David, que Dieu destinait à régner avec éclat sur son peuple, et dont la race devait donné naissance à la mère du Sauveur du monde.

Lorsque les juges gouvernaient encore Israël, il arriva dans le pays une famine, pendant laquelle un homme de la tribu de Juda, nommé Élimélech, se réfugia dans le royaume de Moabite avec sa femme Noémi, dont le nom attestait la beauté : il y mourut. Ses fils épousèrent deux filles moabites ; l'une se nommait Orpha, l'autre Ruth ; elles devinrent veuves, de sorte que Noémi, restée seule avec ses deux belles-filles, résolut de retourner au pays de Juda. Noémi proposa à ses belles-filles de demeurer dans leur pays. Orpha y consentit ; mais Ruth, ne voulant pas quitter sa belle-mère qui était vieille, malheureuse et isolée, s'attacha à son sort et la suivit à Bethléem, adoptant ainsi la patrie de Noémi pour la sienne, et quittant ses idoles pour le culte du Seigneur. Les habitants se ressouvinrent de sa beauté, et, accouraient en foule pour la voir[17] ; mais elle leur dit : *Ne me nommez plus Noémi ; appelez-moi Mara ; car le Seigneur m'a remplie d'amertume.*

Un des parents de la famille d'Élimélech, nommé Booz, vivait alors à Bethléem : c'était un homme riche, puissant et bienfaisant. Ruth, avec la permission de sa belle-mère, allait un jour glané dans les champs. Elle se trouva par hasard sur les terres de Booz. Celui-ci, touché de sa grâce et de sa modestie, lui permit d'y revenir, et ordonna à ses moissonneurs de laisser pour elle, derrière eux, un grande quantité d'épis. Arès lui avoir exprimé sa reconnaissance, Ruth courut en rendre compte à sa belle-mère.

La loi voulait alors qu'une jeune veuve fût épousée par un de ses parents. Noémi conseilla à Ruth de retourner dans le champ de Booz, de chercher à entrer dans sa tente, sans être vue, de l'attendre le soir, en se couchant au pied de son lit, et de lui proposer, sans détour, de la prendre pour sa femme. Elle suivit ponctuellement ce conseil. Booz, surpris, en rentrant le soir chez lui, d'y trouver cette jeune personne, se sentit attendri par sa candeur et son innocence ; et comme il était informé de sa piété filiale pour la vertueuse Noémi, et de sa conversion au culte du Seigneur, il consentit à sa demande. Ayant engagé ses parents à lui céder leurs droits sur elle ; il l'épousa : un enfant naquit de ce mariage ; on le nomma Obed. Le fils d'Obed s'appela Isaïe, et Isaïe fut le père de David.

---

1. An du monde 2553. — Avant Jésus-Christ 1451.
2. Même année 2553.
3. Même année 2553.
4. An du monde 2570. — Avant Jésus-Christ 1434.
5. An du monde 2719. — Avant Jésus-Christ 1285.
6. Même année 2719.
7. An du monde 2759. — Avant Jésus-Christ 1245.
8. Même année 2759.
9. An du monde 2768. — Avant Jésus-Christ 1236.

10. An du monde 2817. — Avant Jésus-Christ 1187.
11. An du monde 2848. — Avant Jésus-Christ 1156.
12. An du monde 2867. — Avant Jésus-Christ 1137.
13. An du monde 2880. — Avant Jésus-Christ 1124.
14. An du monde 2885. — Avant Jésus-Christ 1118.
15. Même année.
16. An du monde 2885. — Ayant Jésus-Christ 1119.
17. An du monde 2808. — Avant Jésus-Christ 1196.

7

SAMUEL, DERNIER JUGE ; SAÜL, PREMIER ROI

Un homme de la ville de Romatha, nommé Elcana, s'était établi dans la tribu d'Éphraïm. Il avait deux femmes, Anne et Phénenna. La dernière eût des enfants ; Anne fut stérile. Dans ce temps la stérilité était un malheur humiliant. C'est peut-être à ce sentiment, à cette opinion, qu'on peut attribuer en partie le prompt accroissement et l'excessive population des anciennes nations.

Les larmes et les prières d'Anne touchèrent le Seigneur. Elle fit vœu, si elle avait un enfant, de le consacrer à Dieu, et promit que jamais rasoir ne passerait sur sa tête. Sa stérilité cessa ; elle mit au monde un fils qu'on appela Samuel[1]. Lorsqu'on l'eut sevré, elle prit avec elle des offrandes, et amena son fils à Silo, où était l'arche du Seigneur. Samuel fut consacre au culte de Dieu, et le servit avec les deux enfants du grand prêtre Héli. Les fils du pontife, loin d'être vertueux comme leur père, méprisaient la loi divine, exigeaient des présents du peuple, dérobaient une partie des offrandes, et séduisaient les femmes des Israélites.

L'enfant Samuel remplissait, avec zèle tous les devoirs de la religion ; il mérita ainsi la protection du ciel et l'amitié du grand prêtre qui bénit ses parents.

L'âge avait affaibli le caractère du grand prêtre Héli ; il blâmait la conduite de ses enfants, sans avoir la force de les punir. Un prophète vint lui reprocher sa faiblesse ; lui prédit que ses fils Ophni et Phinées mourraient tous deux en un même jour ; que sa race serait ruinée, réduite à la mendicité, et que le Seigneur, se choisissant un pontife fidèle, ferait passer le sacerdoce dans une autre famille. Accablé de douleurs et d'années, Héli devint aveugle. Une nuit, il était couché dans le temple près de l'arche de Dieu ; le jeune Samuel dormait près de lui. Le Seigneur appela Samuel[2]. Comme les visions et les prophéties étaient devenues rares dans ce temps Samuel crut qu'Héli l'appelait. La même voix s'étant fait entendre deux fois encore Héli reconnut la parole divine, et dit à Samuel : *Si vous entendez encore le commandement, répondez ainsi : Parlez Seigneur, votre serviteur vous écoute !* Samuel s'était endormi, Dieu l'appela de nouveau. Samuel répondit comme le grand prêtre le lui avait ordonné. Le Seigneur alors lui dit : *Je vais frapper d'étonnement tout Israël. J'exécuterai mes arrêts contre les enfants et d'Héli ; aucune victime n'expiera leurs iniqui-*

tés. Samuel n'osait apprendre cette funeste prédiction à Héli ; mais celui-ci lui arracha son secret, et se résigna humblement à son malheur.

Samuel devint de jour en jour plus agréable à Dieu, dont l'esprit était avec lui. Tout Israël le reconnut pour le prophète du Seigneur.

Les éternels ennemis des Hébreux, les Philistins, ayant rassemblé toutes leurs forces, marchèrent contre Israël. Le peuple effrayé implora l'assistance divine, et on demanda qu'on fît de Silo l'arche d'alliance, pour la placer à la tête de l'armée. Ophni et Phinées la conduisirent dans le camp des Hébreux. La bataille eut lieu ; les Philistins remportèrent une victoire complète ; les Israélites y perdirent trente mille hommes. Les ennemis prirent l'arche de Dieu ; Ophni et Phinées furent tués : le grand prêtre Héli apprenant la prise de l'arche et la mort de ses enfants tomba de son siège à la renverse, de brisa la tête et mourût[3]. Il était presque centenaire, et avait jugé Israël pendant quarante ans.

Les Philistins, ayant pris l'arche, l'emmenèrent de la *Pierre du Secours*, où la bataille s'était donnée à Azoth, et la placèrent dans un temple auprès de la statue de Dagon leur dieu. Mais le jour suivant, ils trouvèrent l'idole de Dagon couchée à terre devant l'arche ; sa tête et ses deux mains coupées placées sur le seuil de la porte[4].

Au même moment,, tout le peuple philistin fut frappé d'une horrible plaie et d'ulcères qui le dévoraient. Désolés par cette calamité, ils envoyèrent l'arche dans d'autres villes ; mais voyant au bout de sept mois que le fléau ne cessait point et qu'une multitude innombrable de rats ravageaient leurs champs, ils consultèrent leurs prêtres ; ceux-ci leur conseillèrent de placer sur un chariot et cinq rats d'or et cinq autres offrandes en or qui rappelaient la vengeance du Seigneur. Ils mirent aussi sur ce chariot l'arche sainte[5], y attelèrent des bœufs, et la laissèrent partir sans guides, pour que la route qu'elle suivrait fît connaître clairement la volonté de Dieu.

L'arche, ainsi livrée aux animaux qui la conduisaient, sortit du pays des Philistins, entra sans se détourner dans celui d'Israël et s'arrêta à Bethsabée, dans le champ d'un homme appelé Josué. Les Philistins, retournèrent alors à Ascalon.

Les Bethsamites sacrifièrent en holocauste les animaux qui l'avaient conduite ; mais, s'étant approchés avec trop peu de respect de cette arche, et ayant osé la regarder, le Seigneur, pour les punir, fit périr soixante-dix des principaux de la ville, et cinquante mille hommes du petit peuple. On conduisit l'arche ensuite à Gabaa, dans la maison d'Abinadab, au pays de Cariathiarim ; Éléazar son fils, fut consacré, et commis à sa garde. L'arche était depuis vingt ans dans cet endroit, lors que Samuel persuada à tout le peuple d'Israël d'expier ses fautes par un repentir sincère, et de quitter le culte des dieux étrangers pour revenir à celui du Seigneur.

Les enfants d'Israël renversèrent les idoles de Baal et d'Astaroth ; ils se rassemblèrent ensuite à Masphath, où ils jeûnèrent et présentèrent leurs offrandes à Dieu. Les Philistins troublèrent cette assemblée par une attaque imprévue. Les Hébreux demandèrent à Samuel de sacrifier un agneau, et d'adresser des prières au Seigneur, pendant qu'ils combattaient. Le combat commença ; les vœux du prophète furent exaucés. Le Seigneur lança son tonnerre, avec un bruit épouvantable, sur les Philistins : les Israélites les taillèrent en pièces, et les poursuivirent jusqu'à Béthébar. Ils se virent obligés de faire la paix, et de rendre à Israël toutes les villes et les terres qu'ils avaient prises depuis Accaron jusqu'à Geth. Samuel s'établit ensuite à Ramatha ; il y établit un autel, jugea le peuple et le gouverna.

Samuel, devenu vieux, chargea ses fils Joël et Abia d'exercer les fonctions de juges dans Bethsabée[6] ; mais ils ne marchèrent pas dans ses voies. Ils se laissèrent corrompre par l'avarice, et tombèrent dans l'iniquité.

Cette instabilité, dans le gouvernement des juges, les malheurs d'une longue anarchie, l'affaiblissement du respect qu'on devait aux lois de Moïse portèrent les anciens d'Israël à renoncer à cette forme de gouvernement à la foi théocratique et républicain qui les avait régis jusqu'alors.

Ils s'assemblèrent et demandèrent à Samuel : *Vous voilà devenu vieux ; vos enfants ne suivent ni vos leçons ni vos exemples ; établissez donc sur nous un roi comme en ont toutes les nations, afin qu'il nous juge, et qu'il nous gouverne.*

Samuel surprit et irrité de cette proposition, consulta Dieu, qui leur répondit : *Écoutez la voix de ce peuple, car ce n'est point vous, mais c'est moi qu'il rejette. Depuis que je l'ai tiré de l'Égypte il a toujours été indocile. Il m'a abandonné pour des dieux étrangers, il vous traite de même. Protestez en mon nom contre son vœu, mais accomplissez-le, et déclarez-lui quels sont les droits du roi qui doit régner sur lui.*

Samuel exécuta les ordres du Seigneur, et prévint le peuple que, *s'il avait un roi, celui-ci prendrait à son gré les enfants d'Israël pour labourer ses champs, construire et conduire ses chariots, et pour le servir : qu'il les emploierait selon ses volontés à la guerre ; qu'il prendrait la meilleure partie de leurs récoltes, et la dîme de leurs revenus pour payer sa dépense et celle de sa maison ; qu'enfin ils dépendraient absolument de lui, et que, s'ils adressaient leurs plaintes au Seigneur, ces plaintes ne seraient point écoutées, puisqu'ils avaient voulu quitter le gouvernement de Dieu pour celui d'un homme.*

Les anciens persistaient dans leurs volontés, en disant : *Nous voulons être comme les autres peuples, et avoir un roi qui nous juge et combattre à notre tête dans toutes nos guerres.* Le Seigneur, informé de cette réponse dit à Samuel : *Faites ce qu'ils demandent, et donnez-leur un roi.*

Il existait alors dans la tribu de Benjamin un homme puissant nommé Cis. Son fils qu'on appelait Saül était le plus grand, et le plus beau des enfants d'Israël. Les ânesses de Cis s'étant perdues, Saül courut tout le pays de Salim et de Jemini sans pouvoir les rencontrer. Il voulait retourner chez lui mais son serviteur lui dit : *Nous sommes près de la demeure d'un voyant* (c'est ainsi qu'on nommait les prophètes), *portons lui ce quart de sicle d'argent que j'ai sur moi, et il vous donnera des nouvelles de ce que vous avez perdu.* En approchant de la maison de Samuel, Saül le rencontra, et lui ayant demandé où est le voyant, Samuel répondit : *C'est moi qui le suit. Venez sur les hauts lieux, je vous dirai tout ce que vous pensez. Ne soyez point inquiet de votre troupeau, il est retrouvé. A qui appartiendrait ce qu'il y a de mieux dans Israël, si ce n'est à vous et à votre père ?* Saül surpris lui demanda pourquoi il adressait de telles paroles à l'homme le plus obscur de la plus petite tribu des Hébreux. Le prophète ne répondit rien : il l'emmena sur les hauts lieux où il avait ordonné un grand festin. Saül y fut assis à la place d'honneur, et les mets les plus distingués lui furent servis.[7] Le même jour il coucha dans la maison de Samuel ; et le lendemain ils sortirent ensemble de la ville.

Le prophète ordonna à Saül d'éloigner son serviteur. Demeurés seuls, Samuel répandit sur sa tête une petite fiole d'huile, l'embrassa, et lui dit : *Le Seigneur, par cette onction, vous sacre comme prince de son héritage, et vous délivrerez son peuple des ennemis qui l'environnent. Voici les preuves de la vérité de ce que je vous annonce. Vous allez me quitter ; vous trouverez près du sépulcre de Rachel deux hommes qui vous apprendront que votre troupeau est retrouvé. Vous en verrez trois autres au chêne de Thabor qui vous offriront des présents ; vous rencontrerez ensuite à la colline de Dieu, qui est occupée par des Philistins, une troupe de prophètes avec lesquels vous prophétiserez, l'esprit du*

Seigneur se saisira de vous et vous serez changé en un autre homme. Vous m'attendrez ensuite sept jours à Galgala ; je vous y rejoindrai, et nous offrirons ensemble des victimes pacifiques au Seigneur. Tout ce qu'avait prédit Samuel s'accomplit et toute la contrée fut saisie d'étonnement en voyant Saül animé de l'esprit des prophètes.

Samuel fit ensuite assembler le peuple à Maspha, et, après lui avoir renouvelé ses représentations et ses reproches, il ordonna aux enfants d'Israël de se présenter devant l'autel, chacun dans le rang de sa tribu et de sa famille. On procéda au choix du roi. Le sort, jeté sur toutes les tribus, tomba sur celle de Benjamin ; ensuite, dans cette tribu, sur la famille de Métoy, et enfin sur la personne de Saül, fils de Cis. Il était absent : on l'amena devant le peuple ; il fut proclamé ; et après avoir dissous l'assemblée, il retourna chez lui à Gabaa, accompagné seulement de la partie fidèle de l'armée, car les idolâtres, dont Dieu n'avait pas touché le cœur, ne reconnu pas le nouveau roi, et le méprisèrent.

Peu de temps après cet événement, les Ammonites attaquèrent le pays de Galaad. Saül coupa deux bœufs en morceaux, qu'il envoya dans toutes les terres d'Israël, en annonçant que les troupeaux de ceux qui ne prendraient pas les armes seraient ainsi taillés en pièces. Le peuple s'arma ; et Saül se trouva à Berech à la tête de trois cent mille hommes. Il marcha ensuite contre les Ammonites, les défit et les mit en pleine déroute. Le peuple enthousiasmé voulait que Saül fit mourir tous ceux qui n'avaient pas voulu le reconnaître ; mais le roi leur pardonna. Il revint à Galgala. Son élection y fut renouvelée ; on y célébra ses victoires par de grands sacrifices et de grandes réjouissances. Samuel, avant que le peuple se séparât de lui, lui demanda s'il avait quelque chose à lui reprocher pendant qu'il avait gouverné. Personne n'ayant élevé la voix contre lui, il rappela aux Hébreux les bienfaits de Dieu et leur ingratitude ; il leur annonça que, s'ils persévéraient dans le mal, ils périraient tous ainsi que leur roi. Pour leur prouver qu'il parlait au nom du Seigneur, il opéra un prodige, en faisant éclater le tonnerre et tombe une grande pluie.

La guerre se renouvela bientôt entre Israël et les Philistins. Le roi, ayant attendu vainement sept jours le prophète, fit tout seul un sacrifice à Dieu. Samuel arriva, lui reprocha cette faute, et lui annonça, la fin prochaine de son règne.

L'armée des Hébreux s'approcha de celle des Philistins. Jonathas, fils de Saül, rempli d'une ardeur héroïque, et soutenu par sa confiance dans le Seigneur, entra seul, avec son écuyer, dans le camp des Philistins[8], en tua un grand nombre, et y répandît une telle frayeur, qu'ils s'entretuaient. Saül, informé de ce tumulte dont il ignorait la cause, et qui n'avait pu réunir encore que dix mille hommes, marcha, contre les ennemis, dévouant à la colère céleste et maudissant celui qui mangerait avant le soir, et jusqu'à ce qu'il se fût vengé des Philistins.

La victoire se décida pour Israël ; les ennemis furent poursuivis jusqu'à Ailon, et le butin fut immense. Le peuple se jetant sur les bœufs qu'il avait pris, les mangea. Jonathas seul n'avait goûté qu'un peu de miel. Saül, voulant poursuivre les Philistins, consulta le Seigneur. N'ayant pu obtenir de réponse, il jugea qu'on avait enfreint sa défense, et jura que le coupable mourrait, quand même ce serait Jonathas son fils. Ce jeune prince avoua qu'il avait pris, au bout d'une baguette un peu de miel : Saül ordonna sa mort, mais le peuple s'y opposa et le délivra.

Après cette guerre Saül, affermi sur le trône, combattit contre les rois de Moab, d'Ammon, d'Édon et de Saba ; partout il fut victorieux. Abner commandait ses armées sous lui, et il s'entourait des plus vaillants hommes d'Israël.

Samuel, d'après les ordres du Seigneur, dit à Saül d'attaquer les Amalécites, et d'exterminer tout ce peuple sans excepter les femmes, les vieillards, les enfants, ni les troupeaux. La victoire suivit les armes de Saül ; les Amalécites furent battus et égorgés[9] ; mais Saül épargna Agag, roi d'Amalec, et se réserva tout ce qu'il y avait de meilleur dans ses troupeaux. Le prophète, irrité, colère et organe de la colère du Seigneur, dit au roi : *Vous avez désobéi à Dieu, qui vous a tiré du peuple pour vous élever sur le trône ; votre désobéissance est un crime égal à l'idolâtrie. Le Seigneur vous rejette, et ne veut plus que vous soyez roi.* Saül tenta en vain de fléchir Dieu et son prophète. Samuel se fit amener le roi Agag à Galgala, le coupa en morceaux auprès de l'autel et se sépara de Saül, qu'il ne revit plus. Il pleurait cependant son malheur, dit l'Ecriture, mais sans espoir de le réconcilier avec Dieu.

Samuel reçut de nouveaux ordres du Seigneur. Il appela Isaïe au festin du sacrifice ; et Dieu ayant désigné le plus jeune de ses enfants, nommé David, le prophète le sacra avec l'huile sainte, en présence de ses frères. Depuis ce moment, Saül se sentit agité du malin esprit, et la protection du Seigneur fut toujours avec David. Les officiers du roi, pour calmer ses accès de mélancolie et de fureur, lui conseillèrent de faire venir quelqu'un qui jouât de la harpe dans les moments où l'esprit malin l'agitait. On lui indiqua le fils d'Isaïe, qu'on lui représenta comme un jeune homme distingué, d'une figure agréable, sage dans ses paroles, fait pour la guerre, et qu'on disait favorisé du Seigneur. Saül le fit venir, en fut content, le garda près de sa personne, et le nomma son écuyer.

Toutes les fois que le roi tombait dans sa mélancolie, David prenait sa harpe, en jouait ; l'esprit malin se retirait, et Saül était soulagé[10].

Une nouvelle guerre éclata bientôt entre les Philistins et Israël. Les ennemis s'emparèrent d'une montagne de la tribu de Juda, près d'Arem. Saül campa près d'eux, dans la vallée de Térébinthe.

Il existait parmi les Philistins un homme de Geth, nommé Goliath. Il avait six coudées et une palme de haut. Le géant, couvert d'un casque d'airain, revêtu d'une cuirasse qui pesait cinq mille sicles d'airain, armé d'une lance dont le fer en pesait six cents, se présenta devant les bataillons d'Israël, et les défia, en criant : *Qu'un seul d'entre vous vienne combattre contre moi. S'il m'ôte la vie, nous serons esclaves ; si je le tue, vous nous serez assujettis.*

Saül et toute son armée demeuraient saisis de frayeur à l'aspect de Goliath. Il se présenta pendant quarante jours, tous les matins, sur le champ de bataille, sans qu'aucun adversaire osât se montrer devant lui. Sur ces entrefaites, le jeune David, envoyé par son père, arriva dans le camp des Hébreux pour savoir des nouvelles de ses frères. Il entendit les insultes de Goliath, et demanda quelle récompense aurait celui qui tuerait ce formidable ennemi. On lui répondit que le roi lui donnerait sa fille en mariage. David alors offrit à Saül de combattre le géant. Le roi, ayant pitié de sa jeunesse chercha à l'en détourner. David lui dit qu'il avait déjà tué un lion et un ours qui attaquaient les troupeaux de son père, et lui promit de vaincre ce Philistin incirconcis, qui osait maudire l'armée du Dieu vivant.

David voulut se couvrir d'un casque et d'une cuirasse ; mais comme le poids des armes, auquel il n'était pas accoutumé, le gênait, il marcha contre Goliath, armé seulement d'un bâton et d'une fronde. Goliath, méprisant sa faiblesse, l'accabla d'insultes ; mais David, lui annonça qu'il combattait au nom du Seigneur, qu'il lui trancherait la tête, et livrerait les cadavres des Philistins aux oiseaux de proie, pour prouver à toute la terre la force du Dieu d'Israël.

Après toutes ces provocations, le combat commença. Une pierre lancée par David s'enfonça dans le front du géant qui tomba à la renverse, David se saisit de son épée, lui coupa la tête ; et les Philistins, frappés de terreur prirent la fuite[11]. Les Israélites les poursuivirent et en firent un grand carnage.

David ayant présenté la tête de Goliath au roi, celui-ci ne voulut plus qu'il le quittât et Jonathas, fils de Saül, s'attacha à David par les liens d'une étroite amitié, l'habillant de ses propres habits et le couvrant de ses armes.

David était aussi modeste que brave ; mais ne put empêcher l'enthousiasme du peuple d'éclater. Les femmes d'Israël répétaient une chanson dont le refrain disait : *Saül a tué mille Philistins, et David dix mille.* Ces paroles excitèrent la jalousie du roi, qui, depuis ce jour, ne le regarda plus de bon œil. Dans un de ses accès même il voulut le tuer. David, s'étant sauvé, fut chargé par lui d'une expédition périlleuse dont il se tira avec gloire.

Le roi lui avait promis sa fille Mérob en mariage ; il lui manqua de parole, et la donna à l'un de ses officiers nommé Hadriel. Pour le consoler de cette disgrâce, il jura de lui donner sa seconde fille Michol, à condition qu'il tuerait cent Philistins. David en tua deux cents, en rapporta les dépouilles, et après cette victoire il épousa la fille du roi.

David remporta de nouveaux avantages : Saül en devint jaloux et donna ordre de le tuer ; mais Jonathas parla avec tant de chaleur de son innocence et de son dévouement qu'il le réconcilia avec le roi.

Cette réconciliation dura peu. Un jour que David jouait de la harpe pour calmer la mélancolie de Saül, celui-ci voulut le percer avec sa lance ; il s'échappa ; le roi envoya ses gardes pour lui arracher la vie ; mais Michol sa femme le descendit par une fenêtre et le sauva. On le poursuivit ; une troupe de prophètes s'opposa au projet de ceux qui cherchaient à l'atteindre.

David s'étant caché, Jonathas, qui avait promis de l'informer s'il pouvait reparaître à la cour au festin du premier jour du mois pour y remplir les devoirs de sa charge, lança des flèches au-delà du lieu où il s'était réfugié, et l'avertit par ce moyen que sa mort était résolue, et qu'il devait s'éloigner.

David se retira d'abord près du grand-prêtre Achimélec. Il prit l'épée de Goliath dans le tabernacle, se réfugia chez le roi de Geth qui refusa de le garder, et de là chez le roi Moab. Il en sortit bientôt, et alla se cacher dans la fôret de Hareth. Saül, furieux, fit tuer Achimélec et quatre-vingt-cinq prêtres pour avoir dérobé David à ses coups. Sur ces entrefaites les Philistins ayant attaqué les Juifs, David sortit de sa retraite, rassembla ses troupes, battit les ennemis, et délivra la ville de Ceïla.

Le roi, loin de récompenser ce service, voulut le prendre dans cette ville ; David se sauva dans le désert, où Jonathas son ami le rejoignit. Le roi l'y poursuivit et, pendant sa marche, étant entré par hasard dans une caverne, les gens de David cherchèrent à le tuer. Mais David le défendit contre leur violence, et lui prouva son respect et son dévouement. Saül touché de cette générosité, lui dit : *Mon fils David, vous êtes plus juste que moi. Le Seigneur m'avait livré entre vos mains, et vous m'avez conservé la vie ; que Dieu vous en récompense ! Vous régnerez certainement ; vous posséderez le royaume d'Israël : jurez-moi que vous ne détruirez pas ma race ?* David, le jura et ils se séparèrent.

Ce fut dans ce temps que Samuel mourut. Tout Israël le pleura, et il fut enterré à Ramatha[12].

David, dans le désert de Maon, demanda à un homme riche, nommé Nabal, quelques vivres pour lui et sa troupe. Nabal le refusa durement. David voulut se venger ; mais Abigaïl femme de Nabal, l'apaisa par ses présents. Nabal mourut quelque temps après, et David épousa sa veuve.

La haine de Saül contre David s'étant rallumée, il lui enleva sa femme Michol et la maria à Phalté. A la tête de trois mille hommes il marcha contre David, et campa près du désert sur la colline d'Achilla. David, ayant reconnu sa position, se fit accompagner d'Abisaï, se glissa dans le camp de Saül, pénétra dans la tente où il était couché ; mais, au lieu de tuer le roi, comme il le pouvait, il se contenta de prendre et d'emporter sa lance et sa coupe qui étaient à son chevet. Sorti du camp, il appela à haute voix le général Abner, lui montra ses trophées, et lui reprocha d'avoir, si mal gardé son roi. Saül avait reconnu la voix de David ; il l'appela. Celui-ci se plaignit de ses injustes persécutions. Le roi, désarmé, par sa douceur, s'éloigna et le laissa en liberté.

David se retira de nouveau chez le roide Geth, qui lui donna une ville d'où il sortit plus d'une fois avec ses troupes pour combattre et vaincre les Amalécites.

Les Philistins ayant déclaré de nouveau la guerre à Saül, le roi, privé des conseils de Samuel, voulut consulté à Endor une pythonisse célèbre. Il se déguisa ; vint chez elle et lui demanda d'évoquer l'ombre de Samuel. Cette ombre parût. Saül la salua avec respect. L'ombre lui dit : *Pourquoi avez-vous troublé mon repos ?* Le roi répondit : *Les Philistins me font la guerre. Dieu s'est retiré de moi. Je voudrais apprendre de vous ce que je dois faire.* Samuel alors lui parla en ces termes : *Pourquoi vous adressez-vous à moi, puisque le Seigneur vous a abandonné et protège votre rival ? Vous avez désobéi à Dieu : il déchirera votre royaume, l'arrachera de vos mains, et le donnera à David votre gendre. Demain le Seigneur livrera Israël et vous aux Philistins ; demain vous et vos fils serez avec moi.* L'ombre disparut, et Saül tomba sur la terre privé de sentiment.

David, attaché au roi de Geth, s'était vu forcé de le suivre dans le camp des Philistins ; mais, comme il devenait suspect au chef de cette nation, il obtint la permission de quitter l'armée. Bientôt il apprit que les Amalécites s'étaient emparés de sa ville, et avaient emmené sa femme captive. Il marcha sur eux, les surprit dans la débauche, les tailla en pièces, et recouvra tout ce qu'il avait perdu. Pendant ce temps la bataille se donna entre Saül et les Philistins[13]. Les Israélites furent mis en fuite. Jonathas et deux autres fils de Saül périrent. Le roi entouré et blessé dangereusement, se jeta sur son épée et expira.

Un Amalécite, soldat de Saül, courut porter cette nouvelle à David, et lui présenta le diadème et les bracelets du roi, en se vantant de lui avoir ôté la vie. David, loin de lui donner la récompense qu'il espérait, le fit tuer ; pleura son ami Jonathas et même Saül, et composa, pour célébrer la gloire de ces deux princes une complainte éloquente qui s'est conservée jusqu'à nos jours.

---

1. An du monde 2848. — Avant Jésus-Christ 1156.
2. An du monde 2861. — Avant Jésus-Christ 1143.
3. An du monde 2878. — Avant Jésus-Christ 1126.
4. An du monde 2878. — Avant Jésus-Christ 1126.
5. An du monde 2878. — Avant Jésus-Christ 1126.
6. An du monde 2909. — Avant Jésus-Christ 1095.
7. An du monde 2909. — Avant Jésus-Christ 1095.
8. An du monde 2911. — Avant Jésus-Christ 1093.
9. An du monde 2930. — Avant Jésus-Christ 1074.
10. An du monde 2934. — Avant Jésus-Christ 1070.
11. An du monde 2942. — Avant Jésus-Christ 1062.
12. An du monde 2947. — Avant Jésus-Christ 1057.
13. An du monde 2949. — Avant Jésus-Christ 1055.

8

DAVID

Après la mort de Saül, David, ayant consulté le Seigneur, se rendit à Hébron. Il y fut sacré de nouveau ; et reconnu pour roi par la tribu de Juda.
Dans le même temps, Abner, général de Saül, prit avec lui Isboseth, fils de ce monarque, lui soumit les autres tribus, l'établit à Galaad, et le fit régner sur tout Israël. L'armée de David, commandée par Joab, et celle d'Isboseth, commandée par Abner, se trouvèrent bientôt en présence, et se livrèrent bataille. Abner fut battu. Poursuivi par Azaël, fils de Joab, il voulut vainement engager ce jeune homme à se retirer ; Azaël s'obstina à sa poursuite. Abner le tua. Ce combat, au reste, ne fut pas décisif : la guerre dura longtemps entre cette maison et celle de David. Isboseth eut l'imprudence de se brouiller avec Abner, et de vouloir lui enlever une concubine de Saül, nommée Respha, dont ce général était épris. Abner, irrité, abandonna son roi, passa dans le parti de David ; auquel il ramena sa femme Michol. Mais les traîtres sont toujours suspects au nouveau pouvoir qu'ils servent. Joab, qui désirait venger son fils Azaël, voulut inspirer des soupçons à David sur la sincérité d'Abner ; et, n'ayant pu y parvenir complètement, il l'attira dans une conférence et le poignarda. David désavoua et désapprouva hautement le meurtre d'un si grand homme ; il pleura la mort d'Abner, et lui fit faire des obsèques magnifiques.
Isboseth privé d'Abner, perdit toute sa force, tout son courage et toute son espérance[1]. Il se confia imprudemment à deux scélérats, nommés Baana et Rechad, qui le surprirent pendant son sommeil, le tuèrent et portèrent sa tête à David : le roi les récompensa comme ils le méritaient ; il les fit pendre près de la piscine d'Hébron. Par cet acte de justice exercé contre un crime qui lui donnait un trône, il mérita l'estime et l'amour du peuple ; et toutes les tribus d'Israël se soumirent à sa domination. Il s'empara de Jérusalem, la fortifia, l'embellit et en fit la capitale du royaume ;
Il battit deux fois complètement les Philistins ; et, dès que la paix lui en donna le loisir, il commanda d'amener de Gabaa à Jérusalem l'arche sainte. Cette installation eut lieu avec la plus grande solennité. Trente mille hommes accompagnaient l'arche ; des coeurs de musique la précédaient. Il arriva, pendant sa marche un évènement funeste. Un Israélite, nommé Oza, portant la main sur l'arche pour la soutenir, fut

frappé de mort à l'instant. Lorsque les lévites entrèrent avec elle dans la ville, David se mit à la tête du cortège[2], dansant, et jouant de la harpe devant l'arche. Michol sa femme lui reprocha de s'être ainsi abaissé. David lui répondit que rien de ce que l'on faisait pour la gloire de Dieu ne pouvait humilier ; et l'Écriture rapporte que l'orgueil de Michol fut puni par une perpétuelle stérilité.

David, honteux de loger dans un palais de cèdre, lorsque l'arche n'était encore que sous une tente, forma le projet de bâtir un temple. Mais le prophète Nathan vint au nom de Dieu, l'avertir que cette gloire serait réservée à son fils, Salomon.

David combattit encore les Philistins, et affranchit Israël des tributs qu'il leur payait. Il défit les Moabites et les rendit tributaires. Vainqueur du roi de Saba, il lui prit dix-sept cents chevaux et vingt mille hommes. Les Syriens attaquèrent David : ils perdirent vingt-deux mille hommes dans une bataille. Le roi assujettit la Syrie et s'empara de Damas. Joab commandait ses troupes ; Josaphat était à la tête de son administration ; Sadoc exerçait les fonctions de grand-prêtre ; et David se rendait célèbre par sa justice et par sa sagesse autant que par ses exploits.

Au faîte de la gloire, il n'oublia pas l'amitié que Jonathas, fils de Saül, lui avait témoignée. Ayant appris qu'il existait encore un enfant de ce prince, nommé Miphisobeth, pauvre et infirme, il lui donnât des terres, le combla de biens, l'admit à sa table et le logea dans son palais.

Le roi des Ammonites insulta les ambassadeurs que David lui avait envoyés[3]. Le roi résolut d'en tirer vengeance. Une ligue formidable se déclara contre lui : les Syriens se joignirent aux Ammonites. David leur livra bataille ; détruisit sept cents chariots, quarante mille chevaux et tua de sa main Sobach, général des ennemis.

L'année suivante, tandis que Joab, à la tête des troupes d'Israël, poursuivait les Ammonites et assiégeait Rabba, David, qui demeurait à Jérusalem, devint amoureux d'une femme nommée Bethsabée, épouse d'un officier appelé Urie, et la séduisit. Cette femme étant devenue enceinte pendant l'absence d'Urie, le roi le fit venir pour couvrir son crime. Mais celui-ci ayant fait vœu de ne point entrer dans sa maison tant qu'Israël serait sous la tente, après avoir pris les ordres du roi, repartit pour l'armée sans avoir vu sa femme. David écrivit à Joab de charger Urie d'une commission périlleuse et de l'abandonner sans secours pendant le combat. Cet ordre ne fut que trop bien exécuté ; Urie périt, et, après le temps du deuil, le roi épousa sa veuve, dont il eut un fils. Ce crime attira sur David la colère de Dieu, Le prophète Nathan enveloppa d'abord ses reproches sous la forme d'un apologue : il lui raconta qu'un homme riche avait dérobé la brebis d'un pauvre ; et le roi, qui ne s'y reconnut pas, jugea que cet homme méritait la mort. Nathan-lui dit alors : *C'est vous-même qui êtes cet homme. Vous avez méconnu la parole du Dieu qui vous a sacré. Le Seigneur vous punira. Vous ne mourrez pas ; mais l'enfant de l'adultère périra, et les désordres de vos enfants vous puniront des vôtres.*

Le fils de Bethsabée mourut. Le roi expia ses fautes par sa résignation, par ses larmes et par son repentir[4]. Bethsabée redevint mère d'un fils ; qu'on nomma Salomon. David, honteux de sa faiblesse, et renonçant au repos et à la mollesse, reprit le commandement de son armée, et s'empara de Rabach.

Les prédictions, de Nathan ne tardèrent pas à s'accomplir. Amnon, l'un des fils de David, conçut une passion criminelle pour sa sœur Thamar, et l'outragea. Absalon, leur frère, la vengea, fit assassiner Amnon dans un festin, et se retira ensuite auprès du roi de Gessur, afin d'éviter la colère de David[5].

Le malheureux père pleura longtemps son fils, et persista à vouloir punir le meurtrier. Mais enfin obsédé par les prières de Joad, il se réconcilia avec Absalon, qui, loin d'être touché par une clémence si peu méritée, se forma un parti dans le peuple, et leva l'étendard de la révolte contre son père : David se vit obligé de fuir de Jérusalem avec quelques troupes fidèles. Le grand-prêtre lui amena l'arche du Seigneur, mais il la renvoya. Il souffrit sans les punir les injures que l'inconstance du peuple prodigue au pouvoir déchu ; il ordonna même qu'on obéît à Absalon qui s'emparait de ses richesses et abusait de ses femmes. Les malheurs qu'il éprouvait étant un effet de la volonté de Dieu, il les regardait comme une punition de ses crimes, et s'y soumettait sans résistance.

Un conseiller perfide, nommé Achitophel, avait persuadé à Absalon de surprendre, d'attaquer et de faire périr son père. Chuzaï, ministre plus fidèle, informa David de ce projet, et en fit suspendre l'exécution. David traversa le Jourdain, et prit une position où il courait moins de dangers. Absalon le poursuivit et l'attaqua, mais son armée fut taillée en pièces et mise en déroute par celle du roi. Absalon dans sa fuite passa sous un grand arbre fort touffu. Sa chevelure s'accrocha dans les branches, et il y demeura suspendu. Joab, qui le poursuivait, lui lança trois dards qui lui percèrent le cœur[6]. David, apprit cette nouvelle, et pleura sa victoire et son fils ; Joab parvint difficilement à apaiser sa douleur.

La tribu de Juda continua à prouver son zèle pour David. Les autres tribus, jalouse de son séjour à Jérusalem, persistèrent dans leur révolte sous les ordres du rebelle Séba. Mais Joab l'ayant vaincu et tué, tout le peuple d'Israël se soumit au roi[7].

Pendant ces troubles, Méphiboseth, calomnié, était devenu suspect à David qui reconnut son innocence et lui rendit ses biens et son amitié. Plus cruel pour les autres enfants de Saül, il les abandonna à la fureur des Gaboanites qui les crucifièrent sur une montagne.

David eut quatre guerres à soutenir contre les Philistins, commandés par quatre géants. Ces géants furent tués et leurs armées détruites. Le roi rendit à Dieu de solennelles actions de grâces pour ses victoires, et composa un cantique pour les célébrer. Il ordonna à ses officiers de faire le dénombrement du peuple. Israël compta huit cents mille hommes propres à porter les armes, et Juda cinq cents mille. Ce dénombrement déplut au Seigneur, comme un acte d'orgueil. Gad, son prophète, vint dire au roi qu'il fuirait durant trois mois devant ses ennemis, que la famine désolerait le pays d'Israël pendant trois ans, ou que la peste exercerait ses ravages sur ses états pendant trois jours. Il ajouta que Dieu lui laissait la liberté de choisir l'un de ces trois fléaux. David se soumit au troisième qui pouvait l'atteindre comme le dernier de ses sujets ; et la contagion, dans l'espace de trois jours, enleva soixante-dix mille personnes. Le roi s'humilia devant le Seigneur, lui offrit des sacrifices et l'apaisa[8].

La vieillesse de David et le désir de lui succéder excitèrent d'ambition d'un de ses fils. Adonias flatta le peuple, donna un festin aux princes et aux grands, et, voulut se déclarer roi. Mais David informé de cette entreprise par Nathan et par Bethsabée, désigna Salomon son fils pour son successeur, et le fit sacrer par le grand-prêtre[9]. Il lui recommanda de suivre les commandements et les lois de Dieu, et lui conseilla de punir Joab qui avait tué Abner, Absalon et Amasa, et dont il avait jusque là, épargné la vie en faveur de ses anciens services. Il lui désigna enfin d'autres personnes dont la conduite méritait un châtiment, et plusieurs que leur fidélité rendait dignes de récompense.

David s'endormit avec ses pères, et fut enterré à Jérusalem à l'âge de soixante-dix ans[10], après avoir régné sept années sur Juda seulement, et trente-trois sur tout Israël.

Saül avait été le fondateur de la monarchie d'Israël ; mais David fut le plus grand des rois de ce pays. Soldat intrépide, habile général, sage administrateur, monarque imposant et magnifique, prophète respecté, poète éloquent, il se montra courageux dans le malheur, modeste dans la prospérité. Les étrangers redoutaient ses armes, ses sujets adoraient sa douceur, ses ennemis mêmes admiraient sa clémence. Une passion lui fit commettre des crimes qui furent expiés par un long repentir. Il avait subjugué tous les peuples ennemis du sien ; il devint tranquille possesseur de tout le pays qui s'étend du Liban jusqu'aux frontières d'Égypte, et de la mer jusqu'au désert de l'Arabie. Par quarante ans de victoires, il assura quarante années de paix à son fils. Les livres sacrés ont fait de son règne un règne miraculeux ; mais sans tous ces prodiges, sa vie serait encore une vie héroïque.

---

1. An du monde 2954. — Avant Jésus-Christ 1050.
2. An du monde 2959. — Avant Jésus-Christ 1045.
3. An du monde 2967. — Avant Jésus-Christ 1037.
4. An du monde 2970. — Avant Jésus-Christ 1034.
5. An du monde 2972. — Avant Jésus-Christ 1032
6. An du monde 2981. — Avant Jésus-Christ 1023.
7. An du monde 2981. — Avant Jésus-Christ 1023.
8. An du monde 2988. — Avant Jésus-Christ 1016.
9. An du monde 2989. — Avant Jésus-Christ 1015.
10. An du monde 2989. — Avant Jésus-Christ 1015.

9

SALOMON

Salomon prit possession du royaume de David, et, pour assurer sa tranquillité' il suivit les conseils de son père. Il commença son règne par des actes de sévérité. La conjuration d'Adonias qui avait voulu se faire roi avec le secours du grand-prêtre Abiathar, et de Joab, général de l'armée, fut le motif, et l'excuse de ses rigueurs.

Le sacre et l'installation de Salomon avaient surpris et troublé Adonias, sans cependant le faire renoncer à ses projets. Il conçut l'idée de se donner un droit nouveau à la succession de David en se mariant avec la jeune Abisag de Sunam, que le roi avait épousée peu de temps avant sa mort. Il employa, pour l'obtenir, le crédit de Bethsabée, lui persuadant que cet hymen le rendrait heureux et tranquille, et lui ferait oublier la perte du trône que son droit d'aînesse aurait dû lui assurer. Bethsabée, touchée par sa prière, et trompée par sa feinte résignation, voulut engager son fils Salomon à lui accorder la main d'Abisag ; mais le roi, apercevant le piège qu'on lui tendait, et informé des intrigues des conjurés, ordonna à un de ses officiers de tuer Adonias. Joab, condamné au même sort, voulut, en vain se réfugier près de l'autel : il y fut immolé, comme chef véritable de la conspiration. Salomon épargna la vie du grand-prêtre, parce qu'il avait porté l'arche sainte ; mais il ne conserva que les honneurs de sa charge, et Sadoch en remplit les fonctions. Séméi, cet Israélite qui avait autrefois maudit David et soulevé le peuple contre lui, éprouva aussi la vengeance de Salomon. Il ne le condamna d'abord qu'à rester dans Jérusalem sans pouvoir en sortir ; mais ce rebelle, ayant enfreint sa clémence, il ordonna sa mort. Après ces exemples de sévérité qui firent craindre la fermeté d'un roi dont la jeunesse aurait pu difficilement, par d'autres moyens, contenir l'esprit indocile et turbulent des Israélites, ce prince fit de grands présents, et décerna de grandes récompenses à tous ceux qui avaient servi son père avec zèle et fidélité, et il donna le commandement de son armée à Bonanïas, fils de Joïada.

Le royaume jouissait d'une paix profonde. Tous les peuples voisins d'Israël étaient soumis. Le célèbre Hiram, roi de Tyr, ami de David, conserva les mêmes sentiments pour son fils. Le trésor public se remplissait des richesses conquises sur les nations vaincues ; et son opulence grossissait encore par le commerce considérable que les flottes israélites faisaient dans la mer Méditerranée, dans la mer Rouge, sur les côtes de l'Inde et de l'Afrique. La puissance de Salomon lui attirait déjà une telle considération que Pharaon, roi d'Égypte, lui accorda sa fille en mariage, en lui donnant pour dot la ville de Gazer[1]. Salomon rassembla tout le peuple, pour offrir au Seigneur, sur les hauts lieux, près de Gabaon, un sacrifice solennel, suivant l'usage antique. Ce fut là que Dieu lui apparut une nuit, et lui permit de lui demander tout ce qu'il voudrait, promettant d'exaucer son voeu. Le jeune roi ne désira point une longue vie, un pouvoir absolu, de grandes conquêtes, d'immenses richesses ; il demanda la sagesse. Le Seigneur la lui accorda ; et, en récompense d'un voeu qui en prouvait déjà tant, il lui promit tous les biens qu'il n'avait pas demandés, mais en même temps il lui annonça que s'il devenait infidèle il éprouverait les plus grands malheurs.

Salomon, revenu dans sa capitale, ne tarda pas à manifester la sagesse dont il venait d'être doué. Deux femmes de mauvaise vie se présentèrent dans son palais. L'une d'elles dit : *Nous habitons toutes deux dans le même appartement, et nous avions deux enfants, âgés tous deux de trois jours. Cette femme que vous voyez, seigneur, ayant étouffé son enfant dans son lit, s'est levée doucement, et est venue le porter à la place du mien qu'elle m'a enlevé. A mon réveil, je n'ai trouvé au lieu de mon fils qu'un cadavre, et j'ai bien reconnu que ce n'était pas mon enfant. J'en demande justice ; ordonnez, de grâce, que mon fils me soit rendu.* L'autre femme soutint alors que cette dénonciation était une imposture que c'était son accusatrice qui avait fait mourir son propre enfant, et qui voulait lui ravir le sien. Cette affaire, s'étant passée sans témoins, paraissait si obscure qu'on croyait impossible de découvrir la vérité. Le roi commanda qu'on lui apportât un sabre, et l'enfant que ces deux femmes se disputaient ; ensuite il ordonna à l'un de ses officiers de couper l'enfant en deux, et d'en donner une moitié à chaque femme. Dès que le glaive fut levé, une d'elles se précipita aux pieds de Salomon, le conjurant d'épargner la vie de cet enfant, et de le donner plutôt à sa rivale ; l'autre femme, au contraire, applaudissait à l'équité de l'arrêt porté contre cette innocente victime. Alors le roi dit : *L'enfant ne mourra pas ; la nature a parlé, il appartient à celle qui s'est opposée à sa mort*[2]. De vives et universelles acclamations exprimèrent l'admiration du peuple et son étonnement d'avoir un jeune roi si sage et si pénétrant.

Le brave et victorieux David avait eu toutes les peines de la royauté, et n'en laissait à Salomon que le pouvoir, les honneurs et les plaisirs. Les bases de la félicité publique paraissaient alors si solides que, pendant quarante ans, on n'entendit parler dans Israël ni de guerre, ni de sédition, ni de disette, ni d'indigence ; et Salomon put consacrer paisiblement tout son règne à l'embellissement des villes, à l'accroissement du commerce, à l'encouragement des arts. Sa première, et sa principale occupation, fut la construction de ce temple magnifique qui devait renfermer l'arche sainte. David en avait donné tous les plans, réglé la distribution, et préparé les matériaux.

Salomon acheva cet ouvrage en sept ans. Il y employa cent cinquante mille ouvriers. Les travaux furent dirigés par un fameux architecte que le roi de Tyr avait envoyé à Salomon et qui s'appelait Hiram comme son prince[3].

L'ivoire de l'Inde, les cèdres du Liban, les marbres de Paros et l'or d'Ophir ornèrent, et enrichirent ce célèbre monument qui fut regardé comme une des merveilles du monde. Tous les Israélites s'empressèrent de fournir l'argent et les bras nécessaires à sa construction, et des rois puissants contribuèrent à augmenter sa richesse par des présents magnifiques.

Le moment de la dédicace de ce temple arrivé, le roi ordonna aux anciens d'Israël, aux princes des tribus, aux chefs des familles, de se rendre tous à Jérusalem. Ainsi le cortège qui accompagnait l'arche lorsqu'elle descendît de la montagne de Sion était immense. On la conduisit dans le temple au son des instruments, auxquels répondaient les choeurs des Israélites[4]. Chaque fois que l'arche s'arrêtait on immolait des victimes. On arriva enfin à la porte du temple. Le bruit des trompettes, l'harmonie des instruments, le chant des psaumes et les sacrifices recommencèrent. Le grand-prêtre et les lévites, ayant placé l'arche dans le sanctuaire, se disposaient à en sortir, lorsque Dieu tout à coup signala sa présence par un prodige. Une nuée brillante sortit du tabernacle, se répandit dans toutes les parties du temple et après avoir causé un moment d'effroi, excita dans tous les coeurs autant d'admiration que de reconnaissance. Salomon dans cet instant monta sur une tribune, rappela au peuple les promesses et les bienfaits du Seigneur, et se prosterna, en lui adressant les voeux des Israélites et les siens. Les sacrifices recommencèrent et par un nouveau prodige, on vit un feu sacré descendre du ciel et consumer les victimes.

Les fêtes durèrent sept jours, et l'assemblée du peuple vingt-trois. Le roi ordonna qu'on fournirait aux dépens de son trésor les victimes qui devaient être immolées dans les jours suivant la loi de Moïse, comme celles qu'on devait offrir dans les grandes fêtes de l'année. Le peuple se sépara, admirant la générosité du roi et bénissant sa sagesse.

Quelque temps après, Dieu apparut à Salomon, et lui dit : *J'ai accepté, la demeure que vous m'avez bâtie à Jérusalem. Si dans ma colère contre mon peuple, je lui envoie quelques fléaux pour punir ses fautes, je pardonnerai à ceux qui seront animés d'un sincère repentir, et qui viendront m'invoquer dans mon temple. Pour vous que j'ai fait roi, si vous êtes fidèle, la couronne ne sortira pas de votre maison ; mais, si vous violez mes lois, si vous et mon peuple adorez des idoles, j'enlèverai à Israël la terre qu'il possède, j'exposerai les Juifs rebelles à la risée de toutes les nations, ils deviendront la fable de l'univers ; mon temple même sera renversé, détruit et pillé, et les nations apprendront par là mes bienfaits pour mon peuple, son ingratitude et mes vengeances.*

Après avoir achevé le temple, Salomon bâtit auprès, pour lui-même, un palais magnifique. David en avait construit un sur la montagne de Sion, qu'il appelait sa ville, Salomon ajouta à ces édifices une maison pour la reine, qui communiquait aux deux palais, et qu'on nomma la maison du Liban. Ces bâtiments étaient d'une richesse immense, l'or, l'argent et les pierres précieuses y éclataient de toutes parts. Le trône de Salomon, composé d'ivoire enrichi d'or, et sur les marches duquel on voyait des lions du même métal, était placé dans une immense galerie. Là ce prince rendait la justice à ses sujets ; on regardait ses arrêts comme des oracles. Salomon, savant en astronomie, en histoire naturelle, était surtout célèbre comme moraliste. Ses proverbes et ses paraboles sont encore admirés de nos jours. Sa poésie égalait celle de David ; et, de toutes les parties du monde, on accourait pour contempler sa magnificence, et pour consulter sa sagesse. Une princesse célèbre dans ce temps, la reine de Saba, vint elle-même rendre hommage à la puissance et aux lumières de Salomon[5]. Quelques autres pensent que ce fut elle qui, éclairée par ce voyage, porta le culte du vrai Dieu dans l'Abyssinie.

Pendant plusieurs années Salomon avait employé ses immenses richesses à la construction du temple, aux fortifications de Jérusalem, à l'embellissement des villes, enfin à tous les travaux qui pouvaient être utiles au peuple. Mais qui peut résister longtemps au double poison du pouvoir et de l'opulence ? Son orgueil effaça bientôt sa vertu, et il commença par surpasser en magnificence toutes les cours de l'Orient. Il entretenait dans ses écuries douze mille chevaux de main, et quarante mille pour ses chariots. On était obligé de lui fournir tous les jours, pour la nourriture de sa maison, des troupeaux entiers, et une quantité immense de poissons, de gibier et de volailles. Il avait créé beaucoup de grandes charges, et comblé de richesses une multitude d'officiers qui faisaient le service dans son palais. La corruption ne tarda pas à suivre le luxe. Bientôt il crut convenable à sa magnificence d'avoir un grand nombre d'épouses et de maîtresses, il en porta le nombre jusqu'à mille, dont sept cents avaient le nom de reines, et trois cents celui de concubines. Au mépris des ordres que le Seigneur avait donnés à Moïse, Salomon s'attacha des femmes moabites, ammonites, iduméennes, sidoniennes, héréennes. L'amour que lui inspirèrent les idolâtres égara sa raison et corrompit son coeur[6] ; et le roi, qui le premier bâtit un temple au vrai Dieu, finit par brûler un sacrilège encens au pied des autels d'Astarté, de Moloch et de Chamos.

Chacune des femmes de Salomon adorait son Dieu, et Salomon adorait les dieux de toutes ses femmes. Le Seigneur, irrité de sa désobéissance, résolut de le punir ; et ce châtiment, qui s'étendit sur ses successeurs et sur ses sujets, divisa d'abord la monarchie, et finit par la ruiner entièrement.

Le roi, plongé dans l'ivresse des voluptés, fut réveillé tout à coup par la voix de Dieu, qui lui rappela ses promesses, ses menaces, et lui dit : *Vous avez rompu l'alliance que j'avais faite avec vous ; vous avez déshonoré mon nom et scandalisé mon peuple. Je diviserai vos états, j'en ferai tomber la plus grande partie dans les mains de vos sujets ; vos désordres mériteraient que je vous rendisse témoin de cette vengeance ; mais, en mémoire de David, je la suspends jusqu'à votre mort. Votre fils paiera vos iniquités ; mais il ne perdra pas totalement le trône. Je lui laisserai une tribu et la ville de Jérusalem. Ce sera désormais le seul partage de la maison de David.*

Le repentir de Salomon n'est pas aussi connu que ses fautes. Il mourut bientôt ; mais avant de terminer sa carrière, la révolte d'Adad, prince des Iduméens, qui souleva la Syrie, et la rendit indépendante, sous les ordres de Rason, et en fit chasser les Israélites, dut annoncer à ce malheureux roi que les arrêts du ciel ne tarderaient pas à s'exécuter. Un autre événement lui montra la foudre prête à tomber. La tribu d'Éphraïm était depuis longtemps mécontente, parce que Salomon avait forcé plusieurs de ses habitants à venir s'établir à Jérusalem pour peupler les nouveaux quartiers qu'il venait de bâtir. Un homme puissant de cette tribu, nommé Jéroboam, que le roi avait chargé de l'administration des finances des trois tribus, profita de la disposition des esprits de ses compatriotes pour préparer une révolution. Il y fut surtout déterminé par le prophète Ahias qui le rencontra près de Jérusalem. Ce prophète déchira son manteau en douze parties, et lui dit : *Prenez-en dix pour vous ; car voici ce que prononce le Seigneur : Je diviserai le royaume de Salomon ; je vous donnerai dix tribus pour votre part ; une seule s'attachera à lui ; c'est ainsi que je punirai son idolâtrie.*

Le superbe Israélite, enflammé par cet oracle, se rendit dans sa tribu, et se mit à la tête des mécontents, qui adressèrent au roi des remontrances menaçantes. Salomon, accablé par les nouvelles qui lui annonçaient la ruine de sa maison, mourut à l'âge de soixante-quatre ans, peu de temps après la révolte et la fuite de Jéroboam. On l'enterra dans la ville de David[7].

Ce monarque célèbre, dont on admire encore la sagesse, et dont on blâmera éternellement la folie, donna aux hommes des préceptes qu'ils ont sans cesse répétés, et des exemples qu'ils n'ont que trop suivis. Son élévation et sa chute, sa grandeur et son humiliation, offrent aux rois les leçons les plus utiles qu'on puisse trouver dans l'histoire des peuples. Sa vie leur démontre à la fois la puissance et la gloire que donnent la science et la vertu, et les mépris et les malheurs qui accablent l'homme dégradé par les passions. Salomon dans sa jeunesse était sage, juste et pieux : il fût adoré par ses sujets, redouté par ses ennemis, et considéré par tous les rois de l'Orient comme leur maître et leur modèle. Dans sa vieillesse, enivré par le pouvoir, corrompu par la richesse, énervé par les plaisirs, égaré par l'idolâtrie, il vit ses voisins quitter son alliance, les nations vaincues secouer son joug ; la patience de son peuple s'épuisa ; ses sujets se révoltèrent, son trône s'ébranla ; enfin, pour dernier malheur, il laissa en mourant, pour gouverner son royaume, un fils perverti par ses exemples, et plus capable de précipiter la ruine d'Israël que d'en retarder la chute.

---

1. An du monde 2991. — Avant Jésus-Christ 1013.
2. An du monde 2991. — Avant Jésus-Christ 1013.
3. An du monde 3000. — Avant Jésus-Christ 1004.
4. An du monde 3001. — Avant Jésus-Christ 1003.
5. An du monde 3013. — Avant Jésus-Christ 991.
6. An du monde 3023. — Avant Jésus-Christ 981.
7. An du monde 3029. — Avant Jésus-Christ 975.

10

ROBOAM, ROI DE JUDA. JÉROBOAM, ROI D'ISRAËL

ROBOAM, fils de Salomon et de Naama, monta sur le trône, âgé de quarante et un ans[1]. Dès que son père eut terminé sa vie, il fut reconnu sans contestations, et proclamé roi par la tribu de Juda, dans laquelle on avait fondu depuis longtemps celle de Benjamin ; mais les autres tribus que dirigeait Éphraïm, la plus puissante et la plus séditieuse de toutes, prétendaient ne s'être soumises que conditionnellement à la famille de David. Elles craignaient sa préférence pour Juda où il était né ; au moindre mécontentement, elles étaient toujours disposées à la révolte. Salomon les avait accablées d'impôts pour embellir Jérusalem et pour payer son luxe et ses maîtresses. Elles se rassemblèrent à Sichem résolurent de ne reconnaître Roboam qu'après avoir obtenu de lui des garanties pour leurs droits et pour leur liberté. Leurs députés portèrent au roi leurs plaintes, et le supplièrent d'adoucir leur sort. Les anciens ministres de Salomon conseillèrent au nouveau roi de dissimuler son mécontentement, et d'assurer d'abord son autorité, en cédant momentanément aux demandes de ses sujets ; mais ce prince nourri dans l'orgueil du trône, n'écouta que les avis inconsidérés des jeunes et présomptueux courtisans qui l'entouraient. Il répondit aux dix tribus qu'il saurait les contenir dans le devoir, qu'il leur apprendrait à ne plus vouloir lui dicter des lois, et qu'il punirait leur audace en doublant les charges qui leur avaient été imposées par son père ; enfin, il poussa l'imprudence et la dureté au point de leur dire : *C'est avec des verges que mon père vous châtiait comme des enfants, moi, je vous ferai battre comme des esclaves.* A ces paroles, la révolte éclata et les tribus lui répondirent : *Vous n'êtes pas encore notre roi, jamais vous ne le serez. La tribu de Juda et celle de Benjamin peuvent continuer à vous prendre pour maître ; mais nous, nous voulons un roi qui nous gouverne en père : nous le choisirons hors de la famille de David. Régnez à Jérusalem, nous retournons à Sichem et dans nos tentes pour délibérer sur l'établissement de notre monarchie.*

Roboam sentit trop tard les fautes qu'il avait commises. Il voulut négocier et chargea Adhiram, un de ses officiers, d'adoucir le peuple par des promesses ; mais il n'était plus temps. Ce que les rois accordent volontairement à leurs sujets excite leur amour, comme preuve de bonté ; ce qu'ils sont forcés de leur céder ne prouve que leur faiblesse et n'inspire que le mépris.

Dès qu'Adhiram parut, les Israélites se jetèrent en tumulte sur lui et le lapidèrent. Après une telle violence, il n'y avait plus d'accommodement à tenter. Roboam, effrayé perdit tout espoir ; il quitta le lieu de l'assemblée, et monta précipitamment sur son char, pour retourner à Jérusalem.

Cette révolution, ouvrage d'un moment, fut consolidé par la haine qui l'avait causée, et la division des deux royaumes dura jusqu'à leur ruine entière.

Les dix tribus, assemblées à Sichem, s'occupèrent du choix d'un prince. Jéroboam, de la tribu d'Éphraïm, autrefois persécuté par Salomon, arrivait alors d'Égypte. Sa puissante tribu entraînait la plus grande partie des suffrages ; les autres s'y réunirent. Il fut élu presque unanimement roi d'Israël. Ainsi s'accomplit la prédiction d'Ahias ; et, de sujet fugitif, Jéroboam devint tout à coup égal à son maître, et plus puissant que lui[2].

Le roi de Juda excita le peuple, qui lui était resté fidèle, à prendre sa défense. Il rassembla cent quatre-vingt mille hommes, et marcha contre son rival ; mais Séméhias, prophète envoyé de Dieu, s'avança à la tête du camp, et parla ainsi à toute l'armée, en présence du roi : *Voici ce qu'a dit le Seigneur à la maison de Juda, à celle de Benjamin et à leurs princes : Vous n'irez pas combattre vos frères, les enfants d'Israël ; que cette grande armée se sépare ; retournez dans vos foyers, et apprenez tous que c'est moi, souverain arbitre des royaumes, qui ai disposé de celui d'Israël en faveur de Jéroboam.*

Ces paroles pathétiques changèrent l'esprit du peuple et des troupes. Le roi lui même se résigna aux ordres de Dieu. Tous revinrent à Jérusalem ; et Jéroboam qui se hâtait de fortifier la montagne d'Éphraïm, et de rassembler les moyens nécessaires contre une si puissante attaque, n'eut plus à s'occuper que de la consolidation de son trône et de l'administration paisible de son peuple.

Jéroboam devait son trône à la Providence ; mais la crainte de perdre ses états le rendît bientôt infidèle à sa religion, et une fausse politique l'emporta sur la piété. Il craignit que le temple de Dieu qui était à Jérusalem, les solennités des fêtes, le respect pour l'arche et la coutume n'attirassent ses sujets dans la capitale du royaume de Juda. Il voulut rompre ce dernier lien qui existait entre les deux nations : il crut que l'apposition entre les cultes affermirait la séparation des peuples. Il fit donc faire deux veaux d'or ; il plaça l'un à Béthel et l'autre à Dan, priva du sacerdoce et de ses privilèges les enfants d'Aaron et de la tribu de Lévi, créa des prêtres de son choix, et persuada au peuple d'adorer les idoles, avec une facilité qu'explique suffisamment l'inconstance des Israélites, qui jadis dans le désert et sous les yeux de Moïse, avaient adoré le veau d'or.

Au moment où ce prince offrait son premier sacrifice aux faux dieux, il parut un prophète qui s'écria : *Autel, autel, voici ce que dit le Seigneur : Il naîtra dans la maison de David un fils nommé Josias. Ce prince immolera sur toi les prêtres, successeurs de ceux qui te chargent aujourd'hui d'un encens profane. Pour preuve de la vérité de ces paroles, cet autel va se briser à vos yeux.* Le roi furieux de cette audace, étendait la main en ordonnant d'arrêter ce téméraire ; mais sa main se sécha dans l'instant, l'autel s'écroula, et couvrit la terre de ses débris et de la cendre des holocaustes.

Jéroboam, puni et perclus, parut se repentir, demanda et obtint du prophète, sa guérison, et n'en retomba pas moins dans son idolâtrie.

Le prophète lui-même, qui avait porté les ordres de Dieu, enfreignant la défense de prendre aucune nourriture avant la fin de sa mission, reçut la mort pour châtiment, et fut étranglé par un lion[3].

Les lévites qui habitaient les états de Jéroboam abandonnèrent ce prince impie, et se rallièrent auprès de l'arche à Jérusalem.

Comme le roi d'Israël persécutait tous ceux qui tenaient au culte du vrai Dieu ; un si grand nombre d'Israélites vint s'établir dans le royaume de Juda, qu'on vit sa population s'accroître avec une inconcevable rapidité. En peu de temps Roboam fit bâtir plus de quinze villes, et se trouva en état d'entretenir une nombreuse armée.

La richesse et la force de son peuple pouvaient lui faire oublier ses premiers malheurs ; mais il s'en attira de nouveaux en imitant la corruption de son père, son luxe, sa débauche, et même son idolâtrie. Séduit par ses femmes, et surtout par la reine Maacha, il dressa des autels aux idoles, en présence de l'arche sainte.

Sézac, roi d'Égypte, fut l'instrument des vengeances de Dieu. A la tête d'une forte armée, il se précipita sur le royaume de Juda que Roboam ne sut pas défendre. Le roi d'Égypte arriva bientôt aux portes de Jérusalem. Le prophète Séméhias annonça au roi Roboam que Dieu l'abandonnait ; mais, touché de sa soumission, il fléchit le Seigneur qui promit d'avoir encore pitié de lui, et sans consommer sa ruine, de le soumettre seulement pour un temps au roi d'Égypte.

Sézac entra vainqueur à Jérusalem. Il ne permit à ses soldats ni meurtres ni violences ; il respecta le temple de Dieu et tout ce qui était destiné aux sacrifices ; mais il s'empara du trésor de Salomon, des fameux boucliers d'or que ce monarque avait fait faire ; et, chargé de ces richesses, il laissa le trône à Roboam, et retourna triomphant dans son empire.

Le roi de Juda, frappé par cette terrible leçon, parut converti ; mais au bout de quelques années, il retomba dans ses égarements. Peu d'événements marquèrent la fin de son règne qui dura en tout dix-sept ans. Les guerres presque continuelles que se firent Juda et Israël pendant ce temps n'eurent d'autre résultat que la souffrance des deux peuples.

Roboam mourut à cinquante-huit ans, et fut enterré à Jérusalem[4]. Il n'avait ni la gloire ni les talents de son père, et il n'hérita que de ses vices, de ses faiblesses et de ses malheurs.

On a vu déjà, par l'élévation de Salomon, que le trône était héréditaire dans la famille, mais non dans la ligne aînée, et que les rois se réservaient le droit de se choisir un successeur parmi leurs enfants.

Le choix de Roboam tomba sur Abias, fils de Maacha, celui de tous ses fils qu'indépendamment de son amour pour sa mère il jugeait le plus digne du trône. Sa prédilection était méritée. Abias montra toujours autant de courage que de prudence, et l'estime du peuple justifia le choix du roi[5].

Abias signala le commencement de son règne par une victoire complète sur Jéroboam. Ce début promettait une vie glorieuse ; mais la mort en interrompit le cours. Il ne régna que trois ans et dans ce peu d'années, il aurait pu servir de modèle à ses successeurs ; s'il avait su résister totalement à l'exemple de son père, et s'il ne s'était laissé entraîner aussi aux erreurs de l'idolâtrie.

Jéroboam chérissait particulièrement un de ses fils qui se nommait aussi Abias. Ce jeune prince, âgé de seize ans, tomba dangereusement malade. Le roi, tremblant de le perdre ; et n'osant, à cause de son idolâtrie, faire venir le prophète Ahias, chargea la reine sa femme de le consulter sans se faire connaître. Cette malheureuse mère courut à Silo, déguisée ; mais elle trouva le prophète qui l'attendait à sa porte ; et qui lui dit, sans lui laisser le temps de parler : *Entrez, femme de Jéroboam. Pourquoi vous cacher ? Moi, je ne vous dissimulerai rien. Voici ce que dit le Seigneur ; rapportez fidèlement ces paroles à votre époux : Je vous ai tiré de la foule pour vous établir roi d'Israël ; je ferai tomber sur votre maison les fléaux de ma colère ; je n'épargnerai aucun homme de cette famille impie ; j'exterminerai depuis les vieillards jusqu'aux enfants à la mamelle ; je purgerai Israël du sang de Jéroboam. Ceux de cette maison qui mourront dans la ville seront mangés par les chiens, et ceux qui périront dans la campagne seront la pâture des oiseaux du ciel. Retournez maintenant épouse de ri Jéroboam dans votre palais ; et, pour preuve de la vérité de mes prédictions, apprenez que votre fils mourra au moment où vous mettrez le pied dans Sichem.*

Tout ce qu'avait dit le prophète s'accomplit. Jéroboam, quoique accablé de douleur, s'opiniâtra dans son égarement et brava le courroux céleste. Ce fut alors qu'Abias, roi de Juda, vint l'attaquer. Jéroboam à la tête de huit cent mille hommes, marcha au devant de lui. Les deux rivaux se rencontrèrent aux environs de Semeron, dans la tribu d'Éphraïm.

L'armée d'Israël était deux fois plus nombreuse que celle de Juda. Abias, s'étant avancé entre les deux camps, reprocha à Jéroboam son infidélité et ses blasphèmes, et lui déclara, pour animer son peuple et pour effrayer ses ennemis, qu'il venait combattre Israël par les ordres, et sous la protection du vrai Dieu. Jéroboam, fier de sa force, méprisa ces paroles et commença le combat. Bientôt Juda fut enveloppé ; sa perte semblait inévitable ; mais le Seigneur se mit du côté du plus faible. Le roi Abias et ses officiers jettent de grands cris, et implorent le secours du ciel ; les prêtres font retentir leurs trompettes. Le Très-Haut répand la terreur dans l'âme des Israélites ; ils fuient au lieu de combattre. On en tua cinq cent mille avant la fin du jour, et Abias s'empara des importantes places de Sézanne, Éphron et Béthel, avec leur territoire.

Jéroboam, vaincu, ne fut ni découragé ni converti. Il recueillit les débris de son armée, et fortifia les villes qui lui restaient. Abias, amolli par la victoire et séduite par l'amour, lui laissa le temps de respirer. Le roi Jéraboam était devenu vieux ; il régnait depuis vingt ans, lorsque Aza succéda, dans Jérusalem, à Abias, son père. Jéroboam voulut aussi assurer le trône à son fils Nadab, et prévenir les troubles d'une élection ; il l'associa donc à la couronne, et, le fit reconnaître par les dix tribus pour seul, et légitime héritier du trône. Il, mourut un an après, dévoré de chagrins et de remords, laissant au monde une mémoire honteuse et un exemple funeste[6].

---

1. An du monde 3029. — Avant Jésus-Christ 975.
2. An du monde 3030. — Avant Jésus-Christ 974.
3. An du monde 3030. — Avant Jésus-Christ 974.
4. An du monde 3046. — Avant Jésus-Christ 958.
5. An du monde 3046. — Avant Jésus-Christ 958.
6. An du monde 3051. — Avant Jésus-Christ 953.

11

AZA, ROI DE JUDA. NADAB, BAASA, ÉLA, ZAMBRI ET AMRI, ROIS D'ISRAËL

Le Règne d'Aza fut long et glorieux. On vit briller en lui les vertus de Salomon sans aucune de ses faiblesses. Ce pieux monarque fit rechercher et renverser toutes les idoles qui étaient dans ses états ; il n'épargna pas celle qu'adorait sa mère Mucha. Il ne vit en elle que la grande prêtresse d'un faux dieu ; et, par son ordre, on détruisit l'autel où elle sacrifiait. Le temple de Jérusalem se remplit de nouveau de zélés adorateurs, et de riches présents. Le règne d'Aza fut celui de la justice et des lois. Il encouragea l'activité, bannit la mollesse, compléta son armée, y rétablit la discipline, entoura Jérusalem d'épaisses murailles et de tours, et ses frontières furent couvertes par une grande quantité de places.

Zara, roi d'Éthiopie, sortit du désert avec une armée nombreuse. Le roi de Juda l'attaqua dans la vallée de Séphora. Sa confiance en Dieu l'empêcha d'être effrayé de la multitude de ses ennemis. Le ciel exauça ses prières ; l'épouvante se répandit parmi les Éthiopiens qui prirent la fuite. Aza les poursuivit jusqu'à Gérare, et les extermina. L'Écriture dit que Zara comptait un million d'hommes armés, et qu'aucun d'eux ne put échapper à la mort.

Aza, loin d'être enorgueilli par cette victoire, ne songea qu'à prouver sa reconnaissance à celui qui la lui avait donnée. Il rassembla tous les Juifs, dont la population s'augmentait sans cesse par une multitude d'Israélites des tribus de Manassès, d'Éphraïm et de Siméon, qu'attiraient la sainteté de l'arche et les vertus du roi de Juda.

Le roi fit de grands sacrifices, et renouvela l'alliance avec le Seigneur ; mais, en confirmant ses lois contre l'idolâtrie, il eut quelques égards pour une ancienne coutume des Juifs, et leur permit de continuer de sacrifier sur les hauts lieux, quoique l'usage en eût dû cesser depuis la construction du temple de Salomon. Le prophète Azarias vint dans ce temps trouver le roi de la part du Seigneur. Il lui annonça que les bénédictions de Dieu s'étendraient sur Juda tant que le peuple serait fidèle comme son roi ; mais il lui prédit que ses successeurs retomberaient dans l'idolâtrie, et que les Juifs seraient punis de leur égarement par une longue dispersion, pendant laquelle ils n'auraient ni princes, ni temples, ni pontifes.

Tant qu'Aza occupa le trône, il fut continuellement en guerre avec Baasa, roi d'Israël, dont tous les efforts contre Juda échouèrent. Le roi d'Israël, après de longues et vaines tentatives, réussit enfin à s'emparer de Rama, près de Bethléem et de Jérusalem ; et, comme cette ville était sur une hauteur, à la tête d'un défilé étroit, il se hâta de la fortifier, dans le dessein de priver Juda de toute communication et de tout commerce avec les pays voisins. Aza, effrayé de ce projet, envoya de riches présents à Bénadad, roi de Syrie, pour lui faire rompre l'alliance qu'il avait contractée avec celui d'Israël. Le roi de Syrie se rendit au vœu d'Aza, et joignit ses troupes aux siennes. Les Israélites, battus, perdirent les villes d'Ahion, de Dan et d'Abelmaïm. Rama fut abandonnée, et le roi de Juda employa les matériaux qui devaient la bâtir, à fortifier Gabaa et Maspha. Le prophète Ananie vînt alors reprocher au roi Aza d'avoir sollicité l'alliance des Syriens, et, de s'être ainsi défié de la protection de Dieu, qui seul avait suffi pour lui faire vaincre les Éthiopiens. Le roi punit la hardiesse du prophète, et l'envoya en prison. Peu de temps après, il tomba malade, étant dans la trente neuvième année de son règne ; et l'Écriture rapporte qu'il mourut, pour s'être plus confié aux médecins qu'au Seigneur[1].

Tandis que Juda jouissait de la tranquillité sous la puissance d'un roi vertueux qui fit quarante ans son bonheur et sa gloire, Israël était le théâtre de tous les désordres et de toutes les scènes sanglantes, que produisent toujours l'injustice, la faiblesse et l'aveuglement. Nadab, aussi impie que son père Jéroboam, n'eut aucun de ses talents, et n'hérita que de ses vices. Il ne pouvait gouverner ses sujets, et voulait conquérir ses voisins. Au moment où il assiégeait Gébéthon, ville des Philistins, Baasa, Israélite de la maison d'Issachar, se mit à la tête d'une conjuration et le tua[2]. Monté sur le trône, il fit périr toute la race de Jéroboam, et vérifia ainsi la prédiction du prophète Ahias.

C'était ce même Baasa, dont le roi de Juda battit l'armée, comme nous venons de le dire. Son règne, qui dura vingt-quatre ans, fut celui de l'injustice, de la débauche, et de l'idolâtrie. Le prophète Jéhu lui annonça les -vengeances du Seigneur, et lui prédit que sa maison serait détruite, comme celle de Jéroboam. Le roi fit périr le prophète, et mourut lui-même peu de temps après.

Éla, son fils, lui succéda ; aucun événement remarquable ne signala ce nouveau règne qui ne dura que deux ans. Zambri, l'un de ses généraux, l'assassina au moment où il se livrait à la débauche, et toutes les personnes de sa famille furent égorgées, ainsi que l'avait annoncé Jéhu.

Zambri ne régna que sept jours. Amri, qui commandait l'armée d'Israël, marcha contre lui, et vint assiéger Terza, où il s'était renfermé. Zambri, voyant que la ville allait être prise, mit le feu au palais, et expira dans les flammes.

Deux concurrents se disputèrent alors le trône d'Israël. Tebna était le rival d'Amri : mais son parti fut vaincu ; il périt, et laissa Amri seul possesseur du trône. Celui-ci fit bâtir Samarie sur une montagne qu'il avait achetée[3]. Ses combats furent sans gloire, ses lois sans justice, ses passions sans frein. Il ne différa de ses prédécesseurs, qu'en surpassant leurs crimes. Après douze ans de règne, il mourut à Samarie ; son fils Achab lui succéda.

---

1. An du monde 3090. — Avant Jésus-Christ 914.
2. An du monde 3077. — Avant Jésus-Christ 927.
3. An du monde 3092. — Avant Jésus-Christ 912.

12

ACHAB, OCHOZIAS, JORAM, ROIS D'ISRAËL. JOSAPHAT, JORAM, OCHOZIAS, ROIS DE JUDA

ACHAB monté sur le trône d'Israël, épousa Jézabel, fille d'Éthbaal, roi des Sidoniens, qui l'entraîna dans toutes sortes de crimes. Il construisit dans Samarie un temple pour Baal, qu'il adora. Pendant son règne, Hiel, riche Israélite, voulut rebâtir Jéricho ; ses deux fils moururent en posant ses fondements, comme Josué l'avait prédit.

Le Seigneur, irrité de l'impiété d'Achab, lui envoya le prophète Élie pour lui annoncer une longue sécheresse qui ne cesserait qu'à la voix du prophète. Achab voulut le punir ; Élie, s'enfuit et se cacha près du torrent de Caritz. Des corbeaux lui apportaient la nourriture dont il avait besoin. Tout le pays d'Israël fut affligé par une grande sécheresse qui produisit la famine. Élie se retira chez une pauvre veuve à Sarepta. Elle ne possédait qu'un pot de farine et un vase d'huile ; mais, tant qu'Élie demeura chez elle, le pot se remplit toujours de farine, et le vase d'huile ne s'épuisa pas. Le fils de la pauvre veuve mourut ; Élie se coucha sur l'enfant, invoqua le Seigneur et le ressuscita.

Achab, vaincu par la plaie qui frappait son peuple, fit chercher partout le prophète Élie ; mais la reine Jézabel, plus irritée que repentante, ordonna de tuer tous les prophètes de Dieu. Élie, bravant sa colère, vint trouver le roi, lui dit d'assembler le peuple, et défia les prophètes de Jézabel de prouver la divinité de Baal. Ce défi fut accepté. On tua deux bœufs ; les quatre cent cinquante prophètes de Baal placèrent un de ces bœufs sur des morceaux de bois devant leur autel, mais sans mettre du feu dessous. Élie en fit de même pour l'autre bœuf, au pied d'un autel fait de douze pierres, qu'il avait élevé au Seigneur.

Les prêtres de Baal adressèrent en vain des prières à leur idole ; Baal resta sourd et muet. Élie invoqua le Seigneur ; le feu du ciel tomba sur l'holocauste et le consuma. Le peuple, convaincu par ce miracle, suivit les ordres d'Élie, et massacra tous les prophètes de Baal. Élie invoqua Dieu de nouveau ; la pluie tomba du ciel et la disette cessa.

Jézabel, furieuse de la mort de ses prophètes, voulut faire périr Élie qui se sauva dans le désert, et se cacha quarante jours au fond d'une caverne de la montagne d'Horeb[1].

Dieu lui ordonna d'en sortir pour aller à Damas, afin d'y sacrer Azaël comme roi de Syrie, Jéhu comme roi d'Israël, et le laboureur Élisée pour le remplacer lui-même comme prophète.

Élie exécuta ces commandements. Après avoir sacré les deux rois, il trouva Élisée qui labourait ses champs et le couvrit de son manteau. Élisée alors quitta sa famille, ses biens, ses troupeaux, et suivit Élie.

Benadad, roi de Syrie, vint avec une nombreuse armée, fondre sur Israël. Achab, n'ayant pu le fléchir par sa soumission, se mit sur la défensive, et, d'après l'avis d'un prophète du Seigneur, ne fit commencer l'attaque que par ses domestiques, et par ceux des princes d'Israël. La terreur s'empara des Syriens qui prirent la fuite. Achab les poursuivit, et il en périt un grand nombre.

Ils revinrent bientôt après avec des forces plus considérables, occupant toutes les plaines et évitant toutes les montagnes dont ils croyaient que le Seigneur était exclusivement le Dieu, mais le Très-Haut, pour prouver qu'il était aussi le Dieu des vallées, leur fit perdre une grande bataille où Achab leur tua cent mille hommes.

Après cette victoire, le roi d'Israël s'allia avec le roi de Syrie au mépris des ordres de Dieu. Un dernier crime mit le comble à ses iniquités. Il voulait acheter une vigne qui se trouvait auprès de son palais. Naboth, qui en était le propriétaire, la lui avait refusée. Jézabel le railla de sa faiblesse, séduisit de faux témoins qui accusèrent Naboth de blasphèmes et de propos, séditieux. Naboth fut condamné et lapidé. Achab s'empara de sa vigne. Le prophète Élie vint le trouver, et lui annonça de la part du Seigneur, que toute sa famille serait exterminée[2], et que le corps de Jézabel serait mangé par les chiens comme celui de Naboth.

Quelque temps après, Achab voulant reprendre sur les Syriens la ville de Ramoth, s'allia avec Josaphat, roi de Juda. Les deux rois marchèrent contre Benadad. Avant de combattre, ils voulurent consulter le prophète Michée, qui leur dit que les Syriens seraient vaincus, mais que le roi Achab périrait dans le combat. Michée fût envoyé en prison, pour y attendre l'effet de sa prophétie. Bientôt la bataille se donna. Achab se déguisa ; Josaphat était couvert de ses armes et revêtu de entre ses ornements royaux : ce qui attira d'abord sur celui-ci, tous les efforts des Syriens. Mais il arriva qu'un homme, ayant tendu son arc et, tiré une flèche au hasard, elle atteignit le roi d'Israël, et lui perça la poitrine. Josaphat poursuivit les ennemis. Achab mourut après vingt-deux ans de règne ; Ochozias, son fils, régna à sa place[3].

Le règne de Josaphat, roi de Juda, fut rempli de vertus, mais presque vide d'événements. Ce prince survit les lois de Dieu, fit fleurir la justice, protégea le commerce, conserva la paix avec ses voisins, et rendit son peuple heureux. On ne vit sa tranquillité troublée que par une invasion des Ammonites et des Moabites. Il tailla leurs troupes en pièces et entra en triomphe à Jérusalem avec un immense butin. La perte d'une flotte qu'il envoyât à Orphir fut le seul malheur qu'il éprouva. Après avoir régné vingt-six ans, il lassa le sceptre à son fils Joram.

Patine   Josaphat, en couronnant son fils aîné, laissait à ses autres fils des apanages et des pensions. Joram, loin de suivre ses intentions, attaqua ses frères, et les fit tous passer au fil de l'épée. Il avait épousé Athalie, fille d'Achab. Cette femme le pervertit, il devint idolâtre, comme elle, et la plus grande partie de son peuple partagea son égarement.

Les Iduméens révoltés furent d'abord battus, et finirent par secouer son joug. Le prophète Élie lui écrivit alors : *Vous n'avez pas suivi les exemples l'Aza et de Josaphat. Vous avez imité les rois d'Israël. Vous avez rendu Juda idolâtre. Vous avez forniqué. Vous avez massacré vos frères. Dieu va frapper votre famille et vous-même, vous serrez attaqué d'une maladie incurable qui dévorera vos entrailles.*

Bientôt la prédiction s'accomplit. Les Philistins et les Arabes pénétrèrent dans le royaume, pillèrent le palais du roi, emmenèrent ses enfants et ses femmes, et ne lui laissèrent que le plus jeune de ses fils. Une affreuse maladie le couvrit d'ulcères. Après huit ans de règne et deux ans de souffrances, il mourut. Le peuple ne rendit aucun honneur à sa mémoire ; on ne l'enferma point dans le sépulcre des rois. Ochozias, le dernier de ses fils, lui succéda.

Ochozias suivit les conseils de sa mère Athalie, et les funestes exemples de son père ; l'idolâtrie continua à régner dans Juda. S'étant allié avec le roi d'Israël, ils marchèrent contre les Syriens. Joram, roi des dix tribus, fut blessé dans une bataille ; Ochozias l'accompagna dans sa capitale pour le soigner pendant sa maladie. Sur ces entrefaites, Jéhu attaqua Israël, extermina la maison d'Achab[4]. Ochozias, ses fils, ses neveux, se virent enveloppés dans sa ruine.

Athalie, apprenant la mort de son fils Ochozias, et la destruction de la famille d'Achab, fit tuer tout ce qui restait de la maison royale de Joram, fils de Josaphat, et s'empara du trône.

Un enfant, Joas, fils d'Ochozias, échappa seul à ce massacre. Josabeth, femme du grand-prêtre Joïda, le déroba au poignard d'Athalie, et le porta dans le temple de Dieu, où les prêtres le cachèrent durant les six années du règne d'Athalie. Il est nécessaire actuellement de parler de ce qui s'était passé dans Israël depuis la mort d'Achab. Ochozias, son fils, étant tombé par une fenêtre de son palais à Samarie[5], consulta vainement Beelsébuth, dieu d'Accaron, pour connaître sa destinée. Élie, le prophète, lui adressa de vifs reproches, et lui prédit une mort prochaine. Le roi, furieux, envoya un capitaine et cinquante soldats pour le tuer ; mais, à la voix du prophète, le feu du ciel les consuma. Ochozias mourut ; et comme il n'avait pas d'enfants, il fut remplacé par son frère qui se nommait Joram, comme le fils de Josaphat de Juda.

Dans ce temps, Élie et Élisée venaient de Galgala. Elie frappa les eaux du Jourdain avec son manteau ; les eaux se divisèrent, et les deux prophètes passèrent le fleuve à pied sec. Élie dit ensuite à Élisée : *Demandez-moi ce que vous voudrez afin que je l'obtienne pour vous avant que je vous quitte.* Élisée le pria de l'animer de son double esprit. Ils continuèrent ensuite leur marche. Tout à coup un char et des chevaux de feu les séparèrent l'un de l'autre, et le prophète Élie monta au ciel au milieu d'un tourbillon. Élisée, ayant pris le manteau qu'Élie avait laissé tomber retourna sur ses pas, frappa avec le manteau les eaux du Jourdain qui se séparèrent encore, et lui laissèrent un libre passage. On reconnut alors que l'esprit d'Élie était en lui. Élisée fit ensuite plusieurs miracles ; il rendit douces et saines les eaux de Jéricho qui étaient très corrompues. Un foule d'enfants de Béthel l'insultèrent ; il les maudit, et deux ours aussitôt se jetèrent sur ces enfants et en tuèrent quarante deux.

Le roi d'Israël, Joram, joignit ses troupes à celles de Josaphat pour marcher contre les Moabites qui furent défaits, ainsi qu'Élisée l'avait annoncé aux deux rois. Élisée, aussi protégé de Dieu que le prophète Élie, ressuscita le fils d'une Sunamite qui l'avait logé, et guérit la lèpre d'un général syrien, nommé Naaman, en le faisant toucher par le roi d'Israël. Élisée fit revenir sur l'eau une cognée qu'un paysan avait laissé tomber dans un fleuve. Il découvrit ensuite au roi d'Israël tous les projets du roi de Syrie. Benadad irrité, envoya un assassin pour tuer le prophète, mais Élisée, à qui Dieu révéla ce secret, fit arrêter et périr cet assassin. Les Syriens furent ensuite vaincus par les Israélites. Le prophète prédit enfin la mort de Benadad et le règne d'Azaël en Syrie.

Après la mort de Josaphat et de Joram, rois de Juda, nous avons vus qu'Ochozias était monté sur le trône de Jérusalem, et qu'il fut entraîné dans la ruine d'Israël : il faut dire maintenant avec plus de détails comment cet événement eut lieu. Le prophète Élisée, d'après les ordres du Seigneur, avait sacré Jéhu, et lui avait dit : *Dieu vous donne le trône d'Israël ; vous exterminerez toute la maison d'Achab ; vous vengerez le nom du Seigneur et ses prophètes par la mort de Jézabel.*

Jéhu ayant communiqué cet ordre du Seigneur aux officiers de l'armée, ils entrèrent avec lui dans une conjuration contre Joram. Ce prince, comme nous l'avons dit, ayant été blessé par les Syriens, s'était arrêté à Jezrahel pour se faire panser de ses blessures. Jéhu, avec sa troupe vint cerner la ville. Les rois d'Israël et de Juda, Joram et Ochozias, allèrent au devant de lui pour lui proposer la paix ; mais Jéhu banda son arc, et de sa flèche perça le cœur de Joram. Par son ordre, on jeta le corps de ce prince dans le champ de Naboth. Ochozias voulut fuir, mais il fut atteint et massacré. Jéhu entra dans la ville. Jézabel, vêtue superbement et fardée avec art, était à la fenêtre du palais ; elle adressa des paroles insultantes à Jéhu, qui la fit décapiter du balcon. La tête de cette reine idolâtre se brisa sur la pierre, et les chiens dévorèrent son corps[6]. Le cruel Jéhu fit ensuite couper la tête aux soixante-dix fils d'Achab, à ses prêtres, à ses partisans, et tua aussi les frères d'Ochozias.

Jéhu, s'étant emparé du trône, ordonna une fête solennelle en l'honneur de Baal. Tous les adorateurs de ce faux dieu y accoururent ; et, lorsqu'ils furent rassemblés dans le temple, il les fit massacrer au pied de leur idole qu'il brûla.

---

1. An du monde 3097. — Avant Jésus-Christ 907.
2. An du monde 3107. — Avant Jésus-Christ 897.
3. An du monde 3108. — Avant Jésus-Christ 896.
4. An du monde 3120. — Avant Jésus-Christ 884.
5. An du monde 3108. — Avant Jésus-Christ 896.
6. An du monde 3120. — Avant Jésus-Christ 884.

13

ATHALIE, JOAS, AMAZIAS OU OSIAS, JOATHAN, ACHAZ, ÉZÉCHIAS, AMMON, ROIS DE JUDA. JÉHU, JOACHAS, JOAS, JÉROBOAM II, ZACHARIAS, SELLUM, MANAHÉ, PHACÉIA, PHACÉE ET OZEA, ROIS D'ISRAËL

LE ROI d'Israël avait ainsi détruit dans ses états le culte de Baal ; mais on continua d'y adorer les veaux d'or qui étaient à Béthel et à Dan. Cependant le Seigneur, satisfait de la conduite de Jéhu, lui promit que ses enfants seraient assis sur le trône d'Israël, jusqu'à la quatrième génération ; son règne dura vingt-huit ans. La fin en fut troublée d'abord par ses égarements, et ensuite par les victoires du roi de Syrie, Azaël, qui ravagea tout le royaume. Jéhu mourut à Samarie, et son fils Joachas le remplaça.

Athalie régnait depuis sept ans sur Juda. Le grand-prêtre Joïada, instruit de la haine que sa tyrannie inspirait au peuple, rassembla des soldats dans le temple, arma les lévites, et proclama le roi Joas[1]. Athalie, informée de cet événement par le tumulte qu'il excitait dans la ville, courut elle-même au temple, croyant n'avoir à apaiser qu'une émeute. Elle entre, voit le roi assis sur son trône et entouré de prêtres, de grands et de soldats. Elle reconnaît son fils, victime échappée à son poignard. La joie et les cris du peuple lui annoncent son arrêt ; elle déchire ses vêtements, et s'écrie : *Trahison ! Trahison !* Joïada ordonne qu'on l'entraîne hors du temple ; une mort violente termine son règne et ses crimes.

Le peuple se précipite dans le temple de Baal, renverse ses autels, brise ses images, massacre le grand-prêtre Mathan sur les débris de son idole, et Joas est porté en triomphe dans son palais. Il avait sept ans lorsque son règne commença. Dirigé par les conseils du grand-prêtre Joïada, il gouverna sagement, pendant plusieurs années, il fit exécuter les lois, et Juda jouit d'une profonde paix. Mais cette félicité disparut avec le grand-prêtre, qui mourut âgé de cent trente ans.

Joas, livré à ses courtisans, leur prodigua les trésors que la piété du peuple avait amassés dans le dessein de réparer et d'enrichir le temple du Seigneur. La flatterie corrompit son cœur ; il quitta le culte de Dieu qui s'opposait à ses passions, et se livra à toutes les débauches que lui permettait l'idolâtrie. Le grand-prêtre Zacharie, fils de Joïada, voulant l'arrêter dans ses désordres, Joas oublia qu'il devait la vie et le trône à son père, et le fit périr parce qu'il osait lui présenter la vérité. Son ingratitude fut bientôt punie. Les Syriens entrèrent dans le royaume, massacrèrent les grands, pillèrent Jérusalem, et emportèrent à Damas un riche butin.

Cependant l'armée du roi de Syrie était peu nombreuse. Les forces de Juda, plus considérables, auraient repoussé facilement l'ennemi si Joas avait su s'en servir. Le peuple, irrité, se souleva contre lui et le tua. Il régna quarante ans.

Amazias, son fils, monta sur le trône[2]. Il ordonna un dénombrement par lequel on vit que le peuple de Juda pouvait fournir trois cent mille combattants. Amazias remit les lois en vigueur et rétablit la discipline dans l'armée. Les Iduméens lui déclarèrent la guerre ; le roi les battit dans la vallée de Salines ; et leur fit dix mille prisonniers, qu'on massacra.

Amazias s'était emparé des idoles des Iduméens. Il quitta le dieu des vainqueurs pour les dieux des vaincus, et méprisa les représentations des prophètes qui lui annonçaient la colère et la vengeance du Seigneur. Enorgueilli par sa victoire, il voulut attaquer Jaas qui régnait alors sur Israël. Les deux armées se rencontrèrent à Betzamez ; Juda plia devant Israël ; Amazias fut fait prisonnier ; Joas s'empara de Jérusalem, en abattit les murailles et emporta à Samarie les trésors du temple et du palais.

Amazias régna encore quelques années à Jérusalem, sans vertu et sans gloire. Une conjuration le fit périr comme son père, et on l'enterra avec ses ancêtres dans la ville de David[3].

Osias, son fils, avait dix-sept ans lorsqu'il monta sur le trône. L'Écriture le nomme aussi Azarias. Son activité répara les fautes de ses prédécesseurs. Il fut religieux, juste et brave ; il s'occupa de la culture, planta des vignes, multiplia les troupeaux, creusa des citernes dans le désert, y plaça des tours, d'où l'on surveillait les courses des Arabes. Il releva les murs de Jérusalem, la mit en état de défense, y rassembla des machines de guerre. Dieu le rendit vainqueur des Philistins et des Ammonites, qu'il assujettit à lui payer des tributs, et la réputation de ses armes s'étendit jusqu'en Égypte. Il entretenait une armée de trois cent sept mille cinq cents hommes ; les braves qu'il avait distingués et récompensés montaient à deux mille six cents. Jéhiel, Maazias et Hannanias commandaient ses troupes. A la fin de son règne, il ne fut pas à l'abri de l'ivresse du pouvoir. Il voulut s'emparer des fonctions sacerdotales, et sacrifier lui-même dans le temple. Les prêtres, se soulevèrent, le chassèrent de la maison du Seigneur qui le punit, et le frappa d'une lèpre qui dura jusqu'au jour de sa mort ; on lui interdit même l'entrée de son palais. On l'enferma dans une maison particulière[4]. Joathan, son fils, prit le gouvernement de ses états ; peu de temps après Osias mourut. Comme il était lépreux, on ne l'enterra pas dans le tombeau des rois. Son règne avait duré, cinquante-deux ans.

Tandis que tous ces événements se passaient dans le royaume de Juda, le trône d'Israël avait été occupé par plusieurs rois. Joachas, fils de Jéhu, régna dix-sept ans. Il se livra au culte des idoles ; abandonné par le Seigneur, il fût vaincu par Azaël, roi de Syrie, et par Benadad son successeur.

Après plusieurs années d'oppression, Dieu exauça la prière des Israélites, et les délivra de la domination des Syriens. Mais leur perte avait été si considérable, que l'armée se trouva réduite à dix mille hommes de pied, cinquante cavaliers et dix chariots. Joachas, malgré ses malheurs, mourut avec la réputation d'un roi courageux.

Joas, son fils, lui succéda ; il hérita de sa vaillance et de son impiété. La défaite d'Amazias, roi de Juda, la prise et le pillage de Jérusalem dont nous avons déjà parlé, furent les événements les plus importants du règne de Joas. Le prophète Élisée terminait alors sa carrière. Le roi d'Israël vint le voir dans sa dernière maladie, et lui dit en pleurant : *Je perds en vous le char glorieux qui conduisait Israël.* Élisée lui répondit : *Apportez-moi un arc et des flèches.* Lorsque le prophète les eut dans les mains, il les remit dans celles du roi et lui fit tirer une flèche par la fenêtre qui regardait l'Orient ; en même temps Élisée prononça ces paroles : *Cette flèche que vous venez de tirer est la flèche du salut du Seigneur. C'est une flèche contre la Syrie ; elle vous annonce que vous serez le vainqueur des Syriens. Frappez à présent la terre avec vos flèches.* Le roi frappa trois fois, et s'arrêta. L'homme de Dieu, irrité, lui dit : *Si vous aviez frappé la terre six ou sept fois vous auriez exterminé entièrement le roi de Syrie ; mais il est décidé, à présent que vous ne le battrez que trois fois.*

Élisée mourut[5]. Quelque temps après sa mort, des voleurs jetèrent dans son sépulcre un homme qu'ils avaient tué. Le corps de cet homme ayant touché les os du prophète, il ressuscita.

La prédiction d'Élisée s'accomplit bientôt. Joas battit les Syriens et leur reprit toutes les villes dont ils s'étaient empalés. Après avoir régné seize ans, il mourut à Samarie. Jéroboam, son fils, prit le sceptre la quinzième année du règne d'Amazias, roi de Juda. Il laissa subsister le culte des veaux d'or ; mais Dieu, qui ne voulait pas la ruine d'Israël, protégea le courage de Jéroboam. Il remporta de grandes et nombreuses victoires et reconquit Damas et Émath. Il régna quarante ans, et laissa le trône à son fils Zacharie. Celui-ci ne garda le sceptre que pendant six mois : il ne sut ni respecter Dieu, ni contenir ses sujets. L'un d'eux, nommé Sellum, conspira contre lui, le tua et régna à sa place : ce qui vérifia la prédiction faite à Jéhu, dont les enfants ne devaient garder le trône d'Israël que jusqu'à la quatrième génération. Sellum jouit un mois de son crime, et fut tué à Samarie par Manahé, qui gouverna dix ans les Israélites. Manahé, impie et cruel, fit égorger tous les habitants de Thapsa, qui avaient refusé de lui ouvrir leurs portes. Phul, roi des Assyriens, reçut de Manahé mille talents d'argent pour l'affermir sur son trône. Ainsi Israël fut accablé d'impôts et le peuple taxé pour payer l'étranger qui l'enchaînait sous le pouvoir d'un tyran. Manahé s'endormit avec ses pères, et laissa le trône à son fils Phacéïa dans la cinquième année du règne d'Azarias, roi de Juda.

Phacéïa régna deux ans sans gloire et sans religion. Phacée, général de ses troupes, le tua, usurpa le trône et gouverna les Israélites pendant vingt ans[6]. Ce fut pendant son règne que Theglatphalazar, roi des Assyriens, s'empara de la Galilée et de tout le pays de Nephtali, et transporta la plus grande partie des Israélites en Assyrie.

Oséa profita du mécontentement du peuple contre Phacée, le tua et s'empara de son sceptre usurpé. Oséa ne régna que neuf ans, dans le même temps où Achas gouvernait Juda. Son règne devint la honte et la ruine d'Israël. Livré à l'idolâtrie, et incapable de défendre son trône, il se soumit à Salmanazar, roi es Assyriens, et se rendit son tributaire. Mais Salmanazar, ayant appris qu'Oséa, aussi perfide que lâche, armait secrètement pour s'affranchir du tribut, marcha contre lui, l'enferma dans Samarie, et s'empara de cette ville, après un siégé de trois ans. Maître de tout le royaume, il transféra le reste des Israélites au pays des Assyriens, et leur assigna pour demeures deux villes dans la Médie, Hala et Abor, près du fleuve de Gozan. Il fit ensuite venir des habitants de Babylone pour peupler le royaume d'Israël, et occuper Samarie et les autres villes.

Telle fut, dit l'Écriture, la punition des tribus d'Israël qui, depuis le règne de Jéroboam, s'étaient séparées de la maison de David. Elles violèrent les commandements de Dieu, méprisèrent les remontrances de ses prophètes, coururent après les vanités et le mensonge, adorèrent des veaux d'airain et d'autres idoles, et se livrèrent à toutes sortes de désordres et d'impiétés jusqu'au moment où le Seigneur rejeta enfin Israël de devant sa face, comme il l'avait prédit par tous les prophètes, et l'exila en Assyrie, où les dix tribus restèrent en captivité.

Revenons à l'histoire de Juda. Joathan avait vingt-cinq ans lorsqu'il succéda à son père Osias ; il gouverna seize ans dans Jérusalem. Héritier des vertus de son père, juste et pieux, ce fut lui qui bâtit la grande porte du temple, et construisit plusieurs forteresses dans le royaume. Les Ammonites l'attaquèrent ; il les battit et leur fit payer de fortes contributions. Son règne fut heureux, et glorieux. Il mourut à Jérusalem. Achaz, son fils, lui succéda à l'âge de vingt-cinq ans[7]. Infidèle au Seigneur, il imita la superstition des nations étrangères, sacrifia sur les hauts lieux, adora les statues de Baal. Dieu favorisa les armes du roi de Syrie qui le défit, pilla ses états et emporta un grand butin à Damas. Phacée, roi d'Israël, profita de ses malheurs, l'attaqua, et lui tua cent vingt mille hommes. Les Israélites emmenèrent prisonniers à Samarie deux cent mille habitants de Juda, et tuèrent Maazias, fils d'Achaz, ainsi que deux grands officiers de sa maison.

Un prophète du Seigneur, nommé Obed, sortit de Samarie, alla au-devant de l'armée israélite[8], et lui reprocha son inhumanité contre ses frères de Juda ; il lui défendit de prolonger leur captivité et de les faire entrer dans Samarie. Les Israélites, touchés par ses reproches, renvoyèrent à Jérusalem les prisonniers, après leur avoir donné les vêtements et les secours dont ils avaient besoin.

Dans le même temps Achaz fut attaqué par les Arabes et par les Philistins, qui ravagèrent ses états. Il implora en vain le secours du roi d'Assyrie. Ce monarque reçut ses présents, méprisa son alliance, pilla son royaume, et ne consentit à se retirer qu'après avoir épuisé ses trésors.

Tous ces malheurs accablèrent le roi de Juda, dit l'Écriture, parce que le Seigneur voulut l'humilier pour avoir méprisé sa loi.

Tous ces châtiments, au lieu de porter Achaz au repentir, augmentèrent sa superstition, et il ajouta à ses idoles toutes celles qu'adoraient les ennemis qui l'avaient vaincu. Après avoir régné seize ans, il mourut, et le peuple ne le trouva pas digne d'être enfermé dans les tombeaux de ses pères.

Ézéchias, son fils, monta sur le trône[9]. Son premier soin fut de rétablir le culte du Seigneur. Il rassembla les lévites, leur ordonna de purifier le temple, et y fit ensuite un sacrifice solennel, auquel il invita tous les habitants d'Israël et de Juda, en les suppliant de ne point endurcir leurs cœurs, à l'exemple de leurs pères, et de revenir au vrai Dieu, dont ils avaient si souvent éprouvé les bienfaits et la vengeance.

Un grand concours du peuple, d'après ses ordres, s'assembla à Jérusalem, et, pendant sept jours, on y célébra la pâque, avec une grande solennité. Cette fête fut même continuée sept autres jours, d'après la demande du peuple, qui se répandant ensuite dans tout le pays, brisa les idoles, abattit les bois profanes, ruina les hauts lieux, et renversa les autels des dieux étrangers.

Peu de temps après, Sennachérib, roi d'Assyrie, fit une grande irruption en Judée[10]. Ézéchias se prépara avec sagesse et courage à le repousser. Il répara les forteresses, rassembla des troupes, forma des magasins, ordonna de boucher les puits et les fontaines pour priver d'eau les ennemis, et encouragea le peuple par son activité et son exemple.

Sennachérib essaya de diviser les Juifs, de les effrayer et de les ramener au culte des idoles, en leur rappelant le peu de secours qu'ils avaient reçu de leur Dieu contre les dieux d'Assyrie. Ézéchias, et le prophète Isaïe qui l'accompagnait, opposèrent leurs prières à ses blasphèmes. Bientôt, dit l'Écriture ; le Seigneur envoya un ange qui tua tout ce qu'il y avait d'hommes forts et portant les armes dans l'armée des Assyriens, et le chef même qui la commandait, de sorte que Sennachérib retourna ignominieusement à Babylone, où il fut assassiné par ses enfants dans le temple de ses faux dieux.

Cette victoire rétablit la tranquillité dans Juda et répandit même dans les pays voisins une telle crainte du Seigneur, que plusieurs princes étrangers envoyèrent des victimes au temple de Jérusalem et des présents au roi Ézéchias.

Ce prince éprouva un peu d'orgueil pour tant de prospérités ; il montrait avec complaisance ses trésors aux ambassadeurs étrangers. Isaïe lui reprocha cette vanité, et lui annonça qu'un jour toutes ses richesses seraient portées à Babylone, et que ses propres enfants y vivraient dans l'esclavage. Le roi s'humilia ; Dieu promit que sa vengeance ne commencerait qu'après son règne.

Ézéchias, attaqué d'une maladie mortelle[11], invoqua le Seigneur. Le prophète Isaïe, en lui annonçant sa guérison, lui prouva, par un signe miraculeux, qu'il ne la devait qu'au Très-Haut. Le roi, dit à Isaïe dé reculer l'ombre du soleil de dix degrés ce qui fut fait à l'instant ainsi que le rapportent les livres saints.

Après avoir illustré son règne par ses triomphes, Ézéchias fit le bonheur de ses sujets par ses économies et par sa sagesse. De nouvelles villes furent bâties ; la population des anciennes augmenta ; de nouveaux magasins mirent le peuple à l'abri de toute disette ; le trésor s'enrichit des épargnes du prince, et des tributs de l'étranger, et le roi termina pieusement sa vie glorieuse. Il avait régné vingt-neuf ans à Jérusalem. On le mit dans un tombeau plus élevé que celui des rois ses prédécesseurs. Tous les habitants de Juda célébrèrent ses funérailles, et payèrent à sa mémoire un juste tribut de larmes et de regrets.

Manassé, âgé de douze ans, succéda à son père Ézéchias ; son règne dura cinquante-cinq ans. Il détruisit tout ce qu'avait fait son prédécesseur, et rétablit tout ce qu'il avait détruit. Partout on dressa des autels aux idoles, partout on dédaigna la voix de Dieu, Manassé prodigua des richesses à ses flatteurs, et fit couler le sang innocent. Isaïe, respectable par sa vieillesse et sa sainteté, paya de sa tête, le courage de dire la vérité à un tyran. Aussi inhabile à combattre qu'à régner, il fut battu par les Assyriens et emmené captif à Babylone.

Ses yeux s'ouvrirent dans la prison ; et lorsque le vainqueur lui permit de revenir dans ses états, il employa tous ses soins à rétablir le vrai culte et l'observation des lois divines. Il consacra la dernière moitié de sa vie à réparer les fautes de la première. On l'enterra à Jérusalem dans son jardin. Il fût remplacé par son fils Ammon[12] qui commit les mêmes crimes que lui, sans imiter son repentir, Ses serviteurs, conspirèrent contre lui, et le tuèrent. Le peuple punit ses assassins et fit monter sur le trône Josias son fils.

---

1. An du monde 3126. — Avant Jésus-Christ 878.
2. An du monde 3165. — Avant Jésus-Christ 839.
3. An du monde 3194. — Avant Jésus-Christ 810.
4. An du monde 3246. — Avant Jésus-Christ 758.
5. An du monde 3126. — Avant Jésus-Christ 878.
6. An du monde 3265. — Avant Jésus-Christ 739.
7. An du monde 3261. — Avant Jésus-Christ 743.
8. An du monde 3263. — Avant Jésus-Christ 741.

9. An du monde 3277. — Avant Jésus-Christ 727.
10. An du monde 3291. — Avant Jésus-Christ 713.
11. An du monde 3294. — Avant Jésus-Christ 710.
12. An du monde 3361. — Avant Jésus-Christ 643.

14

JOSIAS, JOACHAS, JOACHIM, SÉDÉCIAS, ROIS DE JUDA

JOSIAS, âgé de huit ans, employa ses premières années à étudier la religion et la loi[1]. Dès qu'il eut atteint l'âge de vingt ans, il fit détruire et brûler les idoles, et donna ordre à Saphan, son secrétaire, et à Maachas, gouverneur de la ville, de réparer le temple du Seigneur, et d'y mettre les soins les plus diligents et la plus grande magnificence. Tous les habitants du pays et ce qui restait d'Israélites contribuèrent aux frais de cet ouvrage.

En transportant d'un lieu à un autre le trésor qui était dans le temple, le grand-pontife Helcias découvrit un livre de la loi de Dieu écrit par Moïse ; il le donna à Saphan qui le remit au roi.

Josias, après l'avoir lu, déchira ses vêtements, et ordonna des prières publiques, avertissant le peuple que les prédictions, trouvées dans le livre, menaçaient Juda et Israël des prochaines vengeances de la colère divine, pour les punir de n'avoir pas accompli ce qui était écrit. Olda, prophétesse, vint alors déclarer au nom du Seigneur que sa fureur ne s'apaiserait point, que toutes les malédictions écrites dans le livre s'accompliraient, mais que le roi, ayant trouvé grâce devant Dieu par sa piété, ne verrait point, pendant sa vie, les maux qui devaient tomber sur cette ville et sur ses habitants. Josias fit lire devant le peuple le livre de Moïse, fit célébrer solennellement la Pâque, et tout le peuple chercha par des prières et par des sacrifices à expier ses crimes et à fléchir le Seigneur. Jamais, dit la Bible, il n'y eut de fête semblable dans Israël, depuis le prophète Samuel.

Tout le règne de Josias fut consacré à la vertu et à la piété. Dans la trente et unième année de ce règne, Néchao, roi d'Égypte, s'avançait sur l'Euphrate : Josias voulait s'opposer à sa marche, et lui livra bataille dans les champs de Mageddo[2]. Il fut vaincu, blessé et transporté à Jérusalem, où il mourut. Tout le peuple le pleura, et particulièrement le prophète Jérémie, dont les lamentations éloquentes se chantaient encore, longtemps après la captivité. Joachas, fils de Josias, prit d'abord possession du trône ; mais le roi d'Égypte, poursuivant ses avantages, s'empara en trois mois de la Judée, entra dans Jérusalem, soumit le pays à lui payer cent talents en argent et en or, déposa le roi qu'il emmena en Égypte, et donna le sceptre à Éliachim, frère de Joachas, qu'il appela Joachim.

Celui-ci régna onze mois et gouverna sans sagesse et sans piété : il fut vaincu par Nabuchodonosor, roi de Chaldée, qui l'emmena chargé de chaînes à Babylone[3].

Joachim, son fils, le remplaça, commit les mêmes fautes et éprouva le même sort. Nabuchodonosor le fit aussi prisonnier, emporta les trésors de Jérusalem, et mit sur le trône Sédécias, oncle de Joachim.

Sédécias ne profita pas de ces fatales leçons : les onze années de son règne furent signalées par toutes sortes de désordres et d'égarements. Les princes, les grands, les prêtres mêmes, profanèrent la maison du Seigneur et se livrèrent à toutes les abominations des gentils. L'armée était sans discipline, les finances sans ordre, les lois sans vigueur ; on méprisait les avertissements des prophètes ; enfin Sédécias, sans prudence comme sans force, se révolta contre Nabuchodonosor, auquel il avait juré fidélité. Le roi des Chaldéens s'empara de nouveau du royaume de Juda[4]. Il livra Jérusalem au pillage ; il fit égorger les vieillards, les femmes et les enfants jusque dans le sanctuaire, toutes les richesses des Hébreux furent transportées à Babylone. Sédécias vit massacrer devant lui ses deux enfants : on lui arracha les yeux ; et, chargé de chaînes, on le traîna en Assyrie. Le peu d'Israélites qui échappèrent à la mort, furent condamnés à l'exil et à l'esclavage : on mit le feu au temple du Seigneur ; on ruina les murs et les tours de Jérusalem ; on y détruisit tout ce qu'il y avait d'utile et de précieux. Ainsi s'accomplit la parole divine, prononcée par la bouche de Jérémie. : *La terre célébrera ces jours du sabbat ; car*, dit l'Écriture, *la terre fut dans un sabbat continuel tout le temps de sa désolation, jusqu'à ce que les soixante-dix ans fussent accomplis* ; et la captivité des Juifs dura jusqu'au règne de Cyrus.

---

1. An du monde 3363. — Avant Jésus-Christ 641.
2. An du monde 3394. — Avant Jésus-Christ 610.
3. An du monde 3398. — Avant Jésus-Christ 606.
4. An du monde 3405. — Avant Jésus-Christ 599.

15

GODOLIAS, ZOROBABEL, ESDRAS

NABUCHODONOSOR n'avait laissé en Judée que les plus pauvres des Hébreux et en nombre seulement nécessaire pour que les terres ne fussent pas sans culture. Il chargea un Juif, nommé Godolias, du commandement du pays. Quelques Israélites, qui habitaient au-delà du Jourdain, vinrent le rejoindre à Maspha avec tous leurs serviteurs ; mais ils n'osaient y rester, craignant la mort ou la captivité. Godolias leur assura par serment que s'ils servaient fidèlement les Chaldéens, ils pourraient vivre en paix dans le pays. En effet ils y demeurèrent sept mois tranquilles. Mais l'indocilité des Hébreux n'était pas corrigée par tant de malheurs : ils ne surent pas, dans l'excès même de leur infortune, conserver l'union qui seule pouvait sauver leurs débris ; Ismaël, de la race royale, devint jaloux de Godolias. Il arma ses serviteurs contre lui, le tua, et massacra les Chaldéens qui le défendaient. Quand leur fureur fut satisfaite, la frayeur les saisit. Redoutant la vengeance de Nabuchodonosor ils sortirent tous de la Judée avec leurs officiers et tout ce qui restait du peuple, et s'en allèrent en Égypte.

Les enfants d'Israël et de Juda vécurent trente-sept ans dispersés dans les états du roi de Babylone, exposés à tous les mauvais traitements et à tous les outrages que leur attiraient la haine et le mépris de Nabuchodonosor. Mais, après la mort de ce prince, leurs malheurs commencèrent à s'adoucir ; et Vilmérodac, la première année de son règne, tira de prison le roi Joachim, le logea dans son palais, l'admit à sa table, lui assigna des revenus, et le traita avec plus d'honneurs que les autres rois étrangers qui venaient à sa cour[1].

Enfin, Cyrus régna. Ce grand monarque éleva son âme jusqu'à l'idée du vrai Dieu. Il voulut protéger le seul peuplé qui l'adorait, et ordonna qu'on rebâtit son temple à Jérusalem[2]. Nous allons faire connaître son édit tel que l'Écriture le rapporte : *Voici ce que dit Cyrus, roi de Perse. Le Seigneur, le Dieu du ciel m'a donné tous les royaumes de la terre et m'a commandé de lui bâtir une maison dans la ville de Jérusalem, qui est en Judée. Qui d'entre vous est de son peuple ? Que son Dieu soit avec lui, qu'il aille à Jérusalem qui est en Judée et qu'il rebâtisse la maison du Seigneur, le Dieu d'Israël. Ce Dieu, qui est à Jérusalem, est le vrai Dieu. Et que tous les autres en quelque lieu qu'ils habitent les assistent du lieu où ils sont, soit en argent et en or, soit de tous les autres biens et de leurs bestiaux, outre ce qu'ils offriront volontairement pour le temple de Dieu, qui est à Jérusalem.*

Conformément à cet édit, les chefs des familles de Juda et de Benjamin et les lévites se préparèrent à retourner à Jérusalem. Ils recueillirent les dons des Hébreux ; et Cyrus leur remit tous les vases que Nabuchodonosor avait emportés ; Sassabar, prince de Juda, les reçut en compte, et e fût dépositaire.

Ils revinrent donc en Judée, sous la conduite de Zorobabel, au nombre de quarante-deux mille trois cent soixante personnes, emmenant avec eux sept mille trois cents serviteurs, sept cent trente-six chevaux, deux cent quarante-cinq mulets, quatre cent trente-cinq chameaux et six mille sept cent vingt ânes.

Zorobabel s'empressa de relever l'autel des holocaustes et de poser les fondements du temple. Ce travail excitait la joie des jeunes Hébreux, tandis que les anciens répandaient des larmes à la vue des ruines du temple de Salomon. L'évidence de l'intérêt commun ne frappe jamais l'aveugle esprit de parti ; la haine de Samarie contre Jérusalem survivait à leur destruction commune. Les Israélites, jaloux de la résurrection de Juda et du rétablissement du temple, employèrent toutes sortes d'intrigues pour en empêcher la réédification. Pendant le règne de Cyrus, ils ne firent que retarder ses travaux ; mais lorsque Artaxerxés fut sur le trône, ils renouvelèrent, contre les Juifs, une accusation qu'ils avaient déjà adressée à Cambyse, fils de Cyrus. Ils persuadèrent à ce prince que, s'il laissait rebâtir Jérusalem ses habitants rebelles ne paieraient plus d'impôts et se rendraient indépendants. Artaxerxés, trompé par ces dénonciations, défendit de continuer les travaux commencés. Cette suspension dura jusqu'au règne de Darius. Ce prince, plus éclairé, imita l'exemple de Cyrus ; il ordonna d'achever le temple, fournit ce qui était nécessaire à sa construction ; de sorte que ce grand ouvrage se termina en quatre années. Darius voulut que la religion, fût rétablie comme le temple ; il envoya à Jérusalem le prêtre Esdras, descendant d'Aaron, que suivirent un grand nombre de Juifs. A son arrivée, Esdras fit de longs reproches aux habitants de Jérusalem sur les mariages contractés avec des femmes idolâtres. Il rassembla le peuple, lut devant lui le livre de la loi, et lui en fit jurer l'observation. Il ordonna ensuite la célébration de la Pâque ; enfin il persuada aux Juifs d'expier leurs fautes par leur repentir let par le renvoi des femmes idolâtres.

La ville était bâtie, le temple relevé ; Zorobabel et Esdras avaient rendu aux lois quelque vigueur, et réglé les mœurs en rétablissant la sainteté du mariage ; mais les murailles de Jérusalem avaient été détruites, et la ville restait ouverte et exposée aux attaques des Arabes et de tous ceux qui auraient voulu l'insulter.

Il existait dans ce temps à la cour d'Artaxerxés un Juif nommé Néhémias ; cet homme occupait la charge d'échanson du roi. Il profita de sa faveur pour veiller aux intérêts de sa patrie : ayant obtenu les ordres qu'il sollicitait, il vint à Jérusalem, releva ses murs et rétablit ses fortifications[3], malgré les efforts des Samaritains qui obligèrent les Juifs à tenir à la fois la truelle et l'épée.

C'est à cette époque que les auteurs sacrés attachent la fin de la captivité, dont le commencement remontait au règne de Joachim. Depuis ce temps-là les Juifs, sans être indépendants, jouissent, sous la protection des rois d'Assyrie, de leurs lois et de leur culte ; mais une grande partie d'entre eux resta encore dispersée dans le pays de leur vainqueur.

L'Écriture interrompt ici l'Histoire pour raconter la vie pieuse, héroïque, miraculeuse ou prophétique de quelques personnes dont elle a cru l'exemple utile aux progrès de la morale et de la religion. Nous allons en retracer, en peu de mots, les particularités les plus remarquables.

---

1. An du monde 3442. — Avant Jésus-Christ 562.
2. An du monde 3468. — Avant Jésus-Christ 536.
3. An du monde 3550. — Avant Jésus-Christ 454.

16

TOBIE

(AN DU MONDE 3286. - AVANT JÉSUS-CHRIST 718)

TOBIE était un Juif de la tribu de Nephtali. Sage dès son enfance, il ne tomba point comme ses compatriotes dans l'idolâtrie, et éleva son fils dans la crainte du Seigneur. Ses vertus ne le mirent pas à l'abri des maux qui fondirent sur Israël. Il fut emmené captif, avec sa femme et son fils par Salmanazar ; mais le roi par égard pour son mérite lui donna dix talents en argent, avec la liberté de s'établir dans ses états, partout où il le voudrait. Tobie, plus occupé du malheur de ses compatriotes que de sa fortune, prêta l'argent qu'il possédait à Juif nommé Gabélus. Salmanazar mourut ; Sennachérib, son successeur, haïssait les Juifs ; Tobie les protégeait. Sa charité lui attira le courroux du roi ; il fut obligé de se cacher pour éviter la mort. Dépouillé par la persécution, accablé par le poids de la vieillesse, privé de la vue ; il tomba dans l'excès du malheur et de la pauvreté, sans perdre son courage fondé sur une pieuse résignation. Se croyant près de mourir, il découvrit à son fils le prêt qu'il avait fait autrefois à Gabélus, et lui ordonna d'aller dans la ville de Ragès pour recouvrer cette somme. Le jeune Tobie rencontra dans sa route un ange sous la forme d'un voyageur, qui lui proposa de lui servir de guide, en lui disant qu'il connaissait Gabélus. Arrivés tous deux au bord du Tigre, un poisson énorme s'offrit à eux. L'ange le tua et dit à Tobie de le faire rôtir pour leur servir de nourriture, mais d'en mettre à part le foie, le cœur et le fiel. Tobie suivit l'instruction de son guide. Il arriva quelque temps après chez l'un de ses parents, nommé Raguel, qui l'accueilli avec amitié ; mais Tobie, par le conseil de son conducteur, ne voulut point profiter de l'hospitalité qu'il lui offrait, avant d'avoir obtenu de lui sa fille Sara en mariage. Raguel le refusa d'abord craignant qu'il n'éprouvât le sort des sept maris que Sara avait eus successivement, et qui avaient tous été tués par le démon. Tobie rassuré par son guide à qui il devait déjà la vie insista ; Sara lui fut accordée. Il brûla le soir dans sa chambre le foie du poisson qu'il avait gardé. Ce conseil de l'ange eut un plein effet ; le démon s'enfuit et Raguel, qui croyait apprendre à tout moment la mort de son nouveau gendre, fut surpris de le trouver plein de joie et de santé.

Tandis que le jeune Tobie célébrait ses noces ; son conducteur se chargea d'aller redemander à Gabélus l'argent prêté, et il revint bientôt rapportant les dix talents. Le jeune Tobie, toujours sous la conduite de l'ange, quitta son beau-père, et, partit avec sa femme pour retourner son père chez lui.

Le saint homme Tobie, son père, pleurait son absence avec sa mère ; accablés tous deux de tristesse et d'infirmités, ils n'espéraient plus le retour de leur enfant et la fin de leurs maux, lorsque le jeune Tobie parut tout à coup, et leur rapporta la richesse, le bonheur et la santé. D'après l'avis de son guide, il frotta les yeux de son père avec le fiel du poisson, et le vieillard aussitôt recouvra la vue. Il voulut donner une partie de son argent au sage conducteur de son fils ; mais Raphaël se découvrit alors. Ils reconnurent l'envoyé du Seigneur, et rendirent hommage à Dieu qui avait ainsi récompensé leur piété, et fait cesser leur infortune.

Tobie termina sa carrière à l'âge de cent deux ans. Avant de mourir il composa un cantique en action de grâces, dans lequel il prédit, la ruine prochaine de Ninive et la gloire future de Jérusalem.

17

JUDITH

(AN DU MONDE 3348. — AVANT JÉSUS-CHRIST 656)

APRÈS avoir fini l'histoire de Tobie, l'Écriture raconte ainsi celle de Judith.
Le roi d'Assyrie, que les Juifs appellent Nabuchodonosor ayant vaincu le roi des Mèdes, Arphaxad, et pris sa capitale Ecbatane, acquit une grande puissance, et, devint redoutable dans tout l'Orient. Son ambition s'accrut avec sa fortune ; il envoya des ambassadeurs en Judée, en Syrie, pour ordonner à ces peuples de reconnaître sa domination. Leur refus excita sa colère et il jura d'en tirer une vengeance éclatante. Holopherne, général de ses troupes, se mit à la tête d'une armée de cent trente-deux mille hommes. Il s'empara de Tarsis, de Méloth, parcourut la Mésopotamie, pilla tout le pays de Damas, de Madian, et fit passer au fil de l'épée ceux qui lui résistaient. Tous les peuples se soumirent enfin pour le désarmer. Les Israélites seuls, malgré leur effroi, voulant sauver Jérusalem, leur temple et leur culte, s'emparèrent des défilés des montagnes, fortifièrent leur ville, y formèrent des magasins, et, par les ordres du grand-prêtre Éliachim, s'humilièrent devant Dieu, cherchèrent à le fléchir par le jeûne et par la prière, et couvrirent même d'un cilice l'autel du Seigneur. Holopherne, irrité de leur résistance, voulut savoir quels étaient l'origine, les lois, le culte et la force de ce peuple rebelle. Achior, prince des Ammonites, lui dit que les Juifs venaient de la Chaldée, qu'ils avaient abandonné les dieux de ce pays pour en adorer un seul, qu'ils nommaient le Dieu du ciel ; qu'ils avaient été longtemps esclaves en Égypte ; que leur Dieu les avait délivrés de cette servitude ; qu'il leur avait soumis tout le pays de Chanaan ; que leur population était nombreuse et guerrière ; qu'ils étaient vainqueurs tant qu'ils demeuraient fidèles à leur Dieu, et vaincus dès qu'ils péchaient contre lui ; qu'ainsi, avant de les attaquer, il fallait s'informer s'ils n'étaient pas coupables de quelque faute, parce que s'ils n'avaient pas offensé leur Dieu, il prendrait leur défense, et couvrirait les Assyriens de honte aux yeux de toute la terre.

Holopherne, transporté de fureur de ce que le prince ammonite paraissait croire qu'une si petite nation pût braver la puissance du vainqueur de l'Orient, ordonna que ce prince fut envoyé chez les Juifs, dans la ville de Béthulie, en lui jurant qu'il le convaincrait bientôt de la fausseté de ses prédictions, et qu'il périrait sous ses coups avec ces Israélites dont il vantait insolemment la force et la religion.

Holopherne fit le siège de Béthulie. Sa nombreuse armée entoura la ville, et il s'empara de toutes les fontaines et de l'aqueduc qui lui fournissaient de l'eau. Bientôt les citernes de Béthulie furent à sec, et les habitants réduits à une telle extrémité qu'Osias qui les commandait, convint avec Holopherne d'une suspension d'armes de cinq jours, au bout desquels il se rendrait s'il ne lui arrivait point de secours.

Il y avait alors dans Béthulie une femme nommée Judith, estimée généralement par sa vertu, par sa piété, et remarquable par sa beauté. Elle reprocha à ses compatriotes leur peu de confiance en Dieu, et leur déclara qu'inspirée par lui elle méditait un grand projet pour leur délivrance ; elle ne leur demanda que de prier pour elle pendant qu'elle s'occuperait de l'exécution de son dessein.

Judith, après avoir invoqué le Seigneur, se revêtit d'habits magnifiques, répandit sur son corps des parfums, ajouta de riches bijoux à sa parure, et sortit de la ville pour se rendre dans le camp des Assyriens, accompagnée d'une seule fille qui portait pour elle un peu d'huile, de vin, de farine et de figues. En arrivant dans le camp ennemi elle dit aux officiers qui la rencontrèrent qu'elle venait donner au prince Holopherne le moyen de s'emparer de la ville sans perdre un seul homme de son armée. On la conduisit dans la tente du général, au pied duquel elle se prosterna. Holopherne, séduit par ses charmes, trompé par ses paroles, s'enflamma pour elle, et crut tout ce qu'elle lui disait. Judith lui persuada que les Juifs seraient abandonnés par le Seigneur, parce qu'ils avaient osé se servir, pour leur usage, de l'huile, du vin et du froment consacrés.

Holopherne lui promit la plus grande fortune, le destin le plus heureux. Elle demeura quatre jours dans son camp, il ne put la décider à manger à sa table, mais elle lui promit d'ailleurs de condescendre en tout à ses désirs.

Holopherne s'enivrait d'amour et de joie. Le soir du quatrième jour étant venu, il se coucha accablé de sommeil par l'excès du vin. Judith, seule avec lui dans sa chambre, se tenait au pied du lit, et adressait à Dieu d'ardentes prières. S'armant enfin de tout son courage, elle saisit un sabre attaché à la colonne de son lit, prit Holopherne par les cheveux, lui coupa la tête, l'enferma dans un sac, et sortit du camp avec sa servante.

Les soldats, qui la voyaient passer tous les jours pour aller prier, la laissèrent sortir. Dès qu'elle fut aux portes de la ville, elle appela ceux qui la gardaient, et, montrant la tête d'Holopherne, leur dit : *Dieu a tué cette nuit par ma main l'ennemi de son peuple ; rendez grâces au Seigneur qui vous a délivrés. Suspendez cette tête aux créneaux de vos murailles ; dès que le soleil sera levé, sortez de vos murs pour attaquer l'ennemi ; l'aspect de cette tête les épouvantera ; ils fuiront, et le Seigneur vous les livrera pour les fouler aux pieds.* On suivit le conseil de Judith ; sa prédiction s'accomplit ; les Israélites taillèrent en pièces les Assyriens et s'emparèrent de toutes leurs richesses.

Judith fut comblée de louanges et de gloire dans Israël. On répète encore le cantique qu'elle composa pour chanter son triomphe. Elle mourut à Béthulie, à l'âge de cent cinq ans ; le peuple la pleura pendant sept jours ; et le jour de sa victoire a été depuis ce temps compté par les Hébreux au nombre de leurs fêtes.

18

ESTHER

(AN DU MONDE 3495. - AVANT JÉSUS-CHRIST 509)

UNE AUTRE femme, aussi célèbre que Judith, illustra encore l'histoire des Juifs. Artaxerxés, que l'Écriture nomme Assuérus, régnait en Perse ; ses états contenaient cent vingt-sept provinces, et s'étendaient depuis les Indes jusqu'à l'Éthiopie. Suze était la capitale de son empire. La troisième année de son règne, voulant montrer sa grandeur et sa puissance, il rassembla les princes, les grands, et les plus braves de ses officiers, et leur donna un festin magnifique qui dura cent quatre-vingts jours. Ceux qui avaient été invités étaient couchés sur des lits d'or et d'argent, dans de vastes galeries meublées en lin, brillantes d'écarlate, et dont les pavés étaient de porphyre et de marbre ; on distribuait des vases et des plats d'or aux convives. Dans d'autres appartements, la reine Vasthi traitait avec la même magnificence les femmes les plus distinguées de l'empire. Le roi dans la chaleur du vin qu'il avait bu avec excès, s'écartant de l'usage, qui défendait aux femmes de se montrer en public, ordonna à des eunuques de faire venir devant lui la reine Vasthi, parée de son diadème, pour faire admirera tousses convives son extrême beauté. La reine refusa de s'y rendre. Le roi irrité de sa résistance, la répudia d'après le conseil de ses ministres, et envoya dans toutes les provinces l'ordre de faire venir à Suze les plus belles filles de tout l'empire, pour choisir parmi elles une épouse.

Dans ce temps, les Juifs vivaient dispersés sur tout le territoire d'Assyrie. Une jeune fille de cette nation, nommée Esther, nièce de Mardochée, fut au nombre des personnes que leur beauté devait faire présenter à Assuérus, suivant les ordres de ce monarque. Sa grâce modeste et l'éclat de ses charmes la firent préférer à ses rivales. Assuérus l'épousa et l'éleva sur son trône à la place de Vasthi. Fidèle au conseil de son oncle, Esther n'avait pas encore appris au roi sa naissance et son origine. Un heureux hasard augmenta bientôt l'estime et la tendresse de son époux. Mardochée découvrit un complot tramé par deux eunuques pour assassiner le roi ; il le dit à Esther, qui en informa Assuérus. Ce prince fit inscrire ce fait dans ses annales, avec le nom de l'homme, qui venait de lui rendre un si grand service. Quelque temps après, Assuérus éleva au-dessus de tous ses ministres un de ses favoris nommé Aman, Amalécite de la race d'Agag. Le superbe Aman jouissait d'un crédit et d'un pouvoir sans bornes : son orgueil égalait sa puissance et il voulait que tout le monde fléchît le genou devant lui. Le roi eut la faiblesse de l'ordonner. Mardochée seul refusa de rendre à un mortel un hommage qu'il ne devait qu'à Dieu. Aman, transporté de fureur, résolut de se venger, non seulement de Mardochée, mais de toute la nation juive. Il dit à Assuérus : *Il existe dans vos provinces un peuple dispersé et indocile, qui méprise nos lois, notre religion, et vos ordres. Cet exemple peut être contagieux ; ordonnez donc que ce peuple périsse.* Le roi consentit à donner cet ordre cruel, et l'on envoya des courriers dans tout l'empire pour commander aux gouverneurs des provinces de faire massacrer, le treizième jour du mois Addar, tous les Juifs, sans distinction d'âge ni de sexe. Mardochée, ayant appris cette fatale nouvelle, déchira ses vêtements et se couvrit la tête de cendre. Il jetait de grands cris au milieu de la place publique, il faisait éclater la violence de son affliction. La consternation se répandit dans toutes les tribus. Les Juifs prosternés adressaient au ciel leurs prières, leurs larmes et les accents de leur désespoir. Esther, informée de ce malheur, fit venir Mardochée, qui lui annonça la ruine de ses frères, et la supplia de parler au roi et de sauver les Juifs. Elle lui répondit que personne, sans risquer sa vie, ne pouvait parler au roi, à moins d'être appelé par lui : *Vous devez,* lui dit Mardochée, *braver ce péril. Pouvez-vous croire, pouvez-vous désirer que votre vie soit seule épargnée, quand votre nation périt. Si vous restez dans le silence, Dieu trouvera quelque autre moyen de délivrer son peuple ; songez que le Seigneur ne vous a élevée sur le trône que pour vous faire l'instrument de notre salut.*

Esther se rendit à son avis, et lui demanda seulement d'ordonner à tous les Juifs de jeûner et de l'assister par leurs prières.

La reine, revêtue de ses ornements royaux, s'arrêta à la partie intérieure de l'appartement du roi, vis-à-vis du trône sur lequel il était assis. Assuérus, plus touché de sa beauté que surpris de son audace, étendit vers elle son sceptre d'or : c'était le signe de sa clémence. Il lui dit : *Que voulez-vous ? Quand vous me demanderiez la moitié de mon royaume, je vous la donnerais.* Esther lui répondit qu'elle le suppliait de venir à un festin qu'elle lui avait préparé, d'y inviter Aman, et que là elle lui déclarerait ce qu'elle souhaitait de lui. La fierté d'Aman redoubla lorsqu'il sut qu'il devait être admis à la table de ses maîtres ; et, plus irrité encore contre Mardochée qui refusait toujours de lui rendre hommage, il commanda qu'on dressât une potence pour y pendre ce Juif, tandis qu'il serait au festin du roi.

Cette nuit-là même, ne pouvant dormir, se fit apporter les annales de son règne : il tomba, par hasard, sur l'endroit où la conspiration découverte par Mardochée était racontée. Le roi demanda à ceux qui l'entouraient quelle récompense avait reçue cet homme pour un si grand service, et apprit avec étonnement qu'on ne lui en avait accordé aucune. Il fit appeler Aman qui attendait avec impatience le moment favorable pour faire signer l'arrêt de mort de Mardochée. Lorsqu'il parut, Assuérus lui demanda comment on devait traiter l'homme qu'il voudrait combler d'honneurs. Aman, croyant qu'il était question de lui-même, répondit : *Il faut qu'il soit revêtu des habits royaux, monté sur le cheval du monarque, qu'il porte le diadème sur sa tête, et, que le premier des princes de la cour marche à pied devant lui, en criant : C'est ainsi qu'on rend hommage à celui qu'il plaît au roi d'honorer.* — Hâtez-vous donc, répliqua Assuérus ; *tout ce que vous m'avez conseillé, faites-le pour le Juif Mardochée, et n'oubliez rien de tout ce que vous m'avez dit.*

L'orgueilleux Aman obéit, la rage dans le cœur et la honte sur le front. Ses amis aigrirent sa douleur en lui annonçant qu'il ne pourrait échapper à la vengeance des Juifs.

Le roi se rendit avec Aman au festin de la reine. Après le repas, il la pria de lui dire ce qu'elle désirait. Esther prosternée lui répondit : *Si j'ai trouvé grâce devant vos yeux, je vous demande ma vie et celle de tout mon peuple. L'esclavage le plus affreux serait préférable à notre sort. Nous devons être égorgés, exterminés : cependant je supporterais cette horrible destinée avec résignation, si je ne savais pas que nous sommes victimes d'un ennemi dont la cruauté retombe sur le roi lui-même, en lui attirant la haine de ses peuples.* Assuérus lui demanda : *Quel est l'homme assez puissant pour faire tant de mal ?* Esther répliqua : *C'est cet Aman que vous voyez ; c'est là notre ennemi implacable.* Assuérus, irrité, se leva, et entra dans un jardin. Pendant son absence, Aman se jeta aux pieds d'Esther, pour la supplier de lui sauver la vie.

Mais le roi étant entré dans le même moment, crut que cet indigne favori voulait outrager la reine ; il ordonna sa mort ; et Aman fut pendu à la même potence préparée pour Mardochée. Esther obtint de son époux, non seulement la révocation de l'ordre gui devait détruire les Juifs, mais encore la permission de se venger de ceux qui les avaient persécutés, et de s'emparer de leurs dépouilles. On leur désigna pour cette vengeance deux jours, qui furent depuis célébrés chez les Juifs par des fêtes solennelles. Mardochée devint la seconde, personne de l'empire. Esther vécut heureuse, et Assuérus, en suivant leurs conseils, parvint au comble de la puissance et de la gloire.

Cette histoire d'Esther a été traduite de l'hébreu par saint Jérôme.

19
___

JOB

L'HISTOIRE de Job succède dans les livres saints à celle d'Esther. On croit cependant que Job vivait dans un temps bien plus reculé, et probablement lorsque les Israélites étaient dans le désert. Plusieurs personnes ont même attribué à Moïse cet ouvrage où l'on voit en effet brillé les idées profondes et morales de ce législateur. Au reste nous en dirons ici peu de mots ; et pour en faire sentir le mérite, il faudrait le rapporter en entier, puisque sa beauté principale consiste, non dans la grandeur et la variété des événements, mais dans la beauté des discours, l'élévation des pensées et la pureté des sentiments. Job possédait des qualités bien difficiles à réunir, une grande vertu, d'immenses richesses, et une humble patience. Pendant un grand nombre d'années le ciel avait comblé tous ses voeux. Puissant, riche, considéré, chef d'une famille nombreuse, il n'employait son opulence et son pouvoir qu'à faire du bien. Son argent secourait le pauvre ; son crédit soutenait l'opprimé ; sa charité consolait les malheureux ; son esprit ne lui servait qu'à répandre la vérité et à faire respecter Dieu et sa loi.

Job, partout chéri et révéré, jouit longtemps d'une complète prospérité. L'esprit malin, dit l'Écriture, jaloux d'un si grand bonheur, calomnia ce saint homme devant Dieu, et soutint qu'il ne le servait que pour garder les biens qu'il en avait reçus. Ne pouvant blâmer sa vie, il accusa ses intentions, et assura qu'il changerait de sentiment et de langage, si Dieu lui retirait sa protection et ses faveurs.

Le Seigneur, pour convaincre Satan d'imposture, lui permit d'affliger cet homme vertueux et de l'accabler par un grand nombre de maux.

Le démon profita de cette permission, et rendit le malheur de Job aussi grand que l'avait été sa félicité. Il fit piller ses richesses par des voleurs : le feu du ciel consuma ses troupeaux et ses granges ; tous ses enfants périrent sous les ruines de sa maison. Ces affreuses calamités n'ébranlèrent point la vertu de Job : il bénit Dieu et prononça ces paroles qui sont devenues si célèbres : *Dieu me l'a donné, Dieu me l'a ôté.*

Satan ne se découragea point : il frappa cet infortuné d'un ulcère qui lui couvrait tout le corps. Accablé de souffrances, couché sur un fumier, ses plaies étaient rongées par les vers qui s'y formaient. Sa femme, le seul des biens, qu'on lui eût laissé, devait être sa consolation, mais, séduite par l'esprit malin, elle mit le comble à ses tourments. Aigrissant son malheur, au lieu de l'adoucir, elle voulut le révolter contre Dieu et le pousser au blasphème et au désespoir. Job, toujours soumis à la volonté divine, et toujours maître de lui-même, se contenta de lui répondre : *Vous parlez comme une femme insensée. Nous avons reçu avec reconnaissance tous nos biens de la main de Dieu : il faut recevoir de lui tous nos maux avec résignation.*

Le malheureux Job ne pouvait opposer à tous les coups qui fondaient sur lui que la paix de son âme, le témoignage de sa conscience et l'innocence de sa vie passée.

Trois de ses amis qui venaient, disaient-ils, dans l'intention de lui montrer la part qu'ils prenaient à ses peines, voulurent lui enlever cette tranquillité intérieure, le seul bien dont il pût encore jouir. Cette épreuve, la moins forte en apparence, fut peut-être la plus difficile à soutenir.

Ces faux amis, avec un langage plein d'artifice, voulaient persuader au saint homme qu'il avait mérité ses malheurs ; et, lorsqu'il défendait son innocence devant eux, ils lui reprochaient ses plaintes, les taxaient de révolte, et prétendaient qu'il accusait Dieu d'injustice. C'est précisément ce dialogue qu'il faut lire, puisqu'on ne pourrait en faire sentir les beautés qu'en le copiant.

Job, pendant ce combat, où il était si difficile que la patience et la vertu triomphassent de la douleur aigrie et de l'amour-propre blessé, sut toujours se contenir dans les bornes du devoir, justifiant avec fermeté sa conduite et son innocence, ne portant point ses plaintes hors de la mesure que lui permettait sa piété ; et témoignant avec franchise son étonnement de la rigueur des arrêts de Dieu, sans prétendre en sonder la profondeur. Il résista avec douceur aux injustes attaques de ses dangereux amis, et s'efforça de leur prouver que Dieu sait et peut également frapper le méchant pour le punir, et l'homme vertueux pour l'éprouver.

La patience de Job fut enfin couronnée par un triomphe éclatant. Dieu lui rendit la santé, le bonheur, d'immenses richesses, et une famille plus nombreuse que celle qu'il avait perdue. Rien ne troubla plus la félicité de Job ; il vécut cent quarante années, et mourut après avoir vu la quatrième génération de ses enfants.

20

ISAÏE, JÉRÉMIE, BARUCH, ÉZÉCHIEL, DANIEL, PROPHÈTES.

La RELIGION des Juifs est inséparablement attachée à leur histoire, et comme en parlant des autres peuples on doit parler des magistrats, des guerriers, des ministres qui ont paru avec le plus d'éclat, et qui ont servi avec le plus d'utilité, de même on doit faire connaître les prophètes, puisque ces hommes, que l'Écriture dit inspirés par Dieu lui-même, eurent la plus grande influence sur les événements. Les Hébreux, en se soumettant à des rois, avaient conservé la loi de Moïse : ainsi leur gouvernement était, théocratique. C'était au nom de Dieu qu'on déclarait la guerre, qu'on décidait la paix, et tout devait se faire par ses ordres, dont les prophètes et les pontifes étaient regardés comme les interprètes.

ISAÏE, le premier dans l'ordre des prophètes, et prince de la maison royale, vivait sous les règnes d'Osias, de Jonathan, d'Achaz, d'Ézéchias et de Manassé. Aucun homme de son temps ne le surpassait en vertu, en piété, en éloquence. Dieu lui apparut dans toute sa gloire ; il l'avait vu assis sur un trône élevé, environné de chérubins qui chantaient le fameux cantique que l'Église répète aujourd'hui. Dans son humilité, il ne croyait pas ses lèvres assez pures pour annoncer aux hommes la parole de Dieu. Comme il priait, un ange saisit un charbon ardent sur l'autel et en toucha sa bouche pour la purifier. Il prédit ce qui devait arriver jusqu'à la fin des temps ; il découvrit les choses secrètes avant qu'elles arrivassent[1]. C'est de tous les prophètes celui dont les prédictions ont annoncé le plus clairement la naissance et le règne de Jésus-Christ. Il fit des miracles, ajouta plusieurs années à la vie du roi Ézéchias, annonça la ruine de Babylone, celle de Jérusalem, et la conversion des gentils. Il consola ensuite ceux qui pleuraient sur Sion, il reprocha aux peuples leurs égarements, aux rois leurs fautes ; il fut courageux et persécuté. Manassé le fit périr ; on le scia avec une scie de bois, supplice qui devait rendre sa mort plus horrible. Saint Paul a fait de lui un magnifique éloge.

JÉRÉMIE commença à prophétiser six cent vingt-neuf ans avant Jésus-Christ[2], sous le règne de Josias ; sa mission dura quarante-cinq ans, jusqu'à la onzième année du gouvernement de Sédécias.

L'Écriture rapporte que Dieu lui dit : *Je vous ai connu avant que je vous eusse formé dans les entrailles de votre mère ; je vous ai sanctifié avant que vous fussiez sorti de son sein, et je vous ai établi mon prophète parmi les nations.*

Jérémie, plein de l'affliction que lui causait la dépravation des Israélites, leur annonça la vengeance de Dieu, prévit leur destruction et partagea leurs malheurs. Ses éloquentes lamentations l'ont rendu célèbre, et sont venues jusqu'à nous. Les princes et les prêtres, irrités de ses reproches et de ses menaces, le persécutèrent et voulurent le faire condamner à mort par le peuple ; mais le péril redoubla son courage et son éloquence. Il parla avec tant de fermeté, qu'il confondit ses ennemis. Le roi Joachim, qu'il avertit de sa perte prochaine, fit brûler ses prophéties, qu'il écrivit ensuite de nouveau et qu'il publia avec le même zèle pour exécuter les ordres du Seigneur. Sédécias, trompé par les ennemis du prophète, le fit jeter dans une citerne ; mais il ordonna ensuite qu'on le lui amenât en secret, et lui promit de lui sauver la vie s'il voulait lui dire la vérité, et lui conseiller ce qu'il devait faire. Jérémie lui annonça, au nom de Dieu, qu'il vivrait et que Jérusalem serait sauvée, s'il consentait à se rendre au roi de Babylonie ; mais que, s'il prétendait résister, la ville serait prise, livrée aux flammes, et que tous les Hébreux retomberaient dans la servitude. Le roi n'osa pas suivre les avis du prophète, et Jérémie demeura en prison jusqu'au jour de la prise de Jérusalem. Nabuchodonosor le mit en liberté. Après avoir pleuré les malheurs de sa patrie, il prédit la ruine des Iduméens et le rétablissement d'Israël.

BARUCH, aussi distingué par ses talents que par sa naissance, fut le disciple de Jérémie, dont il imita le courage et la piété[3]. Il fit des efforts continuels pour ramener les Israélites à Dieu, et pour les empêcher de sacrifier aux idoles des Babyloniens. Il lut publiquement ses prophéties devant Jéchonias, fils de Joachim ; et l'Écriture rapporte que le peuple se montra si touché de cette lecture qu'il passa plusieurs jours dans le jeûne, les larmes et la prière.

ÉZÉCHIEL prophétisa pendant vingt-deux ans, dont les onze premiers concourent avec les onze derniers de Jérémie. Il était de la race sacerdotale, et fut un des premiers captifs qu'on transporta à Babylone avec Jéchonias. Il eut des visions très mystérieuses, qu'on trouva si obscures, qu'il était autrefois défendu à tous les Juifs de les lire avant l'âge de trente ans. On a beaucoup et vainement disserté pour expliquer ce que signifiaient les quatre animaux qu'il avait vus dans le ciel, les roues mystérieuses qui les suivaient, et le firmament de cristal qui soutenait le trône de Dieu. Il reçut du Seigneur un livre qu'il mangea et qui devint, dit l'Écriture, *doux à sa bouche comme miel*. Ses prophéties sont, comme toutes les autres, remplies de menaces contre les Juifs, auxquels il annonce tous les fléaux qui doivent punir leurs péchés ; il composa plusieurs paraboles, dans lesquelles il compare Jérusalem et Samarie à des femmes corrompues et à des vases impurs, gâtant tout ce qu'on y renfermait. De toutes les visions du prophète Ézéchiel, une des plus fameuses est celle où l'esprit de Dieu le transporta dans une vaste campagne remplie d'une quantité immense d'os de morts, desséchés depuis longtemps[4]. D'après l'ordre du Seigneur, il commanda à tous ces os de rentrer dans leurs places naturelles. Rien ne résiste au pouvoir du Très-Haut ; l'exécution de son commandement se fit avec un effroyable bruit ; tous ces os se réunirent, les nerfs, la chair et la peau les couvrirent ensuite, et formèrent des corps parfaits auxquels il ne manquait plus que la vie. Ce prophète, par un nouvel ordre de Dieu, ayant attiré, des quatre parties du monde le même esprit qui anima autrefois le premier homme, ces corps se levèrent tout à coup vivants. C'est ainsi que Dieu traça aux regards d'Ézéchiel l'image de la résurrection qui doit un jour avoir lieu.

DANIEL. Ce prophète était de la race des princes de Juda[5] ; emmené très jeune à Babylone par Nabuchodonosor, il fut attaché au service du roi, ainsi qu'Ananie, Misaïl et Azarie, trois jeunes Juifs de familles distinguées. Leur piété, dans un âge si tendre, résista aux séductions des idolâtres, et aucune autorité ne put leur faire rompre les jeûnes prescrits par la loi.

Nabuchodonosor fit dans ce temps un songe qui l'effraya. Il avait vu une statue colossale, dont la tête était d'or, la poitrine et les bras d'argent, le ventre et les cuisses d'airain, les jambes de fer, et les pieds du même métal mêlé d'argile. Une pierre tombée d'une montagne, sans être poussée par la main d'aucun homme, était venue frapper la statue, et l'avait réduite en poudre. Aucun des devins ne pouvant expliquer ce rêve, le roi ordonna leur mort.

Daniel demanda qu'on suspendît l'exécution de cet arrêt ; il invoqua Dieu, se présenta au roi, lui raconta mot à mot son songe, et lui apprit que la tête d'or de sa statue représentait son empire qui serait, détruit et remplacé par un autre d'argent et moins puissant que le sien ; qu'ensuite il en viendrait un troisième d'airain, et ensuite un quatrième qui serait de fer, et qui briserait tout.

Cette prédiction donna un grand crédit à Daniel et à ses jeunes amis ; ils devinrent très puissants à Babylone. Leur élévation excita l'envie, leur suscita des ennemis qui résolurent de les perdre.

Nabuchodonosor avait ordonné à tous ses sujets d'adorer sa statue. Daniel et ses compagnons refusèrent de se soumettre à l'édit du roi, et lui déclarèrent qu'ils ne rendraient jamais cet hommage qu'au vrai Dieu. Le monarque, irrité, les fit jeter dans une fournaise ardente[6]. Mais, un ange vint à leur secours. Il les environna au milieu des flammes d'une douce rosée ; le feu respecta leurs corps ; leurs vêtements et leurs liens furent seuls brûlés. Ils sortirent de la fournaise, rendirent grâce au Seigneur de leur délivrance ; et le roi, frappé par ce miracle, publia un édit pour ordonner à ses sujets d'adorer le Dieu d'Israël.

Ce prince eut encore un autre songe envoyé du ciel, pour lui annoncer le jugement qui le menaçait. Il vit un grand arbre dont la tête s'élevait jusqu'au ciel et couvrait toute la terre. Un ange parut et dit : *Abattez cet arbre, gardez-en la racine. Il faut qu'elle soit trempée de rosée, et qu'elle demeure sept ans au milieu des animaux des forêts.* Daniel, interprétant ce songe, prédit au roi qu'en punition de l'orgueil que lui avaient inspiré ses conquêtes et ses monuments, il serait chassé de la société des hommes, qu'il vivrait avec les bêtes et comme elles ; et qu'il serait ainsi pendant sept années exposé aux injures de l'air et à la rosée du ciel. Cette prédiction, dit l'Écriture s'accomplit ; le roi demeura le temps prescrit au milieu des bêtes farouches[7]. Ses cheveux devinrent grands comme le plumage de l'aigle, et ses ongles comme les griffes des oiseaux de proie.

Daniel fit une prédiction encore plus funeste au roi Balthasar, petit-fils de Nabuchodonosor. Ce prince, étant à un festin magnifique dans son palais voulut profaner les vases sacrés de Jérusalem en les employant à ses débauches ; mais, au moment où il versait du vin pour ses femmes et ses officiers, il parut tout à coup une main qui écrivit sur la muraille sa condamnation en trois mots, dont personne ne pouvait déchiffrer le sens[8]. Toute la cour était dans le trouble et dans le saisissement. La reine se souvenant alors des anciennes prédictions de Daniel, le fit venir et lui offrit des présents ; le prophète les rejeta, et dit au roi avec une sainte liberté que, n'ayant pas profité de la leçon terrible donnée à son aïeul, Dieu voulait punir son orgueil et son impiété, et avait écrit lui-même ces trois mots, *Manè, thecel, pharès* ; le premier marquait que le Seigneur avait compté les jours de son règne, et qu'ils étaient accomplis ; le second signifiait qu'il avait été pesé dans la balance céleste et trouvé trop léger ; enfin le mot pharès annonçait la destruction de son royaume par les Mèdes et les Perses qui le partageraient.

Le roi, loin de punir son courage le récompensa. Cyrus, à la tête de son armée, parut bientôt devant les murs de Babylone et surprit la ville. Balthasar périt, et la prédiction du prophète s'accomplit entièrement.

Sous le règne de Darius Médus, la piété de Daniel fut encore mise en une forte épreuve. On avait ordonné, sous peine de mort, à tout le peuple d'adorer les images du roi. Lé prophète refusa cet hommage impie, et Darius, oubliant l'estime qu'il lui portait autrefois, céda au désir de ses ennemis, et le fit descendre dans la fosse aux lions pour y être dévoré par ces animaux[9]. Se repentant de sa cruauté, ce prince espérait un miracle. Il arriva ; car le lendemain on trouva Daniel plein de vie. Darius, surpris de cette merveille, délivra le prophète, et fit jeter à sa place ses accusateurs qui furent aussitôt dévorés.

L'Écriture rapporte qu'on jeta une seconde fois ce saint homme dans la même fosse ; que les lions respectèrent toujours sa vie, et, que le prophète Habacuc, qui était en Judée, fut transporté à Babylone par un ange qui le tenait par les cheveux et le descendit dans la fosse, où il apporta à Daniel des aliments dont il était privé depuis plusieurs jours.

Tant de merveilles lui attirèrent enfin une confiance et une vénération universelle, et, pour compléter son triomphe, il démasqua la fourberie des prêtres de Bel, et découvrit au roi comment ces imposteurs enlevaient secrètement, la nuit, du temple, les victimes qu'on croyait consommées par l'idole.

Dès l'âge de douze ans Daniel annonça la sagesse qui devait un jour éclater en lui.

---

1. An du monde 3219. — Avant Jésus-Christ 785.
2. An du monde 3375. — Avant Jésus-Christ 629.
3. An du monde 3404. — Avant Jésus-Christ 600.
4. An du monde 3420. — Avant Jésus-Christ 584.
5. An du monde 3398. — Avant Jésus-Christ 606.
6. An du monde 3417. — Avant Jésus-Christ 587.
7. An du monde 3434. — Avant Jésus-Christ 570.
8. An du monde 3466. — Avant Jésus-Christ 538.
9. An du monde 3466. — Avant Jésus-Christ 538.

21

SUZANNE, JONAS.

Il EXISTAIT à Babylone une femme d'une beauté merveilleuse, nommée Suzanne ; ses vertus égalaient ses charmes. Deux vieillards, amis de son époux Joachim, conçurent pour elle une passion criminelle, et se découvrirent l'un à l'autre leur pensée secrète. Ils formèrent le détestable projet de surprendre Suzanne lorsqu'elle se baignait seule dans son jardin. Cachés tous deux dans ce lieu, ils profitèrent de l'éloignement de ses servantes, coururent près d'elle et lui déclarèrent leur coupable amour, en la menaçant, si elle résistait, de déposer publiquement qu'ils avaient trouvé chez elle un jeune homme enfermé ; Suzanne, ne pouvant par ses prières les ramener à la justice et à la vertu, leur dit : *Je sais dans quel péril je me précipite en vous refusant, mais j'aime mieux tomber innocente entre vos mains que de commettre un péché devant Dieu qui me voit.* Les vieillards, furieux, jetèrent de grands cris, ouvrirent les portes, et dirent à tous ceux qui arrivaient qu'ils avaient trouvé Suzanne en adultère, et que, malgré leurs efforts, le coupable s'était sauvé. Suzanne, fut conduite le lendemain au tribunal ; sa famille fondait en larmes. Sa réputation plaidait inutilement pour elle ; le témoignage de deux vieillards respectés était accablant. Les juges la crurent coupable, et la condamnèrent à être lapidée. On la menait au supplice, lorsque Dieu inspira le jeune Daniel, âgé seulement de douze ans, qui s'écria au milieu du peuple : *Je ne suis point coupable du sang innocent qu'on va verser.* Cette audace émut les assistants, l'affaire fut examinée de nouveau ; la vieillesse corrompue des accusateurs n'osa soutenir ses calomnies devant l'enfant prophète ; leur trouble découvrit leur crime, et ils subirent la peine qu'ils avaient voulu faire souffrir à la vertu.

La vie de Daniel est remplie de visions et de miracles ; il convertit les idolâtres, consola les Hébreux, et prédit la fin de la captivité, ainsi que la naissance du Rédempteur.

L'Écriture cite encore douze autres envoyés de Dieu, qu'elle nomme les petits prophètes ; Osée et Joël sous le règne de Jéroboam ; Amos et Abdias du temps d'Osias ; Jonas à l'époque où Israël était gouverné par Joas ; Michée pendant le règne de Joathan ; Nahum pendant celui d'Achaz ; Habacuc et Sophonie, contemporains de Jérémie et de Daniel ; Aggée et Zacharie, lorsqu'on rebâtissait le temple. Malachie leur succéda, et fut le dernier des prophètes jusqu'à saint Jean-Baptiste.

On retrouve dans leurs ouvrages les mêmes reproches contre les péchés des hommes, les mêmes menaces des vengeances de Dieu, et la même certitude de l'arrivée du Sauveur qu'ils annonçaient.

Nous dirons seulement quelques mots de Jonas, dont la Bible rapporte plus particulièrement les aventures. Ce prophète reçut de Dieu l'ordre d'aller prêcher à Ninive. Il voulut désobéir, et s'embarqua pour Tarse. Dieu, irrité, excita une violente tempête ; le vaisseau allait périr ; Jonas déclara aux marins consternés qu'il était seul la cause de leur malheur ; on le jeta à la mer ; la tempête, s'apaisa aussitôt. Jonas, englouti par une baleine, resta trois jours dans son corps, et y composa un cantique pour exprimer son repentir[1] qui fléchit la colère céleste. Il prédit ensuite la destruction de Ninive. Il fut le premier prophète qui prêcha la parole de Dieu à des païens.

Il avait annoncé aux Ninivites que leur capitale périrait dans quarante jours. Le peuple, effrayé, jeûna, pria, se convertit ; et Dieu, touché de sa soumission, révoqua son arrêt. Jonas en conçut un vif ressentiment, craignant de passer pour un faux prophète. Un jour, étant assis près de la ville à l'ardeur du soleil, Dieu fit croître à l'instant un grand lierre qui le couvrit de son ombrage ; mais le lendemain le Seigneur fit piquer par un ver la racine de cet arbre qui sécha, et Jonas, brûlé par le soleil, souhaita de mourir. Dieu lui dit alors : *Vous vous affligez de ce que ce lierre est mort, quoique vous n'ayez point contribué à sa naissance ; et moi, comment n'aurais-je pas été touché de la destruction de Ninive et des prières de cent vingt mille de mes créatures qui habitent cette ville, et ne savent pas encore discerner le bien du mal ?*

---

1. An du monde 3197. — Avant Jésus-Christ 807.

22

RÉPUBLIQUE JUIVE, GOUVERNEMENT DES PONTIFES. FIN DE LA RÉPUBLIQUE JUIVE

LES JUIFS, revenus de leur captivité, reprirent le gouvernement théocratique, sous lequel ils avaient vécu du temps de Moïse, et avant que Samuel, cédant à leurs prières, leur eût donné un roi. Ils n'étaient point indépendants puisqu'ils reconnaissaient l'autorité des rois de Perse, successeurs des rois d'Assyrie, qui les avaient conquis. Ils payaient des tributs, fournissaient des troupes à leurs vainqueurs, et ne pouvaient faire d'alliance sans leur consentement ; mais on les laissait libres dans leur administration intérieure sous la conduite de leurs anciens qui formaient une espèce de sénat. Ils suivaient sans empêchement leur culte dans le temple qu'on leur avait permis de rebâtir, leurs grands-prêtres étaient les chefs de cette république, et l'on voit par plusieurs lettres parvenues jusqu'à nous que c'était à ces pontifes que les rois étrangers s'adressaient dans leurs relations avec la Judée.

Presque tous les Israélites des douze tribus, fidèles à leur religion, se trouvaient réunis à Juda et Benjamin dans le pays de Jérusalem.

Samarie avait été peuplée par des Mèdes, des Perses, des Assyriens, et par les Hébreux tombés dans l'idolâtrie. Il résultait de cet état de choses une grande jalousie, une haine constante entre Samarie et Jérusalem ; et Josèphe reprochait aux Samaritains de prétendre toujours qu'ils étaient Israélites, lorsque la république des Juifs prospérait et de le nier, lorsque les rois d'Egypte ou de Perse l'opprimaient.

Nous avons déjà dit combien d'efforts les Samaritains firent du temps de Cambyse pour empêcher ou retarder la construction du temple de Salomon ; et depuis on vit continuellement ces deux parties du royaume de David se livrer à des querelles souvent suivies d'hostilités.

Malgré ces dissensions intérieures, la république des Juifs se peupla, s'accrut, s'enrichit et jouit d'une prospérité assez éclatante jusqu'à la mort d'Alexandre le Grand ; mais elle devint en suite le théâtre des combats que se livrèrent les successeurs de ce conquérant, et finit par être la victime de leurs sanglants démêlés.

Les temps où les peuples sont heureux et paisibles sont ceux qui laissent le moins de souvenirs à la postérité. Ce sont les jours d'orages qui brillent dans la nuit des temps : à une si grande distance, nous ne distinguons ce qui se passait dans ces contrées antiques qu'à la leur de la foudre qui les ravageait. Aussi l'histoire ne nous à conservé presque aucun détail certain de la longue époque où les Juifs ont vécu tranquilles, depuis Cyrus et ses deux successeurs jusqu'au partage de l'empire d'Alexandre.

Le calme dont jouissait Jérusalem fut d'abord interrompu sous le pontificat de Jean, fils de Juda et petit-fils d'Éliazib. Jean imita le crime de Caïn ; excité par l'envie et la haine, il massacra Jésus, son frère, dans le temple. Ce meurtre et ce sacrilège indignèrent les étrangers comme les Juifs. Artaxerxés envoya des troupes à Jérusalem, fit périr le prêtre coupable dans le temple qu'il avait profané et imposa sur la Judée de nouveaux tributs. Jaddus remplaça Jean, son frère, dans le sacerdoce, usurpé par celui-ci sur Jésus. Dans le même temps, Sanaboleth, Cutéen de nation et nommé par Darius, roi de Perse, gouverneur de Samarie, donna pour époux à sa fille un des prêtres de Jérusalem nommé Manassé, espérant que ce mariage lui concilierait l'affection des Juifs ; mais cette alliance d'un lévite et d'une idolâtre produisit une très grande fermentation dans la ville sainte ; et cette infraction aux lois de Moïse, excita le courroux du grand-prêtre Jaddus, qui ordonna à Manassé de répudier sa femme. Manassé n'y voulant pas consentir, se retira à Samarie, où son beau-père lui fit espérer que Darius le protégerait, et lui permettrait de bâtir sur la montagne de Garizim un temple rival de celui de Salomon, et dont il serait le grand sacrificateur.

Darius ne put réaliser cette espérance ; il fut vaincu par Alexandre et périt. Ce dernier après avoir conquis la Perse, attaqua les Tyriens, et demanda des troupes aux Juifs. Jaddus, lié par le serment prêté à la famille de Darius refusa fièrement les secours qu'exigeait ce conquérant. Sanaboleth et Manassé, profitant de cette circonstance, lui amenèrent huit mille Samaritains. Pour prix de ce service, Manassé obtint le sacerdoce, dressa un autel à Garizim et commença la construction d'un temple.

Malgré cette querelle, l'Écriture rapporte, et tous les historiens s'accordent à dire qu'Alexandre, loin de persécuter les Juifs, les protégea, et montra une grande vénération pour le Dieu, qu'ils adoraient. Josèphe va plus loin ; il prétend que ce prince vint lui-même à Jérusalem, et rendit hommage au Dieu d'Israël. Nous allons faire connaître cette anecdote, comme curieuse, et non comme un fait avéré.

L'auteur juif assure qu'Alexandre s'étant approché de Jérusalem à la tête de son armée, le grand-prêtre Jaddus, au lieu de lui opposer quelque résistance, fit joncher de fleurs les rues et les chemins. Revêtu de ses ornements sacerdotaux, il sortit en pompe de la Ville à la tête des prêtres et des lévites, et marcha ainsi à la rencontre du vainqueur de l'Orient : Alexandre, saisi de respect à la vue de ce cortège auguste et religieux, s'inclina profondément devant le pontife. Parménion lui en ayant marqué sa surprise, le roi lui répondit : *Ce n'est point le prêtre ; c'est son Dieu que je salue. Ce Dieu m'est apparu lorsque j'étais encore en Macédoine ; il m'a encouragé dans mon entreprise, en m'annonçant la victoire et me promettant la conquête de la Perse.* Josèphe dit qu'Alexandre, entré pacifiquement à Jérusalem, sacrifia lui-même dans le temple du Seigneur, et que Jaddus lui montra la célèbre prophétie par laquelle Daniel annonçait ses triomphes et l'établissement de son empire. Il ajoute que le héros accorda aux Juifs beaucoup de faveurs, de privilèges et de liberté.

Jaddus termina sa carrière, et fut remplacé par son fils Onias.

Après la mort, d'Alexandre à Babylone, les chefs de son armée partagèrent son empire et l'ensanglantèrent par des guerres longues et cruelles. La Judée devint souvent le théâtre de ces combats ; mais pendant les trente années qui s'écoulèrent depuis cette époque jusqu'au règne d'Antiochus Épiphane, la république, tantôt favorisée, tantôt maltraitée par les vainqueurs, conserva son indépendance. Nous n'avons point de guides certains pour nous conduire au milieu de cette multitude d'événements, Josèphe est le seul historien qui les rapporte avec détail, et sa partialité a souvent fait douter de la vérité de ses récits.

Nous dirons seulement que Ptolémée Soter traita les Juifs avec rigueur : il en envoya cent vingt mille en Égypte.

Ptolémée Philadelphe, son successeur, protégea la république, lui rendit ses bannis ; et, comme il s'occupait avec soin d'enrichir la bibliothèque d'Alexandrie et tous les manuscrits curieux, il demanda au grand-prêtre Éléazar de lui envoyer soixante douze Hébreux pour traduire la loi de Moïse.

On lut publiquement cette traduction, et le roi d'Égypte fit de riches présents au temple de Jérusalem. Il survint entre l'Égypte et la Syrie de longues guerres qui désolèrent la Judée. Le grand-prêtre Onias, neveu d'Éléazar, mécontenta les Égyptiens par son avarice, leur refusa le tribut ordinaire, et attira de grandes calamités sur son pays.

La Judée fut conquise par Antiochus le Grand qui protégea les Juifs, leur témoigna une grande confiance, se servit de leurs troupes avec succès, et accorda le droit de bourgeoisie à Antioche et dans plusieurs villes de l'Asie.

Ptolémée Épiphane reprit la Judée sur Antiochus, qui s'en empara de nouveau, et la céda ensuite pour faire partie de la dot de Cléopâtre sa fille, qui devint la femme de Ptolémée et le gage de la paix.

Ptolémée Évergètes, ne pouvant obtenir d'Onias l'argent qu'il demandait, menaça Jérusalem d'une destruction totale. Un riche Hébreu, nommé Joseph, fils de Tobie, apaisa son courroux par de magnifiques présents, et acquit un grand crédit en Égypte et en Judée, malgré la rigueur avec laquelle il leva des impôts pour satisfaire le roi.

Hyrcan, fils de Joseph, rendit de grands services à sa patrie, et lui conserva la faveur de Ptolémée, mais sa puissance et ses richesses excitèrent la haine de ses frères qui voulurent l'assassiner. Il leur résista, en tua deux, sortit de Jérusalem, et se retira au-delà du Jourdain près de Hessédon, où il construisit une forteresse, d'où il sortait souvent pour faire la guerre aux Arabes. Il conserva sept ans son indépendance, mais lorsque Antiochus Épiphane conquit la Judée, craignant le courroux de ce prince, il se tua.

Les Romains ayant déclaré la guerre à Antiochus le Grand, ce prince perdit contre eux une bataille dans laquelle il fut fait prisonnier. On l'obligea de payer un tribut énorme, et de trois fils qu'il avait, le premier et le dernier restèrent à Rome pour y être élevés, et pour y répondre de la fidélité de leur père

Antiochus, obligé d'accabler la Syrie d'exactions, pour acquitter son tribut, périt de la main de ses sujets. Séleucus Épiphane, le second de ses fils, lui succéda, et laissa régner en son nom la reine Laodice, sa mère.

Dans ce temps, la république des Juifs était gouvernée par le grand-prêtre Onias, troisième pontife de ce nom. Onias par sa piété, sa justice et son inflexible fermeté, maintenait l'ordre dans la république, et la faisait respecter au dehors ; sous son administration, la Judée vivait heureuse et florissante.

Un lâche factieux troubla cette tranquillité. Ce misérable, nommé Simon, de la tribu de Benjamin, n'était ni lévite ni prêtre ; mais chargé de la police extérieure du temple, son emploi lui donnait quelque crédit. Il voulût s'en servir pour favoriser des juifs corrompus, et pour introduire quelque relâchement dans l'exécution des lois : la rigueur d'Onias fit avorter ses projets. Simon, irrité, vint trouver Apollonius, gouverneur de Phénicie, et lui dit secrètement que le temple de Jérusalem renfermait d'immenses trésors qui n'étaient point employés au service public. Séleucus, informé de cette nouvelle, résolut d'en profiter. Il chargea Héliodore, intendant de ses finances, d'aller à Jérusalem, et de s'emparer de ce trésor.

En vain le grand-prêtre Onias s'efforça de persuader à l'envoyé que Simon l'avait méchamment trompé ; Héliodore voulut s'en assurer par ses propres yeux, et déclara qu'il entrerait lui-même dans le temple au mépris des lois divines qui défendaient à tout profane l'accès de ce lieu sacré.

A cette nouvelle, toute la ville de Jérusalem est remplie de consternation. Ses habitants jettent des cris, versent des larmes ; les prêtres sont prosternés au pied de l'autel ; toutes les mains sont levées vers le ciel ; toutes les voix adressent au Seigneur d'ardentes prières. Héliodore, à la tête de ses gardes, se prépare à forcer la porte du temple. Tout à coup paraît un cavalier d'un aspect formidable, couvert d'une armure d'or ; son coursier frappe Héliodore des deux pieds de devant et le renverse[1]. Deux jeunes hommes pleins de majesté et richement vêtus, le frappent sans relâche à coup de fouet ; l'impie est jeté à demi-mort hors de l'enceinte du temple, et Jérusalem passe subitement du désespoir à la joie.

Héliodore, saisi de la crainte de Dieu, le remercia d'avoir épargné sa vie. Il revint près de Séleucus, le détrompa, et fut depuis aussi zélé pour servir les Juifs qu'il s'était montré d'abord ardent pour les persécuter.

Simon ne fut point découragé par le mauvais succès de son entreprise. Appuyé par le crédit d'Apollonius, il se mit à la tête de tout ce qu'il y avait de Juifs infidèles et d'hommes perdus dans Jérusalem. Par ce moyen, il y excita tant de troubles que le grand-prêtre Onias ne trouvant plus d'autre remède contre ces désordres, sortit de Judée, et courut implorer le secours et l'autorité du roi Séleucus. Il fut reçu à sa cour avec la vénération qu'inspirait sa vertu. Mais les dispositions favorables de Séleucus restèrent sans effet. Ce monarque mourut et ne put assurer le trône à son fils Démétrius. Les Romains, suivant les maximes de leur politique artificieuse et dominatrice, envoyèrent en Syrie le frère aîné du feu roi, Antiochus Épiphane, qui avait été élevé à Rome ; et que Dieu destinait à être le fléau de la Judée.

Jason, 'indigne frère du grand-prêtre Onias, profita de son absence pour usurper le pouvoir. Il se lia avec Sinon et avec tous les hommes adonnés à la débauche et à l'idolâtrie ; enfin, pour consommer sa perfidie, il vint trouver Antiochus, lui donna trois cent soixante talents d'argent pour obtenir le sacerdoce, et lui en promit deux cents autres, si le roi lui permettait d'établir à Jérusalem les usages des Grecs, des lieux publics d'exercices, et des académies pour la jeunesse. Antiochus, qui avait besoin d'argent pour combattre le parti de son neveu Démétrius, accorda à Jason tout ce qu'il lui demandait.

Dés que celui-ci se vit revêtu du souverain sacerdoce, appuyé d'une troupe d'apostats et de gens débauchés, il persuada au peuple que tous ses malheurs venaient de la loi de Moïse, dont la rigueur isolait les Juifs des autres nations, en leur défendant toute alliance avec elles et tout rapport de culte et de moeurs.

Bientôt Jérusalem fut remplie de jeux, de fêtes païennes, de profanations ; et ce grand-prêtre lui-même envoya de l'argent à Tyr, pour y faire un sacrifice à Hercule.

Antiochos, après une longue guerre interrompue par une paix et par un partage de peu de durée, triompha de son neveu Démétrius, l'envoya en otage à Rome, devint le seul maître de la Syrie, et, enivré de ses sucrés, entreprit la conquête de l'Égypte que gouvernait alors Ptolémée Philométor, dont le père, Philopator, avait eu tant de guerres à soutenir contre le grand Antiochus. Son ambition l'aveuglait au point de lui faire oublier que Rome s'était toujours opposée à la réunion des empires d'Égypte et d'Asie.

Antiochus remporta de grandes victoires en Égypte ; mais la résistance de cette nation et la politique romaine le forcèrent de renoncer à cette conquête. Il se contenta de faire une paix glorieuse, et tourna ses vues du côté de la Judée, dont il médita dès lors la ruine. L'accueil qu'il reçut à Jérusalem et les présents que lui fit la république, ne changèrent point ses projets ; ils en retardèrent seulement l'exécution.

Le pontife Jason jouissait tranquillement du fruit de ses crimes, mais une perfidie semblable à la sienne le punit bientôt de sa trahison. Il avait chargé son frère Ménélaüs de porter le tribut des Juifs à Antiochus. Ce frère perfide capta la faveur du roi par des louanges, des présents et des promesses. Jason fut déposé, et Ménélaüs le remplaça. Fier de son succès, il crut pouvoir éluder les engagements pris avec le roi, il ne paya point le tribut aux époques prescrites. Le roi le destitua, et donna sa place à son frère Lysimaque.

Peu de temps après, les villes de Tarse et de Mallo en Cilicie se soulevèrent contre Antiochus, parce que le roi les avait cédées à une de ses concubines. Ménélaüs, furieux de sa déposition, voulut profiter de ce soulèvement ; il vendit des vases d'or volés par lui dans le temple, et porta le prix de ce sacrilège à Andronic, gouverneur d'Antioche, pour l'aider à apaiser la révolte de la Cilicie. L'ancien grand-prêtre, le vertueux Onias, apprenant dans le fond de sa retraite cette profanation des vases sacrés, éclata en reproches contre son frère, Ménélaüs. Celui-ci, craignant que la voix d'Onias, ne réveillât l'indignation des Juifs, engagea Andronic à se défaire d'un censeur si austère et si dangereux. Andronic, déguisant son barbare dessein, invita Onias à une conférence et lui enfonça un poignard dans le cœur. Malgré la dépravation qui existait alors à Jérusalem, la mort de ce vieillard révéré répandit parmi les Juifs une extrême désolation ; les païens mêmes partageaient leur douleur ; et tous, malgré la diversité de leurs intérêts et de leurs cultes, adressèrent à Antiochus de violentes plaintes contre l'auteur de cet attentat. Antiochus, informé de cet événement, donna des regrets à la mémoire d'Onias, et le vengea en ordonnant la mort d'Andronic.

Cependant le pontife Lysimaque continuait à Jérusalem ses pillages et ses sacrilèges lorsque tout à coup le bruit se répandit dans la ville qu'il avait enlevé et caché les trésors du temple. La multitude s'enflamma de colère, et se souleva contre lui. Il voulut en vain résister à la tête de trois mille hommes, qui lui étaient dévoués ; sa troupe fut dispersée, et on le massacra lui-même à la porte du temple. L'anarchie suivit cette sédition. On s'adressa au roi pour la faire cesser ; mais, à la grande surprise des gens de bien qui réclamaient son autorité, il rendit le sacerdoce à Ménélaüs, l'auteur et l'instigateur de tous les crimes commis depuis plusieurs années. Dès ce moment le vice triompha, la vertu fut proscrite ; on outragea l'innocence ; on opprima la pauvreté ; on supposa des crimes à la richesse. Ménélaüs protégea tous les brigands, extermina tous les hommes de courage et de mérite ; et Jérusalem, sans défense et sans protection, devint le théâtre des vengeances et des cruautés de ce tyran féroce.

Cependant tous ces malheurs, qui accablaient Jérusalem, n'étaient encore qu'un faible présage des calamités qui devaient bientôt fondre sur la Judée.

Dieu, dit l'Écriture, *voulut encore porter son peuple au repentir, et l'avertir par des prodiges de sa prochaine destruction*[2]. *On entendit un bruit affreux sans le ciel ; on vit dans les airs une multitude d'hommes, armés de casques et d'épées, des cavaliers qui se livrant des combats et se lançaient des dards. Mais ces sinistres augures ne touchèrent point le cœur de l'impie Ménélaüs et de ses partisans.* Dans ce temps, Antiochus Épiphane, ayant accru ses forces, ses richesses et sa puissance, revint à ses premiers projets contre l'Égypte, et entra dans ce royaume à la tête d'une très forte armée, espérant que la faiblesse de Ptolémée Philométor lui opposerait peu de résistance. Mais la prédiction faite autrefois par Daniel s'accomplit. Les Romains unirent leurs forces à celles des Égyptiens, et le roi de Syrie, vaincu par eux, fut obligé de renoncer à son entreprise. Pendant son expédition, le bruit de sa mort courut dans la Judée et Jason, l'ancien grand-prêtre, qui n'ignorait pas combien les cruautés de son frère Ménélaüs excitaient de haine contre lui, crût le moment favorable pour rentrer dans Jérusalem, et pour s'emparer de nouveau du sacerdoce. Son projet réussit Ménélaüs, enfermé dans Jérusalem, se trouva contraint de se retirer dans la citadelle. Jason aurait pu jouir longtemps de sa victoire, s'il en eût usé avec modération ; mais il se comporta en vainqueur irrité, et se livra à la vengeance. Cette conduite révolta les habitants de Jérusalem, assez malheureux pour n'avoir que le choix des tyrans. Ils préférèrent Ménélaüs, fort de la protection du roi. Jason, vaincu, s'enfuit précipitamment dans son ancienne retraite : Arétas, roi des Arabes, le fit arrêter et mettre en prison. Jason s'échappa et chercha un asile en Égypte. Odieux à tous les partis, il ne put y rester ; mais enfin il se réfugia chez les Lacédémoniens, qui se croyaient descendant d'Ésaü, et fraternisaient avec les Israélites. Il mourut bientôt de misère dans ce pays où il était si méprisé, qu'on lui refusa la sépulture.

Antiochus, revenant d'Égypte, apprit les nouveaux troubles que Jason avait excités en Judée. Il crut qu'un peuple si remuant ne pourrait jamais être constamment soumis. Ennemi du culte des Juifs, redoutant leur bravoure et leur esprit d'indépendance, méprisant la perfidie de leurs chefs et leur basse ambition, il résolut, dans sa colère, de réduire la Judée en servitude, d'anéantir la loi de Moïse, de livrer aux faux dieux le temple de Salomon, d'obliger tous les Juifs à n'avoir que le même culte et les mêmes lois, et de faire périr tous ceux qui résisteraient à ses volontés. Pour exécuter ce barbare projet, il marcha rapidement sur Jérusalem. Les habitants de cette ville ne purent lui opposer qu'une faible résistance. Ménélaüs et son parti lui en ouvrirent les portes ; ce vainqueur féroce livra cette grande cité au pillage, et y fit périr quatre-vingt mille personnes de tout âge et de tout sexe ; quarante mille furent mises aux fers, et quarante mille vendues. Le roi entra dans le temple, et profana le sanctuaire. Conduit par le sacrilège Ménélaüs, il fit enlever l'autel d'or, le chandelier, les lampes, la table de proposition, les bassins, les vases, les encensoirs d'or, les voiles, la draperie dorée qui couvrait la face du temple, s'empara de tous les trésors amassés dans ce saint lieu et emporta dans ses états ce honteux et sacrilège butin. Plus fier de sa barbarie qu'Alexandre de sa générosité. Loin de laisser respirer les Juifs, après tant de massacres, il confia le soin de les opprimer à Philippe, Phrygien, qu'il chargea du commandement de Jérusalem ; et il envoya à Samarie Andronic et Ménélaüs.

Jamais peuple n'éprouva une plus terrible désolation, et cependant les malheurs des Juifs n'étaient pas encore à leur comble.

Bientôt après, Antiochus publia un édit qui abolissait le culte du vrai Dieu, et ordonnait à tous ses sujets de se soumettre aux lois, et au culte des Grecs. Il consacra le temple de Garizim à Jupiter Hospitalier, et, le temple de Jérusalem à Jupiter Olympien. Apollonius, aussi cruel que son maître, fut chargé de l'exécution de cet édit.

Pour mieux assurer la vengeance du roi, Apollonius déguisa d'abord sa fureur sous une feinte modération, il attendit, pour assouvir sa colère, le jour de la célébration du Sabbat. Presque tous les Juifs, qui avaient conservé dans leur cœur le culte de leurs pères, se réunirent autour des autels du Seigneur. Apollonius les fit tous passer au fil de l'épée ; livra la ville aux flammes, au pillage et fit raser ses murailles. Au milieu des débris de la cité sainte Apollonius fit fortifier un quartier appelé Ville de David, et y assembla tout ce qui voulut s'y rendre d'hommes perdus et de Juifs apostats, qu'il joignit à ses soldats idolâtres. Ce fut là qu'il renferma toutes les richesses dont il s'était emparé, et cette citadelle, dit l'Écriture, devint ainsi le siège du démon et de la tyrannie. Tous ceux qui échappèrent au fer des assassins abandonnèrent la ville sainte ; elle ne fut peuplée que d'étrangers.

Apollonius vint rendre compte à Antiochus de l'horrible succès de sa mission ; mais le roi, qui voulait étendre partout les malheurs tombés sur Jérusalem, fit publier, dans toutes les villes et les bourgs de la Judée, la défense de célébrer le Sabbat, de circoncire les enfants, et d'offrir des holocaustes au Dieu d'Israël. On y ajouta l'ordre de manger des viandes immondes, d'élever des autels aux faux dieux, et de sacrifier des pourceaux.

Les Juifs, jusque-là restés fidèles, furent tellement effrayés par la ruine de Jérusalem et par la rigueur des supplices qu'attirait toute résistance, qu'on les vit presque universellement céder partout à la contagion, abjurer leur Dieu et sacrifier aux idoles.

---

1. An du monde 3828. — Avant Jésus-Christ 176.
2. An du monde 3834. — Avant Jésus-Christ 170.

23

ÉLÉAZAR, LES MACCABÉES, JUDAS MACCABÉE ET SES FRÈRES

Au milieu de cet abattement général, on vit briller des traits de courage qui durent faire pressentir au roi la révolte que fait toujours naître l'excès de l'injustice, et lui apprendre qu'il est plus facile de tuer les hommes que de changer leurs opinions et leur culte.

Un vieillard âgé de cent ans, Éléazar, fut un des premiers à donner le signal d'une sainte résistance[1]. On employa, tour à tour, la force et l'adresse pour lui faire manger des viandes immondes, mais il préféra une mort glorieuse à une vie infâme : *Je demande moi-même le supplice*, dit-il ; *j'aime mieux périr que dissimuler. J'échapperais à la main des hommes, mais non pas à celle de Dieu. Je ne veux pas ternir le peu de jours qui me restent à vivre ; j'espère en mourant laisser aux jeunes gens un exemple de fermeté qui leur apprendra à préférer la loi de Dieu à leur propre vie*. Sa vertu irrita ses bourreaux qui le firent périr sous leurs coups. Le dévouement et la piété d'Éléazar eurent bientôt des imitateurs.

On exposa à des épreuves plus cruelles sept frères, que leur martyre rendit fameux et que l'Écriture nomme Macchabées. Ils étaient jeunes et de famille distinguée ; on louait généralement leur ardente piété. Antiochus crut que leur jeunesse céderait à sa puissance ; qu'il les forcerait à sacrifier aux idoles, et que leur exemple porterait le peu de Juifs restés fidèles à les imiter. Il les fit venir en sa présence ; mais, les trouvant insensibles à ses séductions et à ses menaces, il espéra que la douleur affaiblirait leur courage, les livra tour à tour aux plus affreux tourments, et rendit leur mère témoin de leurs supplices[2]. On leur coupa les mains et les pieds ; et, lorsqu'ils n'étaient, plus qu'un tronc informe, ils furent jetés dans une chaudière pour y trouver la fin de leur existence. Aucun d'eux ne céda au tyran ; tous lui parlèrent avec une fière liberté ; ils attribuèrent leurs malheurs aux péchés du peuple, et prédirent au roi qu'il serait puni et terrassé par ce Dieu qu'il osait combattre.

Antiochus, pensant que sa cruauté lui serait plus nuisible qu'utile si aucun d'eux ne cédait à son autorité, parut s'attendrir un moment en faveur du plus jeune des Macchabées. Il employa pour le séduire les caresses et les promesses, lui fit envisager le sort le plus brillant, s'il voulait lui obéir, et engagea sa mère à sauver le seul fils qui lui restât. Mais cette femme courageuse ne parla à son fils que pour l'affermir contre toute crainte, et pour l'empêcher de renoncer à la gloire de ses frères par une lâcheté. Le jeune enfant demeura fidèle, et le roi furieux le fit périr ainsi que sa mère.

Tandis que toutes les villes de la Judée et des pays circonvoisins voyaient leurs habitants consternés livrés au fer des bourreaux ou à la honte de l'apostasie, Mathathias, prêtre de la famille d'Aaron, révéré dans sa patrie par sa naissance et ses vertus, s'échappa de Jérusalem avec ses fils, non pour fuir le martyre, mais dans l'espoir de défendre l'indépendance de sa nation, son culte, ses lois, et de la venger de tant d'injures et de cruautés.

Il se réfugia sur une montagne déserte, près de la ville de Modin. Ses enfants s'appelaient Jean, surnommé Gaddès ; Simon, surnommé Thaci ; Judas, appelé Macchabée ; Éléazar, nommé Abbaron ; et Jonathas, surnommé Appus. Jamais, dans aucun pays, on ne vit d'hommes dont les noms fussent plus dignes d'être conservés dans la mémoire de leurs compatriotes.

La Judée était esclave ; on avait exterminé ses guerriers, pillé ses richesses, renversé ses autels et ses lois. L'empire d'Asie pesait tout entier sur elle ; les troupes d'Antiochus occupaient toutes ses forteresses. Le peuple, fatigué de massacres et de persécutions, n'avait pus, dans sa ruine totale, d'autre bien à conserver que la vie ; et, pour la racheter, tout obéissait au vainqueur.

Dans un tel état d'abaissement et de consternation, il parait prodigieux qu'un seul homme, sans autre secours que son courage et sa famille, ait pu former le projet d'affranchir sa nation, de chasser l'étranger, de rétablir la république des Juifs, et de relever un temple dont toutes les nations avaient conspiré et consommé la ruine. C'est cependant ce projet glorieux que conçut Mathathias, et qu'accomplirent ses héroïques enfants.

Il commença d'abord par un de ces coups hardis, qui seuls peuvent électriser des âmes abattues en les étonnant par une grande audace et en les enflammant par un grand exemple.

Il entra dans la ville de Modin, parla au peuple, lui rappela si gloire passée et son humiliation présente, mais chercha vainement à lui faire, préférer une mort glorieuse au sacrilège et à l'apostasie. Les officiers d'Antiochus se présentèrent, ordonnèrent de sacrifier aux idoles ; tous gardaient un honteux silence. Un Juif, plus corrompu ou plus effrayé que les autres, s'avance au pied de l'autel pour faire son sacrifice ; Mathathias, indigné, lui plonge une épée dans le sein, tue l'officier persan qui le protégeait, et renverse aux yeux de sa troupe et l'autel et l'idole[3]. Il représente ensuite aux habitants qu'après une telle action, il n'y a plus de salut à espérer pour la ville qui en a été le théâtre, et qu'il ne reste plus qu'à vaincre ou à mourir. La foule, faible et indécise, se disperse ; les hommes courageux entourent Mathathias, et se retirent avec lui sur la montagne déserte qu'il habitait. Son parti s'y grossit peu à peu de tous ceux qui conservaient quelque religion et quelque vaillance. Les troupes d'Antiochus vinrent l'attaquer ; mais, animés par le désespoir, les Juifs battirent leurs ennemis et les mirent en fuite.

Ce premier succès augmenta les partisans du vengeur d'Israël qui fut bientôt en état de s'étendre hors de sa retraite, de remporter de nouveaux avantages et d'affranchir plusieurs villes du joug honteux des Syriens.

Mathathias, fort avancé en âge, termina bientôt sa glorieuse carrière : il chargea, en mourant, son fils aîné Simon de l'administration, et Judas de la guerre.

Judas, comme on l'a vu plus haut, portait le nom de Macchabée, heureux présage de ses victoires. Cet illustre guerrier devint la gloire d'Israël qui lui dut sa délivrance. Une valeur indomptable, une piété sans bornes, une justice inflexible, une célérité inconcevable dans ses entreprises formaient les principaux traits du caractère de ce héros, qui défit et ruina, à la tête de six mille hommes, les innombrables armées de la Syrie ; conquérant d'autant plus fortuné que son pays fut sa seule conquête, et que la justice conduisit toujours ses armes. *Il se revêtit*, dit l'Écriture, *de ses armes comme un géant, et son épée mettait à couvert toutes ses troupes. Il parut dans les combats comme un lion qui court à sa proie, et répandit, de toutes parts, la terreur de son nom.*

Apollonius fut le premier des généraux d'Antiochus dont il triompha[4]. Dès le commencement de la bataille, il se précipita sur le général ennemi, le tua et s'empara de son épée. Cette prompte victoire de Judas jeta la consternation et l'épouvante dans l'armée syrienne ; privée de son chef, elle prit la fuite, et laissa aux Juifs un immense butin. Judas comptait plus sur le courage que sur le nombre de ses soldats. Il ne voulait en avoir près de lui que de dévoués, renvoyait ceux qui montraient quelque crainte, et punissait avec la dernière rigueur tous les Juifs qui violaient la loi de Moïse.

On appelait Assydéens les Juifs dispersés dans les pays étrangers ; ils avaient une synagogue séparée de celle de Jérusalem, et, on y observait avec plus de zèle et de régularité la loi de Dieu. Dès que les Assydéens furent informés des succès de Judas, ils se rallièrent à lui ; mais leurs secours ne faisaient que réparer les pertes occasionnées par la guerre, de sorte que ses troupes, dans une lutte si terrible des armées de vingt, de quarante et de cent mille hommes, ne devinrent jamais assez fortes pour qu'il pût montrer en campagne plus de huit mille guerriers.

Sérop, général des troupes de Syrie, marcha contre Judas, pour venger Apollonius[5] ; mais il ne fit qu'augmenter la gloire de Judas par sa défaite. Antiochus, apprenant ces deux victoires, tenta les plus grands efforts pour se venger. Ptolémée, Nicanor et Gorgias les trois plus renommés de ses généraux, marchèrent en Judée à la tête d'une armée de quarante-sept mille hommes choisis. Judas se prépara à soutenir cette attaque. Quoique Jérusalem l'eût reçu sans résistance, il ne jugea pas convenable, dans l'état où était le temple, d'y sacrifier encore. Il réunit les lévites à Maspha, après y avoir invoqué le Seigneur, il renvoya dans leurs foyers les hommes mariés et tous ceux que leurs propriétés, leurs affaires ou leur timidité rendaient plus faibles et plus inquiets des évènements. Ensuite, il dit à la petite troupe qui lui restait : *Fortifiez votre courage ; demain nous combattrons ces nations rassemblées pour nous perdre et pour renverser notre religion. Songez tous qu'il vaut mieux mourir dans le combat que d'être témoin des malheurs de sa patrie et de la destruction de son culte.* Gorgias, à la tête d'un gros détachement, avait fait une marche rapide pour surprendre Judas dans son camp d'Emmaüs et toute la grande armée de Syrie croyait que cette entreprise allait terminer la guerre. Macchabée, informé de ce projet, quitta ses retranchements et par une autre, route courut, à la tête de trois mille hommes, surprendre et attaquer l'armée syrienne, pendant que Gorgias trouvait le camp juif vide et désert.

Les Syriens, surpris de cette attaque imprévue et des prodiges se valeur que faisaient trois mille hommes sans boucliers, sans épées, et armés seulement de massues, prirent la fuite, malgré les efforts de Ptolémée et de Nicanor. Les Juifs se saisirent des armes des vaincus, les poursuivirent, et leur inspirèrent une telle terreur qu'ils évacuèrent entièrement la Judée.

Gorgias, revenant alors et voyant la déroute de la grande armée, n'opposa aucune résistance à Judas, et prit aussi la fuite avec sa troupe. Les Juifs, délivrés de leurs ennemis, trouvèrent dans le camp syrien une grande quantité d'or, d'argent, d'étoffes de pourpre et d'autres richesses.

Dans ce temps Antiochus, quittant sa capitale pour faire la guerre en Perse, avait laissé la régence de Syrie à Lysias. Celui-ci n'eut pas plus tôt appris la nouvelle victoire de Macchabée, qu'il résolut, pour éviter le courroux du roi, de venger promptement un si sanglant outrage. Il se mit lui-même à la tête d'une armée de soixante mille hommes, et, se croyant certain du succès, emmena avec lui des marchands de Tyr, auxquels il promit de vendre pour esclaves tous les Juifs qu'il comptait prendre. Il marcha sur Béthoron, et, Judas vint au-devant de lui avec dix mille hommes. Lysias fût battu, on tailla en pièces cinq mille de ses soldats. Le régent, ne pouvant rallier son armée, courut à Antioche pour y faire de nouvelles levées.

Macchabée, profitant du repos que lui laissaient tant de triomphes, conduisit l'armée à Jérusalem, et alla avec elle sur la montagne de Sion. Là ils' virent les lieux saints déserts, l'autel profané, les portes brûlées, le parvis rempli d'épines et d'arbrisseaux. Les Juifs déchirèrent leurs vêtements, firent un grand deuil, et se couvrirent la tête de cendre. Ils se prosternèrent le visage contre terre, et les airs retentirent du son de leurs trompettes et du bruit de leurs gémissements. Judas, ayant placé une partie de ses gens autour de la citadelle, pour y contenir les Syriens et les apostats qui y étaient demeurés, employa tout le reste des Juifs à purifier le temple, à le rebâtir ainsi que le sanctuaire, à relever l'autel du Seigneur, à replacer dans le lieu saint de nouveaux vases, de nouveaux voiles et de nouveaux ornements. Tous ces travaux terminés, on célébra solennellement la dédicace du temple, on immola des holocaustes, et Macchabée offrit un sacrifice en action de grâces pour la délivrance d'Israël.

Lorsqu'il eut rempli ce pieux devoir, il fortifia la montagne de Sion, environna la ville de murs et de tours et fit construire des forteresses dans le pays.

Les Iduméens, les Ammonites et les Galiléens voyaient d'un oeil jaloux Jérusalem se relever de ses ruines. Ils rassemblèrent une grande armée sous les ordres de Timothée. Simon et Judas, son frère, livrèrent plusieurs combats à ces peuples, les battirent, prirent d'assaut plusieurs villes, et firent beaucoup de butin et d'esclaves.

Les Arabes grossirent encore le nombre des ennemis et des victoires des Juifs. Un seul échec troubla le cours de tant de prospérités : tandis que Judas, Jonathas et Simon poursuivaient leurs succès, deux généraux juifs, Joseph et Azarias, voulant aussi leur part de gloire, attaquèrent imprudemment à Jamnia, les Syriens commandés par Gorgias. Il battit les Juifs, leur tua deux mille braves, les mit en déroute, et les força de fuir et de retourner en Judée.

Cependant Antiochus Épiphane, après avoir attaqué sans succès Élymaïde et Persépolis, dont les richesses avaient tenté son avarice, retournait tristement à Babylone, lorsqu'il reçu la nouvelle de la défaite de ses armées en Judée. Furieux de voir que Jérusalem reprenait son indépendance, et que l'autel du Dieu d'Israël s'était relevée sur les débris de l'idole de Jupiter, il jura qu'il irait lui-même dans cette ville, et qu'il en ferait le tombeau de tous les Juifs ; mais, pour le punir, dit l'Écriture, *le Seigneur frappa ce prince d'une plaie incurable qui déchirait ses entrailles.* Loin d'être détourné de son dessein par cette maladie[6], et ne respirant que vengeance, il voulut qu'on accélérât sa marche, mais, lorsque ses chevaux couraient avec impétuosité, il tomba de son char, et tous ses membres furent meurtris par cette chute.

Bientôt sa maladie empira ; toute sa chair se pourrissait, et il sortait des vers de son corps. Accablé de douleurs, humilié et ne conservant plus d'espérance, Antiochus se repentit de ses fureurs. Les livres saints assurent qu'il dit ces paroles : *Il est juste que l'homme soit soumis à Dieu, et que celui qui est mortel ne s'égale pas au Dieu souverain.*

Ce monarque expirant nomma pour son successeur Antiochus Eupator, en lui recommandant de se conduire avec modération et justice ; il écrivit ensuite une lettre aux Juifs pour les engager à être fidèles à son successeur, et pour les assurer qu'ils seraient traités avec douceur. Après avoir fait ces dispositions, reconnu la puissance de Dieu et témoigné un tardif repentir, Antiochus mourut. Lysias, parent du jeune roi, fut chargé de l'administration du royaume.

Le nouveau monarque de Syrie écrivit à Lysias qu'il savait que les Juifs n'avaient jamais voulu consentir à changer de coutume et de religion, que c'était là le seul objet de leur révolte et que voulant que ce peuple jouit de la paix comme les autres, il ordonnait que leur temple leur fût rendu, et qu'on leur permit de suivre les lois de leurs ancêtres. Il chargeait Lysias d'envoyer des députés à Jérusalem afin d'y conclure un traité. Il joignit à cet ordre une lettre pour les Juifs, qui contenait les mêmes dispositions.

Judas, aussi habile politique que brave guerrier, crut nécessaire de se donner une garantie de la solidité de cette paix, et il implora à cet effet la protection des Romains. Quintus Memmius et Titus Manlius, envoyés du sénat, qui se rendaient à Antioche, écrivirent au peuple juif, et lui confirmèrent les promesses de Lysias et du roi.

La méfiance de Macchabée n'était que trop fondée. Antiochus trompé par des Juifs apostats, et par l'avidité de ses courtisans qui renonçaient avec regret à leur domination et à leurs pillages dans la Judée, déclara de nouveau la guerre aux Juifs, dont il voyait avec jalousie les victoires récentes sur les Arabes et les Galiléens.

L'auteur de tous les maux de Jérusalem, le perfide Ménélaüs excitait de tous ses efforts la vengeance des Syriens ; mais il se vit enfin victime de sa trahison, Lysias apprit au roi que les cruautés et les débauches de cet homme avaient donné naissance aux troubles de la Judée, et à tous les malheurs qui en étaient résultés ; il fut condamné à mort, et précipité du haut d'une tour.

Bientôt le roi vint attaquer Judas avec son armée que commandait Nicanor ; elle était composée de cent dix mille hommes de pied, cinq mille chevaux, vingt-deux éléphants, et trois cents chariots armés de faux.

Macchabée, plein de confiance dans la protection du Seigneur, après avoir ordonné des prières générales, marcha sans crainte au-devant du roi, et donna pour mot d'ordre la victoire de Dieu. Ayant pris avec lui les plus braves de ses jeunes guerriers, il attaqua la nuit le quartier d'Antiochus, passa au fil de l'épée quatre mille hommes, tua le plus grand nombre des éléphants, et répandit l'effroi dans le camp.

Quelque temps après, il remporta une autre victoire sur l'armée royale, ce fut dans cette seconde bataille qu'un Juif nommé Éléazar, et que quelques versions disent être un des frères de Judas, fit l'action la plus héroïque avec la certitude d'y perdre la vie. Ayant aperçu de loin un superbe éléphant que la richesse de son harnois fit reconnaître pour l'éléphant du roi, il s'élança, s'ouvrit un passage au travers des ennemis, se jeta entre les jambes de cet animal, lui perçât le ventre avec son épée, le renversa et mourut écrasé[7] sous son poids. Le roi ne montait point cet éléphant ; mais l'éclat d'un coup si hardi augmenta le courage des Juifs et la cruauté des Syriens. Cependant Judas, ne pouvant exterminer un si grand nombre d'ennemis, se vit obligé de s'enfermer, les uns disent à Bethsura, les autres à Jérusalem, où le roi vint l'assiéger. Sa perte paraissait assurée, lorsque, sur ces entrefaites le roi apprit que Philippe, auquel il avait confié le gouvernement de la Syrie, venait de se révolter, probablement à l'instigation des Romains qui voulaient favoriser le jeune Démétrius, fils de Séleucus, et le placer sur le trône. Ces nouvelles forcèrent Antiochus à renoncer à ses projets. Il se réconcilia avec Macchabée, l'embrassa, le déclara prince de la Judée, enrichit le temple saint de ses présents, et y offrit un sacrifice.

Les craintes d'Antiochus ne tardèrent pas à se vérifier. Démétrius Soter s'empara de la plus grande partie de la Syrie, après avoir vaincu Antiochus et Lysias.

Sous ce nouveau règne, la paix dont les Juifs jouissaient depuis si peu de temps fut troublée par la trahison d'un habitant de Jérusalem, nommé Alcime, qui avait usurpé autrefois la grande-prêtrise, et qui était souillé d'idolâtrie. Cet homme vint trouver Démétrius, lui fit de riches présents, et le trompa sur l'état de la Judée en lui disant que Macchabée et les Assydéens opprimaient le peuple par leurs rigueurs, et le portaient sans cesse aux séditions et à la guerre. Démétrius, persuadé, d'après les faux avis de ce traître, que la tranquillité publique était inconciliable avec l'autorité de Judas, ordonna à Nicanor d'entrer à la tête d'une armée en Judée, de se saisir de Macchabée, et d'investir Alcime du sacerdoce. Nicanor obéit à regret ; il estimait Judas, et l'avait trouvé en bon état de défense, il persuada au roi de renoncer à sa vengeance, et conclut un nouveau traité avec les Juifs.

Le libérateur de Jérusalem parvenu à une paix qu'il croyait durable, se maria, et jouit quelque temps de son repos et de sa gloire. Mais Alcime parvint à aigrir de nouveau le monarque syrien, en lui faisant croire que Nicanor le trahissait. Le général reçut de nouveaux ordres ; il ne lui fut plus possible d'en différer l'exécution, et la guerre recommença.

Judas, suivant sa coutume, étant venu au-devant de l'ennemi, déclara à son armée que l'ombre d'Onias lui était apparue et lui avait promis la victoire en lui donnant une épée d'or. Les Juifs, rassurés par ce prodige et affermis par leurs prières, ne comptèrent plus leurs ennemis, et se précipitèrent sur eux, les mirent en déroute et leur tuèrent trente-cinq mille hommes. Nicanor périt dans cette bataille, Judas célébra sa victoire par un sacrifice solennel et ordonna qu'elle serait toujours fêtée dans la suite des temps. Les Juifs, irrités suspendirent la tête de Nicanor aux murs de la forteresse, et sa main à la porte du temple. A cette époque, Démétrius était devenu le maître de toute la Syrie par la mort d'Antiochus et de Lysias. Judas, instruit de la grande puissance des Romains, envoya à Rome deux ambassadeurs, nommés Eupolime et Jason. Ils conclurent avec le sénat un traité d'alliance, dont les principales dispositions furent que les Juifs ne donneraient aucun secours aux ennemis des Romains, mais qu'au contraire ils fourniraient des troupes aux armées de la république, sans recevoir ni solde ni munitions. Le sénat promettait de son côté que s'il survenait une guerre au peuple juif, il l'assisterait de bonne foi, selon que le temps le permettrait. En conséquence le sénat écrivit à Démétrius pour le menacer de ses armes s'il ne cessait de persécuter les Juifs. Malheureusement cette lettre arriva trop tard en Asie. Démétrius, irrité de la défaite de Nicanor, chargea de sa vengeance Bacchide et Alcime. Ces deux généraux entrèrent en Judée, s'emparèrent de Massaloth, et attaquèrent à l'improviste, Judas qui s'était campé à Laïse, et qui n'avait avec lui que trois mille hommes choisis. Macchabée sans espoir de vaincre, mais incapable de crainte, résista aux conseils de ceux qui l'engageaient à fuir. Il chargea l'ennemi, enfonça l'aile droite que commandait Bacchide ; mais l'aile gauche des Syriens ayant tournée, les efforts de sa vaillance devinrent inutiles. Le combat avait duré depuis le matin jusqu'au soir. Judas, après avoir longtemps résisté, à la foule qui l'entourait, tomba percé de coups. Il expira, et peu de ses braves guerriers échappèrent à la mort par la fuite[8].

Jonathas et Simon emportèrent le corps de Judas à Modin, et l'enterrèrent dans le sépulcre de leurs pères. Tout Israël pleura sa mort en s'écriant : *Nous avons perdu l'homme invincible qui seul avait sauvé le peuple de Dieu.*

Bacchide, vainqueur, exerça de grandes Vengeances sur les Juifs et donna le gouvernement du pays aux plus impies. Israël fut accablé d'une si grande affliction qu'on n'en avait pas vu de pareille depuis la captivité.

Les amis de Judas, indignés et persécutés, se rassemblèrent et prirent Jonathas, frère de Macchabée, pour leur chef. Jonathas, à la tête d'une troupe intrépide, marcha contre Bacchide, le battit, et le força de se retirer. L'impie Alcime s'était emparé du sacerdoce, mais, au moment où il voulait profaner et dégrader le temple, Dieu, dit l'Écriture, le frappa de paralysie, et termina ainsi sa coupable vie. Jonathas, délivré de ses deux ennemis, gouverna deux ans Israël en paix. La guerre recommença de nouveau ; mais Bacchide ayant encore été vaincu par les Juifs que commandait Simon, frère de Jonathas, le général syrien conclut la paix, et ne revint plus depuis en Judée. Ainsi la guerre cessa. Jonathas établit sa résidence à Machmas, ramena la justice en Judée, et en bannit toute' impiété.

Après de si longues guerres, il aurait été difficile aux juifs de se relever, si les dissensions de leurs ennemis ne fusent venues à leur secours. Alexandre Bala, fils d'Antiochus Épiphane, voulut s emparer du trône de Syrie. Démétrius Soter rassembla toutes ses forces contre lui ; et, dans le dessein d'être secondé par les Juifs, rechercha l'amitié de Jonathas, lui permit de rebâtir Jérusalem, et de lever des troupes. Toutes les forteresses élevées par Bacchide furent évacuées par les Syriens. Jonathas profita rapidement d'une circonstance si heureuse et si imprévue ; il vint à Jérusalem, en répara les fortifications, rétablit l'ordre dans l'état, et rassembla des troupes.

Alexandre Bala, qui connaissait la vaillance des Juifs et les maux que leur avait faits Démétrius, espérait qu'il viendrait facilement à bout de les engager à faire cause commune avec lui[9]. Il donna le grand sacerdoce à Jonathas, lui envoya une robe magnifique et une couronne d'or, en lui proposant de s'allier à lui. Démétrius fit de vains efforts pour traverser cette négociation ; il affranchit la Judée d'impôts, remit la forteresse de Jérusalem entre les mains de Jonathas, lui céda la ville de Ptolémaïde, et offrit de prendre à sa solde trente mille Juifs pour leur confier la garde de forteresses. Jonathas et tout le peuple ne pouvaient oublier ce qu'ils avaient souffert sous la domination de ce roi ; ils se déterminèrent à embrasser le partir d'Alexandre, et leur armée joignit la sienne.

Les deux rois se livrèrent une grande bataille qui dura tout un jour. Démétrius y périt ; la victoire d'Alexandre fut complète.

Devenu maître du royaume, il s'empressa de rechercher l'alliance de Ptolémée Philométor, roi d'Égypte, et lui demanda pour épouse sa fille Cléopâtre. Le mariage, et le traité, furent conclus par les deux rois à Ptolémaïde ; ils invitèrent Jonathas à y venir. Il parut avec un grand éclat et confondit les calomnies que les Juifs apostats avaient répandues pour le perdre dans l'esprit d'Alexandre. Ce monarque, reconnaissant, le revêtit de pourpre, le fit asseoir près de lui, et le reconnut comme chef et prince de la Judée.

Alexandre ne jouit pas longtemps de son triomphe. Démétrius Nicanor, fils de Soter, rassembla le parti de son père, et réunit bientôt assez de forces pour l'attaquer, et pour envoyer une armée en Judée sous les ordres d'Apollonius.

Jonathas et Simon battirent ce général, mirent son armée en déroute, poursuivirent ses débris à Azoth, et brûlèrent le temple de Dagon. Alexandre, ayant appris ces brillants succès, combla Jonathas d'honneurs, et lui envoya l'agrafe d'or que portaient les princes du sang royal.

Le roi d'Égypte, informé des troubles de la Syrie, conçut le projet de s'en emparer. Il accusa son gendre Alexandre Bala d'avoir voulu attenter à sa vie ; et, s'étant rendu maître par surprise d'une partie des villes de ce royaume, il fit alliance avec Démétrius Nicanor, et lui donna pour femme Cléopâtre sa fille, qu'il venait d'enlever à Alexandre. Jonathas ne prit point de parti dans cette guerre et sut adroitement apaiser Ptolémée, qu'il vit à Joppé, et qu'on avait cherché à irriter contre lui. Alexandre, apprenant l'invasion des Égyptiens, marcha contre eux ; mais, vaincu dans une bataille, il s'enfuit en Arabie. Zabdiel, prince des Arabes, lui fit couper la tête, et l'envoya à Ptolémée qui prit le titre de roi d'Égypte et d'Asie : cependant il paraît que ce prince se contenta de ce titre, et qu'il laissa le gouvernement de l'Asie à Démétrius. Celui-ci fut bientôt attaqué par Triphon, l'un des généraux du dernier roi Alexandre. Une partie des troupes de Démétrius, soulevées, mettaient la vie de ce prince en danger. Il fut sauvé par des Juifs que lui envoya Jonathas. Ils exterminèrent ses ennemis, et lui rendirent la liberté.

Démétrius oublia bientôt ce grand service, et fit la guerre au frère de Macchabée ; mais cette ingratitude ne tarda pas à être punie. Tryphon reprit les armes contre lui, le mit en fuite, et plaça sur son trône le jeune Antiochus Théos. Jonathas et Simon profitèrent de cet évènement pour exterminer tous les Syriens qui se trouvaient en Judée, et pour reprendre toutes les places dont ils s'étaient emparés.

Ce fut à peu près dans ce temps, que Jonathas renouvela l'alliance des Juifs avec les Romains et les Lacédémoniens. Jusque-là son gouvernement n'avait été qu'une suite de triomphes et de prospérités ; mais un grand malheur l'attendait à la fin de sa carrière. Apprenant que Tryphon voulait détrôner Antiochus et se faire roi d'Asie, il marcha contre lui à la tête d'une armée de quarante mille hommes. Tryphon n'espérant pas vaincre par la force, employa l'artifice, et trompa Jonathas par ses promesses et ses négociations. Jonathas, sans défiance et croyant la paix faite, congédia son armée, ne garda avec lui que trois mille hommes, et se rendit, sur la foi jurée, à Ptolémaïde, pour y conférer avec Tryphon ; mais, dès qu'il y fut entré, on ferma les portes, on le tua[10], et on passa au fil de l'épée tous ceux qui l'accompagnaient.

A la nouvelle de sa mort, tous les anciens ennemis de la Judée joignirent leurs efforts à ceux de Tryphon pour détruire Israël ; mais Simon, héritier des talents et des vertus de son frère, ne perdit pas courage dans une circonstance si critique. Les Juifs l'élurent pour prince ; il fortifia promptement les places menacées, fit de grandes levées de troupes, et s'allia, avec Démétrius Nicanor qui lui donna le sacerdoce. Tous ses efforts furent couronnés de succès : il chassa définitivement de la forteresse de Jérusalem les étrangers et les impies qui s'en étaient emparés de nouveau. Hyrcan son fils, auquel il avait donné le commandement de l'armée, défit ses ennemis en plusieurs rencontres ; et s'empara de Gaza et de Joppé.

Simon renouvela les alliances contractées par ses frères, et, sous son administration, la république jouit enfin d'une assez longue paix.

La Syrie, moins heureuse, se voyait toujours déchirée par des guerres civiles. Démétrius continuait à se battre contre Tryphon, mais il fût vaincu et fait prisonnière. Antiochus Sydètes, son fils, le vengea, et vainquit Tryphon par le moyen des secours que Simon lui envoya. Affermi sur le trône, Antiochus ne songea qu'à rétablir l'antique domination de ses pères en Judée, et y envoya une grande armée sous les ordres de Cendebée. Simon, averti de la marche de ce général, dit à ses enfants : *Nous avons, mes frères et moi délivré trois fois notre patrie ; et l'orgueil de tous nos ennemis s'est humilié devant nous. Je suis vieux : c'est vous maintenant qui devez combattre, défendre votre culte, vos lois, et sauver votre pays. Marchez.* Hyrcan et Judas obéirent promptement à leur père et réalisèrent complètement toutes ses espérances. Ils marchèrent contre les Syriens, et livrèrent bataille à Cendebée. Judas fût blessé dans cette action : Jean Hyrcan, son frère, le vengea, mit l'ennemi en fuite, le poursuivit, et lui tua dix mille hommes : c'est ainsi que la paix fut rétablie en Judée.

Quelque temps après, Simon, accompagné de deux de ses fils, Mathathias et Judas, parcourut tout le pays pour établir universellement l'exécution des lois, des règlements, et pour réformer les abus. Arrivé à Jéricho une abominable trahison y termina sa glorieuse vie. Ptolémée, son gendre et fils d'Abobus, était gouverneur de cette contrée. L'ambition avait corrompu son cœur, il aspirait au grand sacerdoce, et crut l'acquérir par un grand crime. Au milieu d'un festin, il poignarda Simon, ses deux fils, et leurs serviteurs, et demanda au roi de Syrie sa protection et son secours. Il envoya en même temps des assassins pour se défaire de Jean Hyrcan ; mais celui-ci, heureusement instruit de ce complot, fit arrêter et tuer ceux qui en voulaient à ses jours[11]. Il marcha ensuite promptement contre Ptolémée, qui lui échappa en fuyant et se retira dans le château de Dagon, où il tenait renfermés la mère et les frères d'Hyrcan. Lorsque celui-ci voulut prendre d'assaut la forteresse, le cruel Ptolémée lui montra, sur le haut des murs, sa mère et ses frères qu'il faisait frapper de verges, et qu'on se préparait à précipiter si l'attaque continuait. La courageuse veuve fit dire à son fils de ne point songer à la sauver, et de ne penser qu'à la vengeance qu'il devait aux mânes de son père et de Judas. Hyrcan ne put supporter l'idée de voir périr sa mère : il changea le siège en blocus et dès que la septième année, qui était celle du repos pour les Juifs, fut arrivée, il se retira.

Ptolémée, hors de péril, ne devint pas plus généreux ; il massacra la famille d'Hyrcan et courut chercher un asile près de Zénon Cotylas, prince de Philadelphie.

Antiochus, irrité des victoires de Simon, crut pouvoir profiter de ces troubles : il entra en Judée, et vint assiéger Jérusalem. Le grand sacrificateur, Hyrcan, pour se délivrer d'un tel danger, fit ouvrir le sépulcre de David, d'où il tira plus de trois mille talents. Il en donna trois cents Antiochus qu'une révolte appelait dans la Médie. Après avoir sauvé ainsi sa capitale, il employa le resté de son trésor à solder des troupes étrangères qu'il joignit à son armée. Ce fut la première fois que les Juifs permirent à leurs chefs ce moyen si utile pour l'autorité du prince, et si dangereux pour la liberté du pays.

Hyrcan sut habilement profiter de la guerre qu'Antiochus avait à soutenir contre la Médie. Il entra en Syrie, où il s'empara de plusieurs places. Pendant ce temps Aristobule et Antigone, ses fils, assiégèrent Samarie, en chassèrent les Syriens et contraignirent tous les étrangers à évacuer la Judée.

Hyrcan jouit en paix le reste de ses jours, du sacerdoce et de la principauté. Il gouverna pendant trente-trois ans son pays, y maintint l'ordre et la discipline, et laissa une mémoire glorieuse et sans reproche.

Les Juifs croyaient qu'il avait le don de prophétie, il prédit que les deux plus âgés de ses cinq fils ne régneraient pas longtemps. Cette prédiction s'accomplit.[12] Aristobule lui succéda, et du consentement du peuple prit le titre de roi.

Ainsi finit la république juive, qui avait duré quatre cent soixante et onze ans et trois mois depuis le retour de la captivité.

---

1. An du monde 3837. — Avant Jésus-Christ 167.
2. An du monde 3837. — Avant Jésus-Christ 167.
3. An du monde 3837. — Avant Jésus-Christ 167.
4. An du monde 3838. — Avant Jésus-Christ 166.
5. An du monde 3838. — Avant Jésus-Christ 166.
6. An du monde 3841. — Avant Jésus-Christ 163.
7. An du monde 3841. — Avant Jésus-Christ 163.
8. An du monde 3843. — Avant Jésus-Christ 161.
9. An du monde 3852. — Avant Jésus-Christ 152.
10. An du monde 3861. — Avant Jésus-Christ 143.
11. An du monde 3869. — Avant Jésus-Christ 135.
12. An du monde 3897. — Avant Jésus-Christ 107.

24

ARISTOBULE, ALEXANDRE, ALEXANDRA, HYRCAN, ARISTOBULE, ROIS

LE NOUVEAU roi signala le commencement de son règne par des actes d'ambition et de cruauté. Il envoya sa mère en prison parce qu'Hyrcan l'avait déclarée régente et qu'elle lui disputait le gouvernement. Il eut même la barbarie de l'y laisser mourir de faim. Trois de ses frères furent aussi enfermés par ses ordres. Le seul Antigone, qu'il aimait, fut d'abord bien traité et associé au trône mais la reine, jalouse de son crédit, fit croire à Aristobule qu'il conspirait contre lui ; et lorsqu'elle le vit troublé par la crainte, elle fit dire à Antigone que son frère voulait voir une armure qu'il possédait. Le malheureux Antigone, trompé par cet avis perfide, se couvrit de ses armes, et se rendit chez le roi. Son frère, alors persuadé qu'il arrivait avec de mauvais desseins, le fit massacrer. Les remords suivirent bientôt le crime, et Aristobule mourut après un an de règne[1]. Sa veuve rendit la liberté aux jeunes princes, et plaça sur le trône Alexandre. Celui-ci fit mourir un de ses frères qui prétendait à la couronne, et conserva la vie à l'autre qui ne montrait aucune ambition.

Alexandre combattit avec succès Ptolémée roi d'Égypte, et Zénon, prince de Philadelphie. Il suivit l'exemple de son père, et eut toujours des troupes étrangères à sa solde. Ses armes furent moins heureuses contre Obodas, roi des Arabes : vaincu par lui, il se sauva avec peine à Jérusalem. Son règne fut troublé par des révoltes continuelles qu'excitait sa tyrannie : il fit périr plus de cinquante mille Juifs pendant l'espace de six ans. Il voulut trop tard faire succéder la douceur à la sévérité : ce changement parut faiblesse et encouragea la haine. Une partie du peuple se révolta et appela à son secours le roi Démétrius Euchères.

Les deux rois se livrèrent bataille. Alexandre fut vaincu ; mais les Juifs, satisfaits de s'être vengés, et craignant que Démétrius ne profitât de cette victoire pour les assujettir, abandonnèrent ce prince, et se soumirent de nouveau à Alexandre, qui devint à son tour vainqueur de Démétrius et le força d'évacuer la Judée.

Le roi d'Israël, plus cruel encore dans la prospérité que dans le malheur, couvrit son royaume de prisons et d'échafauds ; et pendant un festin qu'il donnait à ses concubines, il les fit jouir du barbare spectacle de la mort de huit cents prisonnier qu'il fit crucifier à leurs yeux, après les avoir rendus témoins du supplice de leurs femmes et de leurs enfants.

Antiochus, successeur de Démétrius et le dernier des Séleucides, se joignit aux Arabes pour entreprendre une nouvelle guerre contre les Juifs. Alexandre triompha, de tous ses ennemis, et sa gloire parut affaiblir dans l'esprit du peuple le souvenir de sa cruauté.

Épuisé par la fatigue et le travail, il mourut après avoir régné vingt-sept ans[2]. Avant d'expirer, voulant calmer la crainte qu'inspirait à la reine la haine du peuple, il lui dit : *Si vous suivez mon conseil, vous conserverez tranquillement le trône. Cachez d'abord ma mort aux soldats. Quand vous serez retournée à Jérusalem, gagnez l'affection des pharisiens ; confiez-leur quelque autorité ; ils ont tout pouvoir sur l'esprit du peuple, et disposent de sa haine et de son amour. Feignez de me blâmer pour qu'ils chantent vos louanges ; remettez mon corps entre leurs mains ; dites que vous leur permettez se venger du mal que je leur ai fait, en privant me de la sépulture ; enfin, promettez, que vous ne ferez rien sans leur conseil, et je vous assure que si vous flattez ainsi leur orgueil, au lieu de déshonorer ma mémoire, ils me feront de magnifiques funérailles, et vous laisseront gouverner avec une entière autorité.*

Alexandra suivit ce conseil qui réussit comme le roi l'avait prévu. La reine avait deux fils : elle donna le sacerdoce à l'aîné nommé Hyrcan, dont le caractère pacifique ne lui causait aucune inquiétude ; Aristobule, plus ardent, fut obligé par elle de vivre comme un simple particulier.

Les pharisiens profitèrent de l'autorité qu'on leur laissait pour faire périr Diogène, principal ministre des cruautés du feu roi. Ils voulaient imiter ses rigueurs et condamner tous leurs ennemis au supplice ; Aristobule obtint qu'ils ne seraient qu'exilés. Cette démarche lui forma dès lors un grand parti dans l'état.

Le règne d'Alexandra dura neuf ans. Elle se fit aimer de ses sujets par sa piété et par sa douceur, et respecter de ses voisins, en entretenant sans cesse une puissante armée. Tigrane, roi d'Arménie, la menaça d'une invasion ; mais elle fut délivrée de ce danger par les Romains que commandait Lucullus ; et Tigrane, obligé de combattre contre eux, renonça à son entreprise.

La reine, en mourant, avait donné le trône à Hyrcan ; Aristobule, son frère, le lui disputa : cette rivalité fit bientôt perdre aux Juifs leur liberté. Le sort de toute nation divisée est de devenir la proie de l'étranger : la Judée en offre plus d'un exemple, et Rome ne dut sa grandeur qu'aux querelles des princes et aux discordes des peuples.

Hyrcan, d'abord battu par son frère, suivit les conseils d'un riche Iduméen, nommé Antipater, et se réfugia près d'Arétas, roi des Arabes, qui le ramena en Judée avec une armée de cinquante mille hommes. Aristobule, vaincu à son tour, se renferma dans Jérusalem où il fut assiégé. Le grand-Pompée faisait alors la guerre en Arménie et avait envoyé en Syrie une armée sous les ordres de Scaurus. Informé de la guerre civile qui déchirait la Judée, il résolut d'en profiter pour soumettre ce pays à la domination de la république romaine. Métellus et Lollius s'étaient emparés de Damas[3] ; les Romains entrèrent en Judée ; Aristobule et Hyrcan cherchèrent à gagner Scaurus par des présents. Ceux d'Aristobule, plus riches, firent pencher la balance romaine, et Scaurus ordonna à Hyrcan et aux Arabes de lever le siège de Jérusalem, et de se retirer en Arabie.

Aristobule ne se contenta pas de ce succès ; il poursuivit ses ennemis, et leur tua sept mille hommes, parmi lesquels était Céphale, frère d'Antipater.

Hyrcan, craignant sa ruine totale, courut aux pieds de Pompée pour implorer son secours. Aristobule soumit aussi, quoiqu'à regret, sa dignité à cette humiliante politique qui lui semblait insupportable. Il se rendit auprès de Pompée avec un grand cortège ; mais indigne de la hauteur du général romain, il rompit la négociation et se retira dans une forteresse. Cerné par les Romains, il céda quelque temps à la force, et donna aux gouverneurs de ses places les ordres, que lui dictait Pompée. Cette condescendance lui procura une liberté dont il profita promptement pour se retirer à Jérusalem et se préparer à la guerre. Pompée le poursuivit et l'assiégea dans Jérusalem ; le parti d'Hyrcan ouvrit les portes de la ville aux Romains ; celui d'Aristobule défendit le temple avec tant de vigueur que le siège dura trois mois. Enfin Pompée, qui avait profité du jour du Sabbat pour accélérer ses travaux et avancer ses tours, ordonna l'assaut. Le fils de Sylla, Cornelius Faustus, franchit le premier la muraille ; les Romains prirent la forteresse, y tuèrent douze mille Juifs, égorgèrent les sacrificateurs qui continuaient leurs fonctions malgré l'appareil des armes et les cris des combattants.

Pompée entra avec respect dans le temple, le sauva du pillage, gagna la faveur du peuple par ses égards pour son culte, pour ses coutumes, et rétablit Hyrcan dans ce sacerdoce. Mais s'il rendit à la Judée une liberté apparente, il détruisit réellement sa puissance, en rétablissant les Samaritains dans leur indépendance, et en restituant aux Syriens les pays conquis par les Juifs.

Pompée apprit à Jérusalem la mort de Mithridate : il laissa la Judée isolée, ruinée, tributaire, et partit pour Rome, emmenant prisonniers Aristobule, ses deux fils et ses deux filles. L'un de ses captifs, Alexandre, fils aîné d'Aristobule, se sauva en chemin, revint dans son pays, se mit à la tête d'un parti, et fut vaincu par Gabinius qui conserva dans la Judée le gouvernement républicain.

Aristobule trouva aussi le moyen de s'échapper de Rome. Mais, encore plus malheureux que son fils, il fut battu, pris et envoyé à Rome par Gabinius qui remporta de nouveaux succès contre Alexandre.

Crassus, succéda à Gabinius, vint dans la Judée la ravagea, pilla le temple de Jérusalem, et emmena trente mille prisonniers, après avoir fait périr, par le conseil d'Antipater, les plus grands partisans d'Aristobule[4].

Antipater devint, avec raison, fameux dans l'histoire des Juifs ; né dans la classe des particuliers, il acquit et conserva un crédit constant, au milieu de tous les orages. Son habileté résista aux vicissitudes de la fortune, et il sut diriger à son gré l'esprit des rois et des généraux romains les plus opposés entre eux par leur caractère et leurs intérêts. Ayant épousé une femme d'une des plus illustres maisons de l'Arabie, il en eut quatre fils, Hasaël, Hérode, Joseph et Phéraras, et une fille nommée Salomé. Pour dernière faveur de la fortune, sa famille renversa la dynastie des Asmonéens qui régnait depuis cent vingt-six ans en Judée, et Hérode, le second de ses fils, s'empara de leur trône, ainsi que nous le dirons bientôt.

Dans ce temps, César, ayant vaincu Pompée était devenu le maître de Rome. Il envoya Aristobule avec deux légions en Syrie ; le parti de Pompée l'y fit emprisonner, et son fils eut la tête tranchée. Antipater, prévoyant la fortune de César, lui avait rendu de grands services. Le dictateur lui accorda le titre et les privilèges de citoyen romain, le nomma gouverneur de Judée, confia le gouvernement de Jérusalem à Pharaës son fils aîné, et celui de Galilée à Hérode, son second fils ; enfin il confirma en sa faveur Hyrcan dans le sacerdoce.

Hérode se distingua bientôt dans son gouvernement, par la destruction des brigands qui désolaient la Galilée ; il en fit arrêter et périr un grand nombre.

Hyrcan prétendit qu'il empiéta sur son autorité, et lui ordonna de comparaître à son tribunal ; mais la soumission d'Hérode l'apaisa, et il fut absous.

Bientôt on apprit en Judée la mort de César, qui fit naître une nouvelle guerre civile. Antipater, avec son habileté accoutumée, se concilia l'affection de Cassius, en lui donnant les secours d'argent qui lui étaient nécessaires ; ce fut là le dernier de ses succès. Matichus, animé par ses ennemis, oublia qu'il lui avait précédemment sauvé la vie, et l'assassina. Hérode, qui s'était emparé de l'esprit de Cassius, vengea son père, et fit tuer Matichus par les Romains.

Cependant Antigone, fils d'Aristobule, à la tête des partisans de son père, attaqua Jérusalem. Il fut battu ; mais, ayant imploré le secours des Parthes, il recommença la guerre ; et, comptant plus sur l'artifice que sur la victoire, il engagea Phasaël et Hyrcan à entrer en conférence avec lui. Lorsqu'ils s'y furent rendus, le barbare fit mutiler Hyrcan ; Phasaël se tua lui-même[5].

Hérode évita le même piège ; il se sauva avec sa famille et ses richesses qu'il renferma dans une forteresse d'Idumée. De là il se rendît en Égypte où Cléopâtre l'accueillit favorablement ; et il partit pour Rome, dans l'intention de réclamer la protection du sénat.

Antoine qui s'intéressait à lui, plaida sa cause ; et le sénat, irrité du secours qu'Antigone avait demandé aux Parthes, ses ennemis, nomma Hérode roi de Judée.

---

1. An du monde 3898. — Avant Jésus-Christ 106.
2. An du monde 3925. — Avant Jésus-Christ 79.
3. An du monde 3941. — Avant Jésus-Christ 63.
4. An du monde 3950. — Avant Jésus-Christ 54.
5. An du monde 3964. — Avant Jésus-Christ 40.

25

HÉRODE

LE NOUVEAU roi réunit une armée nombreuse ; et, secouru par les Romains que commandait Ventidius, il échoua d'abord contre Jérusalem et perdit son frère Joseph dans un combat. Mais bientôt la victoire couronna ses armes ; il battit Antigone, et mit le siège devant la ville sainte.

Pendant ce siège, il rendit ses droits et sa puissance plus solides, en épousant, à Samarie, Mariamne, fille d'Alexandra, petite-fille du roi Aristobule, et nièce du grand-prêtre Hyrcan. Après ce mariage, Hérode, assisté par les Romains, entra dans Jérusalem et y fit un grand carnage. Antigone, aimé du peuple, s'était, retiré dans une tour ; mais son courage l'abandonna, et, il ne sut pas faire respecter son malheur par sa fermeté. Il vint se jeter aux pieds de Sosius, général romain, qui lui prouva son mépris en l'appelant Antigona[1]. On l'envoya ensuite prisonnier à Antoine. Hérode, craignant que ce captif ne s'échappât encore, et ne vint soutenir ses prétentions et ébranler son trône, envoya de grands présents à Antoine qui se laissa corrompre, et le fit périr.

L'histoire donne à Hérode le nom de Grand, parce qu'il fut habile, brave, heureux et, puissant, et que les hommes ont toujours accordé à l'éclat de la fortune ce titre, qui devrait être réservé aux grandes vertus.

Ce monarque, en s'unissant par les liens du mariage à la famille d'Aristobule, n'abjura point sa haine contre elle. La crainte de la voir remonter sur le trône fut pour lui une source continuelle de tourments, et le porta à tous les crimes qu'il commit, et qui rendent sa mémoire exécrable.

Le grand sacrificateur Hyrcan s'était retiré chez les Parthes ; Hérode craignant la légitimité de ses prétentions, désirait l'avoir en sa puissance. Pour y parvenir, il le trompa par des promesses et par les apparences les plus fortes, d'amitié et de reconnaissance. Les amis d'Hyrcan l'avertirent en vain du sort qui l'attendait : il crut que malgré l'opprobre de sa mutilation, Hérode lui rendrait le grand sacerdoce, et partagerait son pouvoir avec lui ; il partit pour Jérusalem. Le roi le reçut avec magnificence, et lui témoigna, même publiquement, beaucoup de respect, dans la crainte du peuple qui révérait sa race, mais il ne lui laissa aucune autorité, le fit exactement surveiller, et, donna le sacerdoce à un Juif d'une famille obscure, nommé Anaël. Ce choix déplut aux Juifs ; il était contraire à leurs coutumes, parce qu'Anaël se trouvait un de ceux qui étaient restés au-delà de l'Euphrate depuis le retour de la captivité.

Mariamne, femme d'Hérode, Alexandra, mère du jeune Aristobule, et Hyrcan virent dans ces actes le mépris de leurs droits et le présage de leur ruine., Alexandra même envoya des députés à Cléopâtre, reine d'Égypte, pour implorer sa protection. Salomé, sœur d'Hérode, ennemie de Mariamne et de toute la famille d'Aristobule, informa le roi de ces démarches, et l'excita à la vengeance. Alexandra, craignant son courroux, voulut se sauver en Égypte avec son fils ; mais elle fut arrêtée et ramenée à Jérusalem.

Tout le peuple juif marquait le plus intérêt pour la famille de ses anciens rois. Hérode obligé de dissimuler et de céder, accorda le sacerdoce à Aristobule.

Lorsque le jeune prince offrit son premier sacrifice, la gloire de son nom et sa rare beauté émurent le peuple ; l'air, retentit de ses acclamations. Hérode furieux, jura dès lors la perte du prince : mais une feinte amitié voila ses cruels projets. Quelque temps après, il emmena sa famille et Aristobule à Jéricho, et donna de grandes fêtes en l'honneur de celui qu'il voulait assassiner.

Au sortir d'un festin, il conduisit ses convives au bord d'un vivier. Aristobule, invité par des jeunes gens à se baigner avec eux, entra dans l'eau ; ils se mirent à jouer et à lutter ensemble ; et dans cette lutte les agents d'Hérode le firent plonger assez longtemps pour qu'il expirât.

Le roi témoigna une grande douleur de cet événement, et honora par de magnifiques funérailles sa malheureuse victime. La cour connut le crime, mais la feinte douleur du tyran trompa le peuple.

Cependant on avait porté à Antoine de telles plaintes contre ce forfait, qu'Hérode fut obligé de se rendre près de lui pour se justifier ; il confia en partant son autorité à Joseph, mari de sa sœur Salomé.

Tous les sentiments de ce monarque étaient des fureurs ; il détestait la famille d'Aristobule ; et cependant il adorait la reine Mariamne avec une jalousie si violente qu'il chargea Joseph, dans le cas où il serait condamné par Antoine, de tuer la reine afin que personne ne pût la posséder après lui.

Son adresse et ses présents le justifièrent pleinement dans l'esprit d'Antoine. Il revint en Judée ; et, malgré les efforts de Salomé pour aigrir sa jalousie contre Mariamne, son amour l'emportait, lorsque cette malheureuse reine eut l'imprudence de se plaindre de l'ordre barbare qu'il avait donné en partant. Croyant alors que Joseph, son beau frère, l'avait trahi par amour, il n'écouta plus que sa haine et Salomé ; il fit tuer Joseph, mit Alexandra en prison, et tint suspendu sur la tête de sa femme infortunée un glaive qu'elle ne devait pas longtemps éviter.

Sur ces entrefaites la reine Cléopâtre vint à Jérusalem. Cette princesse, aussi ambitieuse et aussi cruelle qu'Hérode, voulut inutilement inspirer de l'amour à ce prince ; il la connaissait et la détestait. Elle s'était déjà fait céder une partie de son royaume, et il forma, dit-on, le projet de la tuer ; mais la crainte que lui inspirait Antoine le retint. Il lui paya le tribut qu'il lui devait, et l'accompagna jusqu'en Égypte.

Il offrit ensuite à Antoine ses secours contre Auguste ; mais Antoine le chargea de combattre les Arabes. Comme il était près de leur livrer bataille, il survint un affreux tremblement de terre qui jeta l'épouvante dans l'armée des Juifs. Les Arabes profitèrent de leur terreur, et les battirent. Hérode, aussi adroit que courageux trouva bientôt le moyen de ranimer ses troupes. Il marcha de nouveau contre les Arabes, les défit complètement, et les assujettit à lui payer un tribut.

Dans ce temps, la bataille d'Actium décida la destinée du monde. Antoine fut vaincu ; Octave, depuis Auguste, devînt le maître de l'empire. La position d'Hérode, ami d'Antoine, était critique. Octave pouvait le perdre et donner son trône à la famille d'Hyrcan et d'Aristobule. Le roi, dans cette conjoncture difficile prit je parti d'aller à Rome. Avant son départ, ayant surpris une intelligence entre Hyrcan et les Arabes, il fit périr ce vieillard vénérable, autrefois son maître et son bienfaiteur, fit enfermer dans une forteresse Mariamne et Alexandra, et renouvela à son frère Phéraras l'ordre inhumain de tuer la reine s'il ne réussissait pas dans sa démarche auprès du vainqueur.

L'esprit et l'éloquence de ce roi barbare eurent encore un plein succès ; sa magnificence, ses exploits, son adresse, lui concilièrent l'amitié du nouvel empereur et il revint triomphant à Jérusalem.

Son amour pour Mariamne résistait toujours aux intrigues de Salomé ; mais la reine, ulcérée contre lui, répondit avec froideur à sa passion, et fit renaître ses premiers soupçons. Le grand échanson, gagné par Salomé, accusa la reine d'avoir voulu le porter à empoisonner son époux. Hérode, aigri par les refus de cette infortunée, la fit juger et condamner. Alexandra, sa mère, craignant le même sort donna un horrible exemple de lâcheté en se joignant aux accusateurs de sa fille. Le roi hésitait encore à ordonner l'exécution du fatal arrêt ; mais Salomé, ayant excité une émeute dans le peuple, vint dire à Hérode que les Juifs voulaient donner le trône à Mariamne ; il le crut et envoya au supplice cette reine, aussi fameuse par ses malheurs que par ses vertus et par sa beauté.

L'amour et le remords la vengèrent bientôt. Hérode tomba malade ; on désespérait de sa vie. Alexandra informée de son état, fit une tentative pour s'emparer des forteresses. Le roi l'apprit et la fit mourir.

Hérode, échappé à la mort contre son attente, répandit sa colère et son désespoir sur son peuple, et fit périr sur l'échafaud ses parents, ses, amis, et une foule d'innocentes victimes. Il viola la loi de Moïse en établissant à Jérusalem des jeux, des théâtres et des fêtes en l'honneur d'Auguste. Le peuple indigné se révolta et brisa les images qu'on voulait lui faire honorer. Hérode punit les auteurs de la sédition ; mais ceux qui les avaient dénoncés, s'étant depuis fait connaître, furent hachés en pièces par les Juifs.

Agité de mille craintes, le roi se crut obligé de fortifier son palais et d'en faire une citadelle.

Peu de temps après, la Judée fut désolée par la peste et par la famine. L'activité d'Hérode, pour arrêter la contagion et pour nourrir le peuple, apaisa sa haine. Voulant ensuite chasser de sa mémoire l'image de Mariamne et le souvenir de son crime, il épousa la fille d'un lévite, nommé Simon, qui était célèbre par sa beauté, et, afin d'illustrer son obscur beau-père, il lui donna le grand sacerdoce.

Hérode savait que l'éclat des actions des rois et la grandeur de leurs monuments éblouissent le peuple et l'aveuglent sur leur injustice. Il reconstruisit et embellit le temple du Seigneur, se fit élever un palais magnifique, et, toujours soigneux de s'attirer l'amitié d'Auguste, il bâtit en son honneur la ville de Césarée, et lui envoya deux de ses fils, Alexandre et Aristobule, pour qu'ils fussent élevés à Rome sous ses yeux.

Son règne affermi fut tranquille pendant quelques années. Il fit encore un voyage à Rome, et en ramena ses enfants. Depuis son retour les querelles et les malheurs de sa famille recommencèrent avec plus de violence que jamais.

Salomé craignait la vengeance des fils de Mariamne : elle persuada au roi que ses enfants voulaient l'assassiner. Archélaüs, roi de Cappadoce, qui avait donné sa fille Glaphyra en mariage à Alexandre, réconcilia le père avec ses enfants.

Le troisième fils d'Hérode, Antipater, excité par Salomé, se joignit à elle pour perdre ses frères, et donna tant de vraisemblance à ses délations, que le roi vint les accuser lui-même devant Auguste qui obtint de lui leur pardon.

Ce fut dans ce temps que cet empereur publia, un édit très honorable pour les Juifs, où il vantait leur courage, leur fidélité, et leur confirmait la permission de se gouverner eux-mêmes et de conserver leurs coutumes et leurs lois.

Hérode entreprit encore et poursuivit avec succès une nouvelle guerre contre les Arabes. Épuisé d'argent par les dépenses qu'il avait faites pour embellir Jérusalem et pour conserver l'amitié des Romains, il fit ouvrir secrètement le sépulcre de David, espérant y trouver de grandes richesses. Il voulut même faire déplacer le cercueil de ce roi ; mais Josèphe assure qu'il sortit alors du tombeau des flammes qui consumèrent deux ouvriers, et forcèrent le roi à renoncer à cette entreprise sacrilège.

Sylléus, Romain chéri de Salomé, brouilla Auguste avec Hérode ; mais l'empereur, reconnaissant qu'il avait été trompé, fit périr Sylléus ; et, cédant enfin aux plaintes continuelles qu'Hérode faisait contre ses fils, il ordonna de former une grande assemblée à Berith pour y juger cette affaire. Hérode s'y rendît : ce père furieux accusa ses propres enfants. Antipater et Salomé avaient séduit les grands officiers du roi, qui déposèrent contre eux. On condamna ces malheureux princes, et ils furent étranglés, par l'ordre d'Hérode, à Sébasti. Le roi fit ensuite massacrer par le peuple trois cents officiers qu'il lui dénonça comme conspirateurs.

Antipater délivré, par la mort de ses frères, de tout obstacle pour arriver au trône, voulut se hâter de s'en emparer : il forma un complot pour empoisonner son père. Hérode le fit juger devant Varus ; il subit la peine méritée par tant de crimes.

Hérode, accablé de chagrins, de fatigues, et de remords, fut enfin attaqué par une maladie cruelle qui le couvrit d'ulcères, lui déchira les entrailles et fit sortir des vers de tout son corps. Ses souffrances augmentèrent encore sa cruauté : il ordonna à Salomé, sa sœur, pour célébrer ses funérailles de faire entourer l'Hippodrome et d'y faire massacrer les principaux d'entre les Juifs qui s'y trouveraient.

Une nouvelle cruauté troubla la fin de sa vie. Le grand-prêtre Mathathias et Judas à la tête d'une troupe de Juifs zélés pour leur religion arrachèrent un aigle d'or qu'Hérode avait consacré à la porte du temple. Un prompt supplice punit cette action courageuse.

Hérode désigna d'abord un de ses fils, Antipas, pour son successeur ; mais il changea son testament, et donna le trône à un autre, nommé Archélaüs, qu'il avait eu d'une Samaritaine, et qui était devenu l'époux de Glaphyra, veuve d'Alexandre. Il légua mille talents à l'empereur Auguste, et cinq cents à l'impératrice Livie, et termina sa carrière cinq jours après la mort de son fils Antipater[2].

Auguste confirma les dernières volontés d'Hérode ; mais bientôt après, sur les plaintes nombreuses que les Juifs formaient contre Archélaüs, il exila le prince à Vienne, dans les Gaules, et réunit la Judée à la Syrie. Ainsi finit le royaume des Juifs, qui, depuis ce moment, devint province romaine.

1. An du monde 3967. — Ayant Jésus-Christ 37.
2. An du monde 4003. — Avant Jésus-Christ 1.

26

JÉSUS-CHRIST

(AN DU MONDE 4004)

CE FUT la dernière année de la vie d'Hérode que naquit Jésus-Christ. Ainsi le règne de ce monarque peut être considéré comme la troisième et la plus grande époque de l'histoire du monde. La première était la création ; la seconde le déluge ; la dernière fut l'apparition de Dieu sur la terre, la destruction de l'idolâtrie, et le salut de tous les peuples, régénérés par le sang du Christ, et appelés, par sa mort et par sa résurrection à la connaissance du vrai Dieu.

Jusque-là un seul peuple avait professé le culte spirituel ; mais ce peuple devait méconnaître la vérité qui sortit de son sein, pour répandre dans l'univers, et il était prédit que destruction, suite de sa dépravation et de son incrédulité, précéderait le salut des autres nations.

Nous ne parlons point ici en simple historien ; et puisque nous sommes arrivés au moment d'où date l'ère chrétienne, à cette époque où il ne nous est pas permis de retracer ces grands événements sous le simple rapport de la morale et de la politique, et de séparer l'histoire des Juifs de l'histoire de notre religion, nous ne prendrons, en traitant un pareil sujet, d'autre langage que celui des auteurs sacrés.

Comme le premier devoir de tous nos lecteurs a été d'étudier l'Évangile, nous ne donnerons ici qu'un extrait court et rapide de ce livre saint, qu'on ne doit toucher qu'avec respect, et seulement dans l'intention de lier les événements entre eux, et de placer, comme elles doivent l'être, la naissance, la vie, la mort de Jésus-Christ, et le commencement de la fondation du christianisme dans l'histoire des Juifs, que nous voulons conduire jusqu'à leur destruction.

Nous dirons donc qu'à la fin du règne d'Hérode, signalé par tant de gloire et tant de crimes, tant de puissance et tant de dépravations, les oracles des prophètes se trouvant accomplis, les dix semaines de Daniel terminées, et le temps que Dieu avait marqué pour donner un Sauveur au monde étant arrivé, le Seigneur envoya l'ange Gabriel d'abord à Zacharie, dans le temple où il sacrifiait, pour lui annoncer qu'il aurait un fils qui s'appellerait Jean, dont la naissance serait la joie et la bénédiction de tout Israël. Six mois après, Dieu envoya le même ange dans le pays de Nazareth, vers une vierge nommée Marie. Elle était mariée à Joseph, descendait de

David. Ces deux époux avaient fait vœu de n'être jamais unis que par l'esprit, et Dieu honora ce mariage angélique du fruit le plus divin qui ait jamais paru sur la terre.

Gabriel apprit à Marie qu'elle aurait un fils, qu'elle devait appeler Jésus, et qui régnerait, dans la maison de Jacob ; qu'il serait assis sur le trône de David son père, et que son règne n'aurait point de fin. Pour satisfaire sa curiosité, il ajouta que le Saint-Esprit formerait dans son sein l'enfant dont elle serait la mère. Elle apprit en même temps, par Gabriel, qu'Élisabeth, qui avait toujours passé pour stérile, était déjà grosse de six mois, par un effet de la vertu toute puissante de Dieu, à qui rien n'était impossible.

Marie, pénétrée d'admiration et de reconnaissance, alla trouver sa cousine Élisabeth, et ces deux saintes femmes se félicitèrent mutuellement des grâces que Dieu leur avait accordées. La prédiction de Gabriel s'accomplit : Marie devint grosse. Joseph, son époux, forma des soupçons contre sa vertu et voulût se séparer d'elle ; mais un ange lui apparut, dissipa sa méfiance ; lui découvrit le secret de cet enfant divin, et lui ordonna de l'appeler Jésus.

Dans ce temps, on exécuta un édit de l'empereur Auguste qui avait ordonné un dénombrement de toutes les familles de son empire. Marie, alors sortit de Nazareth, et se rendit avec son mari à Bethléem, pour s'y réunir aux autres personnes de la famille de David. Ainsi se réalisa la prophétie qui avait annoncé que le Sauveur naîtrait à Bethléem. Les maisons et les hôtelleries de cette ville étant pleines, Marie fut obligée de rester dans une étable, où elle accoucha de son divin fils. La nuit même de sa naissance, un ange apprit à des bergers, qui gardaient leurs troupeaux près de là, que le Messie, attendu depuis tant de temps, venait de naître. Les bergers écoutant sa parole, et le chœur d'une troupe innombrable d'autres anges qui chantaient la gloire de Dieu, coururent vers l'étable où l'enfant était couché dans la crèche, et ils l'adorèrent. Huit jours après sa naissance, Jésus-Christ fut circoncis ; car ses parents suivaient religieusement la loi de Moïse. Mais, pour annoncer qu'il arrivait, non seulement pour les Juifs, mais pour tous les peuples, Dieu donna l'ordre à des rois d'Orient de venir rendre leurs hommages et offrir leurs présents au nouveau roi des Juifs, et il fit luire une étoile qui les conduisit jusqu'a Bethléem pour obéir à cet ordre divin. Quarante jours après la naissance de son fils, Marie, pour accomplir une autre loi, vint au temple pour se purifier, et offrit à Dieu son premier né. Un saint vieillard, nommé Siméon, conduit et éclairé par l'esprit du Seigneur, arrivait au même moment dans le temple. Aussitôt que sa foi lui eut découvert ce Dieu, caché sous la faiblesse d'un enfant, il le prit entre ses bras, rendit grâces au Très-Haut, et s'écria qu'il mourrait en paix, puisque ses yeux avaient vu le Sauveur du monde, et cette lumière qui devait se répandre sur toutes les nations de la terre.

Cependant le roi Hérode, ayant appris le bruit de la naissance d'un nouveau roi des Juifs se répandait dans le peuple, et que des rois d'Orient venaient lui rendre hommage, avait engagé ces rois à lui donner quelques détails sur la naissance et la famille de cet enfant, et sur le lieu où il se trouvait. Mais Dieu avait ordonné à ces princes de retourner dans leur pays, sans satisfaire les désirs du roi. Hérode, irrité de leur départ, redoubla de colère, lorsqu'on lui raconta les merveilles qui s'étaient passées dans le temple quand on y avait présenté Jésus. Déterminé à tuer cet enfant, il donna l'ordre barbare de faire massacrer tous les enfants au-dessous de deux ans, à Bethléem et dans les lieux voisins, afin d'envelopper dans ce carnage celui dont il croyait que la vie menaçait son trône ; mais Joseph et Marie furent avertis la nuit même de ce projet inhumain. Ils partirent promptement avec leur enfant, et se réfugièrent en Égypte, d'où ils ne revinrent qu'après la mort d'Hérode.

L'Évangile garde le silence sur la vie de Jésus-Christ jusqu'à son baptême, et ne raconte qu'une seule action qu'il fit à l'âge de douze ans. A cette époque, Joseph et Marie, étant venus avec Jésus à Jérusalem, selon leur coutume, pour y célébrer la fête de Pâque, partirent pour retourner à Nazareth, après l'octave de la fête. Ils croyaient que leur fils les précédait, mais, au bout d'une journée de chemin, ne le voyant pas parmi leurs parents et les personnes qui les accompagnaient, ils revinrent à Jérusalem pour l'y chercher. L'inutilité de leurs informations les accablait de douleur ; enfin, le troisième jour, étant allés au temple, ils le trouvèrent au milieu des docteurs de la loi, les interrogeant, leur répondant, les instruisant plus, qu'il n'apprenait d'eux, et les remplissant d'admiration par sa science et par sa modestie. Marie lui reprocha le chagrin qu'il lui avait causé en la quittant. Jésus lui répondit : *Pourquoi me cherchiez-vous ? Ne saviez-vous pas qu'il faut que je me trouve partout où les intérêts de mon père m'appellent.*

Lorsque Jésus-Christ eut trente-deux ans, Dieu tira du désert saint Jean-Baptiste qu'il avait destiné à être son précurseur. Il sortit donc de sa solitude, et parut sur les bords du Jourdain, où il prêcha la pénitence et baptisa tous ceux qui venaient à lui. L'éclat de sa vertu lui attira beaucoup de disciples ; et comme, tous les habitants de Jérusalem accouraient pour écouter ce saint homme et se faire baptiser, Jésus y vint lui-même, et se cacha humblement dans la foule. Lorsqu'il s'approcha de saint Jean, celui-ci, frappé d'un profond respect, osait à peine verser de l'eau sur le Sauveur. Ce prophète, qui parlait avec tant de fierté aux premiers docteurs de la loi, tremblait devant Jésus-Christ, lui dit : *C'est vous-même qui devez me baptiser, et vous me couvrez de confusion en daignant recevoir le baptême de moi.* Jésus lui répondit : *Qu'il fallait qu'il s'humiliât jusque là ; qu'en l'état où il était, il devait accomplir tous ses devoirs.* Aussitôt qu'il fut baptisé, le ciel s'ouvrit, Dieu fit descendre le Saint-Esprit sous la forme d'une colombe qui se reposa sur la tête du Sauveur ; en même temps on entendit du ciel une voix qui dit : *C'est là mon fils bien aimé en qui je trouve toutes mes délices.* Jésus-Christ se retira aussitôt et Jean-Baptiste continua de déclarer à tous ceux qui l'écoutaient que Jésus-Christ était le Messie tant promis et tant désiré. Dès que Jésus-Christ fut baptisé, il se retira dans le désert, où il jeûna quarante jours et quarante nuits. Le démon vint l'y tenter, et lui proposa de faire plusieurs miracles. Jésus lui répondit par des passages de l'Écriture, et lui rappela qu'il ne devait point tenter le Seigneur son Dieu. Satan, irrité, voulût qu'il l'adorât lui-même et lui promit tous les royaumes du monde, dont il lui fit voir l'éclat et la gloire. Jésus lui répondit : *Retire-toi, Satan ; car il est écrit : Vous adorerez le Seigneur votre Dieu, et vous le servirez lui seul.* Cette réponse mit le démon en fuite.

Jésus-Christ sortit du désert, et revint trouver saint Jean qui s'écria que c'était lui qui était l'agneau de Dieu, et qui rachetait le péché du monde. Deux de ses disciples, André et Simon vinrent trouver Jésus, et" s'attachèrent à lui comme au Messie. Jésus prédit à Simon qu'il serait appelé Pierre, et que sur lui il fonderait son église.

Peu à peu le nombre de ceux qui l'écoutaient s'augmenta, et sa renommée commença à croître, avant qu'il eût fait un miracle.

Quelque temps après, se trouvant à Cana en Galilée, à des noces où était la sainte Vierge, Marie représenta à son fils que le vin manquait à cette fête. Jésus, après avoir répondu à sa mère d'une manière assez dure en apparence, dit la Bible, céda à ses désirs, et changea en vin toute l'eau qui se trouvait dans la maison. Ce premier miracle du Seigneur, suivi de beaucoup d'autres, répandit le bruit de son nom, dans le peuple et chez les grands. Un des principaux docteurs, Nicodème, vint le trouver de nuit pour conférer avec lui. Jésus développa devant ce prince de la loi, les principes de la foi, de la simplicité et de l'humanité chrétienne ; il lui expliqua comment les hommes devaient être régénérés pour entrer dans son royaume, et lui parla avec tant de force, et de clarté de la puissance merveilleuse du Saint-Esprit, de la folie de notre raison qui ne peut rien croire que ce qu'elle voit, de l'amour de Dieu pour les hommes, qui sacrifiait son fils, dans le dessein de les rendre heureux ; enfin il lui fit si bien voir que ces mêmes hommes fuient la vérité parce qu'elle les condamne, et qu'ils ne peuvent guérir de leur aveuglement qu'en recevant la lumière divine, que ce prince des Juifs demeura convaincu de la mission de Jésus-Christ, ;qu'il soutint par la suite son innocence dans le conseil, et qu'il déclara, après sa mort, n'avoir pris aucune part à cet horrible crime.

Pendant que Jésus-Christ voyait augmenter en Judée le nombre de ses disciples, saint Jean-Baptiste, appelé à la cour d'Hérode le tétrarque, qui le révérait, parlait avec une noble liberté à ce prince pour lui faire abjurer son amour coupable et incestueux. Son courage lui attira la haine d'Hérodiade. Cette femme vindicative et cruelle, abusa de la faiblesse d'Hérode, au point d'exiger la mort de Jean. Ce prince satisfit sa passion et lui envoya la tête du saint prophète.

Les pharisiens, qui commençaient à devenir jaloux de Jésus-Christ, avaient conseillé à Hérode de le faire arrêter. Pour se soustraire à leur vengeance, il se retira en Galilée. Dans son chemin il rencontra une femme samaritaine, à laquelle il demanda de l'eau pour soulager la soif qui l'accablait. Cette femme lui montra sa surprise de voir un Juif surmonter la répugnance qu'on avait en Judée pour les Samaritains. Jésus l'éclaira par sa réponse ; il lui apprît qu'il pouvait lui donner une eau vive qui durerait jusqu'à la vie éternelle et qu'il était le Messie. Elle le crut, se convertit, et en répandit la nouvelle dans Samarie, d'où les habitants sortirent pour inviter Jésus à venir dans leur ville. Après y avoir séjourné deux jours, il arriva en Galilée, où il prêcha publiquement, exhortant les hommes à la pénitence parce que le royaume de Dieu était proche. Il joignit les actions aux paroles, et ses miracles rendirent chaque jour de nouveaux témoignages à la vérité qu'il annonçait.

Il guérit la belle-mère de saint Pierre ; s'embarquant ensuite, il apaisa une tempête qui jetait la frayeur parmi ses disciples ; on le vit chasser du corps d'un possédé un démon qui lui dit s'appeler Légion ; il plaça au nombre de ses disciples un publicain, nommé Mathieu, qui devint ensuite un des apôtres. Les pharisiens, orgueilleux, se scandalisèrent de voir Jésus se lier avec des hommes dont ils méprisaient la profession fiscale, et dont l'avarice était connus, mais le Seigneur les confondit en répondant qu'il était le médecin des hommes, et que c'était les pécheurs et les malades qu'il devait guérir. Dans la ville de Capharnaüm, il rendit le mouvement à un paralytique qui crut en lui.

Jésus, voulant choisir douze personnes pour être après lui les premiers fondements de son église, prit ceux dont la foi était la plus vive et la plus propre à répandre la lumière. Il les sépara des autres disciples : ce sont eux qu'on nomma depuis les apôtres. Après ce choix, il vécut inséparablement avec eux ; ils logeaient ensemble, célébraient ensemble la Pâques ; ils étaient témoins, non seulement de ses actions publiques, mais de sa vie privée, et il leur expliquait en particulier ce qu'il apprenait aux autres qu'en paraboles.

Après avoir ainsi choisi ses ministres, le Sauveur les mena sur une montagne, où il fut suivi d'une grande foule de peuple. Là, il fit ce célèbre sermon qui contient tout l'Évangile et toutes les règles de conduite nécessaires aux fidèles comme aux pasteurs qui les dirigent. Il y compare les défauts de l'ancienne loi aux perfections de la nouvelle, et démontre la nécessité de mépriser les biens de la terre pour en amasser dans le ciel. Ce discours contenant toute la morale chrétienne, nous n'en extrairons rien, puisque tout doit en être retenu, et que rien ne doit en être omis. Il est au devoir de tout chrétien de le lire et de l'apprendre.

Jésus-Christ, descendu de la montagne continua ses actions miraculeuses ; il fit disparaître la lèpre dont un homme était couvert. Un centenier de Capharnaüm affligé de voir son serviteur malade, n'osait faire entrer Jésus dans sa maison, se croyant indigne de le recevoir. Jésus-Christ récompensa sa foi en guérissant son serviteur, et consacra son humilité comme le modèle des vertus chrétiennes. Il ressuscita une jeune fille âgée de douze ans, dont le père, Jaïrus, était un des princes de la synagogue. Il rencontra, près de la ville de Naïm, un mort qu'on portait en terre. Jésus, attendri par la douleur de sa mère qui suivait son fils au tombeau, toucha le cercueil, et le jeune homme qui y était enfermé ressuscita.

Une célèbre pécheresse, nommée Madelaine, vint trouver Jésus chez Simon le pharisien, pleura ses péchés à ses pieds qu'elle arrosa de parfums. Simon s'étonna que Jésus, s'il était prophète, ne connût pas le dérèglement de cette femme, ou qu'il la souffrît prés de lui s'il la connaissait ; mais le Sauveur confondit l'orgueil du docteur de la loi en lui prouvant que le repentir d'un pécheur était préférable aux yeux de Dieu à la tiédeur de ceux dont la vie avait été plus régulière.

La plupart des miracles de Jésus-Christ s'étant opérés publiquement, une foule immense le suivait partout, et l'accompagna même, dans une retraite qu'il fit assez loin des villes. Après trois jours de marche, cette foule fatiguée se plaignit de manquer de vivres. Le lieu était désert, et les disciples n'avaient avec eux que cinq pains d'orge et quelques petits poissons : Jésus leva les yeux au ciel, bénit les pains qui se multiplièrent entre ses mains, et les disciples les distribuèrent à cinq mille hommes qui les mangèrent et furent rassasiés. Pour montrer sa toute puissance à ses disciples, il marcha sur la mer devant eux, et s'y fit suivre par saint Pierre, dont la foi ne fut troublée par aucune frayeur.

Une femme païenne de Canaan, dont la fille était tourmentée par le démon, supplia le Sauveur de la guérir. Après avoir éprouvé sa foi par des refus, il fit le miracle qu'elle souhaitait, pour prouver que sa bonté s'étendait sur tous les peuples.

Dans une autre occasion, il se manifesta encore à ses apôtres avec plus d'évidence. Leur ayant demandé ce qu'on disait de lui, ils lui répondirent que les uns croyaient qu'il était Jean-Baptiste, d'autres Élie, d'autres Jérémie : *Et vous,* leur demanda Jésus-Christ, *que pensez-vous ?* Saint Pierre, sans hésiter, lui répondit : *Vous êtes le Christ, fils de Dieu.* Jésus lui dit : *Vous êtes heureux de ce que mon père vous a révélé cette vérité ; vous êtes Pierre, et sur cette Pierre je bâtirai mon église, et les portes de l'enfer ne prévaudront jamais contre elle.*

Huit jours après, il mena avec lui sur la montagne de Thabor, saint Pierre, saint Jacques et saint Jean, les plus favorisés de ses disciples. Là, pendant sa prière, il fut tout d'un coup transfiguré ; son visage devint éclatant comme le soleil ; son habit plus blanc que la neige : en même temps Moïse et Élie apparurent ; et s'entretinrent avec lui de ce qui devait lui arriver bientôt à Jérusalem. Les disciples voulaient dresser trois tentes en ce lieu. Tout à coup une nuée éclatante les enveloppa ; il en sortit une voix qui dit : *C'est mon fils bien aimé écoutez-le.* Les disciples tombèrent aussitôt par terre, saisis de respect et de crainte, Jésus les rassura, et lorsqu'ils se levèrent, ils ne virent plus que lui qui descendit la montagne avec eux.

Les pharisiens, docteurs de la loi, qui sans cesse tendaient des pièges au Sauveur, vinrent le trouver, et lui demandèrent si l'on faisait bien de payer le tribut à César. Jésus, s'étant fait apporter une pièce de monnaie, dit, en leur montrant l'effigie de l'empereur : *Rendez à César ce qui est à César et à Dieu ce qui est à Dieu.* Précepte divin qui apprend aux ministres de l'église et aux chrétiens le respect et l'obéissance qu'ils doivent aux puissances que Dieu a établies sur la terre.

Il demeura quelques jours en Galilée pendant la fête des Tabernacles. Retournant ensuite en Judée, il rencontra, à Samarie, dix lépreux, auxquels il ordonna d'aller se présenter à leurs prêtres. En y arrivant ils se trouvèrent tous guéris. Un seul vint rendre grâces à Jésus qui lui promit l'entrée du royaume des cieux.

Le Sauveur n'arriva à Jérusalem qu'après l'octave des Tabernacles. On y fut scandalisé de son absence pendant ces jours sacrés, et les pharisiens, profitant de cette faute apparente, envoyèrent des archers pour l'arrêter. Ils ne trouvèrent dans le temple, enseignant le peuple avec une sagesse divine. Les hommes chargés de l'arrêter n'exécutèrent point leur ordre et augmentèrent le nombre de ses admirateurs et de ses partisans.

Les pharisiens lui tendirent alors un nouveau piège, en lui présentant une femme qui avait été surprise en adultère, espérant que, s'il la condamnait à mort, il serait décrié par le peuple comme un homme dur et haïssable, et que, s'il ne la condamnait pas, on pourrait l'accuser d'avoir violer la loi de Dieu. Comme on lui demandait son avis, il se leva, connaissant leur malice, et leur dit : *Que celui d'entre vous qui est sans péché jette la première pierre à cette femme.* Confondus par cette réponse, ils se retirèrent avec le peuple ; et Jésus, resté seul près de la femme coupable, lui pardonna, en lui défendant de retourner dan le même crime.

Le Sauveur continua de prêcher dans le temple et d'enseigner au peuple les vérités les plus importantes. Les paraboles de la Semence, du Samaritain, de la Folie des richesses, de la Robe nuptiale, des Talents, des Vierges, de l'Enfant prodigue, du Mauvais riche, du Pharisien, du Publicain, contiennent sous les images les plus vives, les préceptes d'une morale à la fois sublime et douce, qui prescrit la justice, qui commande l'indulgence, ordonne de rendre le bien pour le mal, et conduit à la vertu par l'amour. Cette morale sainte rabaisse l'orgueil, relève l'humilité, fait mépriser les biens terrestres et désirer les trésors divins. Aimer Dieu et le prochain voilà toute la loi du Sauveur. La charité est le doux lien avec lequel elle unit tous les hommes. Les rois et les bergers, les maîtres et les serviteurs trouvent dans la loi du Très-Haut tous leurs devoirs tracés ; si elle impose des sacrifices au corps, c'est pour assurer un bonheur éternel à l'âme ; et si les hommes plus dociles, et plus éclairés, pratiquaient les vertus que Jésus-Christ voulait leur inspirer, la paix dont ils jouissaient sur la terre, serait une faible et douce image de la félicité qu'il leur a promise dans le ciel.

Le Messie, après avoir appris à ses apôtres qu'ils devaient répandre la foi dans le mondé, et que tout ce qu'ils délieraient sur la terre, serait délié dans le ciel, ayant recommandé à ses disciples et à tous les fidèles d'observer la justice, de pratiquer la charité, de garder indissolublement la foi du mariage, et de se confesser les uns aux autres leurs fautes, leur annonça la résurrection future du genre humain, et leur déclara qu'en ce jour terrible il viendrait dans toute sa majesté, accompagné de ses anges pour juger les hommes, séparer, les bons des méchants, conduire les uns dans le ciel, et précipiter les autres dans le séjour des tourments éternels.

La fin de la mission divine de Jésus approchait, et il continua de la signaler par de grands miracles. Un aveugle crut en lui, et vit la lumière. Marthe et Marie lui avaient prouvé leur zèle, l'une par ses soins, l'autre par son empressement à écouter sa parole, il ressuscita leur frère Lazare, dont la mort les avait privées. Il fit parler les muets, et marcher les estropiés.

Enfin, voyant que le moment était venu où il devait accomplir les prophéties, consommer son sacrifice, mourir pour le salut des hommes, fermer l'enfer et rouvrir le ciel, le Sauveur du monde se rendit à Jérusalem, accompagné de ses disciples, ainsi que de tous ceux qui croyaient à sa parole. Il était monté sur une ânesse pour marquer l'humilité de sa vie temporelle. Une foule de personnes qui venaient à Jérusalem pour la Pâque, apprenant qu'il entrait dans cette ville, prirent des branches de palmiers, précédèrent sa marche ; plusieurs jetaient sur son chemin des tapis et des fleurs, en criant : *Salut et gloire au fils de David ! Béni, soit celui qui vient au nom du Seigneur !*

Cette entrée triomphale, ces acclamations du peuple, redoublèrent l'animosité de ses ennemis, et les affermirent dans le dessein de le faire mourir.

Le Rédempteur étant entré dans le temple en chassa tous ceux qui vendaient et qui achetaient ; il renversa les tables des changeurs, et les sièges de ceux qui vendaient des colombes, et leur dit : *Il est écrit : Ma maison sera appelée maison de la prière, et vous autres vous en avez fait une caverne de voleurs.* Alors les aveugles et les boiteux vinrent dans le temple, et les guérit.

Après avoir prêché plusieurs jours à Jérusalem, Jésus-Christ dit à Judas de préparer ce qui était nécessaire pour qu'il fît la cène avec ses disciples ; et quoique le perfide Judas fût déjà décidé à trahir son maître et le livrer aux prêtres pour de l'argent, il exécuta les ordres du Seigneur.

Lorsque Jésus eut mangé l'agneau pascal avec ses apôtres, conformément à la loi, il s'abaissa devant eux, et leur lava humblement les pieds, en leur recommandant de suivre, à l'égard les uns des autres, cet exemple de charité. Il leur dit ensuite qu'un d'eux le trahirait : comme ils étaient tous indignés de cette lâcheté, Judas eut l'impudence de demander à Jésus, comme les autres, si ce serait lui qui commettrait ce crime. Enfin, sans être désarmé par la bonté du Christ, il le quitta pour aller conclure son vil marché et consommer son infâme trahison. Ce fut pendant ce repas religieux que Jésus-Christ, ayant rompu son pain, et l'ayant distribué à ses apôtres, leur dit ces paroles mémorables : *Ceci est mon corps*, par lequel il institua le sacrement le plus miraculeux et le plus mystérieux de tous ceux que révère l'Église chrétienne.

Jésus, après avoir appris à ses apôtres que cette nourriture serait désormais celle de leurs âmes, avertît saint Pierre qu'il le renoncerait trois fois avant que le coq chantât. Celui-ci, trop sûr de sa foi, ne voulut pas le croire ; mais cette prédiction ne tarda pas à s'accomplir.

Lorsque Jésus-Christ eut développé à ses disciples les vérités contenues dans son dernier sermon, il leur recommanda de prendre leurs épées, et passa avec eux le torrent de Cédron, pour se rendre selon sa coutume, sur la montagne dés Oliviers. Arrivé à un lieu nommé Gethsémani, il les y laissa, et se retira dans un jardin pour prier, n'ayant avec lui que Pierre, Jacques et Jean. Il dit à ses disciples favorisés qu'il était dans une tristesse mortelle, et il les exhortait à veiller avec lui pendant qu'il prierait ; il vint aussi trouver trois fois ses autres disciples, en leur disant : *Veillez et priez ; car l'esprit est prompt et la chair est faible.*

Enfin Judas parut dans le jardin avec une troupe de gens armés ; il les avait avertis que celui qu'il embrasserait était Jésus, et qu'ils devaient se saisir promptement de lui, de peur qu'il ne leur échappa.

Le traître, s'étant donc approché de Jésus, le baisa, et le Sauveur lui dit : *Mon ami, qu'êtes-vous venu faire ? Trahissez-vous le fils de l'homme par un baiser ?* Aussitôt les gardes accoururent pour le prendre. Jésus leur demanda qui ils cherchaient, mais d'une voix si forte qu'elle les renversa tous par terre. Après leur avoir ainsi montré, qu'il ne se livrerait point par faiblesse, mais par sa seule volonté, il s'abandonna à ces méchants, et respecta en eux l'autorité que son père leur avait donnée.

Saint Pierre fit quelques efforts pour le défendre ; il tira l'épée et coupa l'oreille à Malchus, l'un des serviteurs du grand-prêtre, mais Jésus-Christ, loin de vouloir offenser ses ennemis, guérit en un moment cette blessure, et reprit saint Pierre de son emportement en lui disant que, s'il n'avait pas été décidé à boire le calice que son Père lui présentait, les anges auraient bien su le défendre de l'injustice des hommes. Il se laissa donc lier, et représenta seulement aux archers qu'ils étaient venus sans raison le prendre comme un voleur et comme un scélérat, quoiqu'il fût tous les jours avec eux dans le temple où ils pouvaient le faire arrêter.

On le conduisit d'abord devant le beau-père de Caïphe, qui s'appelait Anne. Celui-ci l'interrogea sur sa doctrine, et Jésus ayant répondu qu'elle était connue de tout le monde puisqu'il l'avait prêché publiquement, un officier, choqué de sa hardiesse, lui donna un soufflet. Anne l'envoya au grand-prêtre Caïphe, chez lequel les princes des prêtres s'étaient rassemblés pour entendre les dépositions des témoins qu'ils avaient appelés. L'un d'eux l'ayant accusé d'avoir dit qu'il pouvait détruire le temple de Dieu et le rebâtir en trois jours, le grand-prêtre lui demanda ce qu'il avait à répondre : Jésus garda le même silence qu'il avait opposé aux autres accusations ; enfin, Caïphe lui ayant commandé au nom de Dieu de déclarer s'il était le Christ, Jésus répondit : *Oui je le suis ; mais vous ne me croirez pas, et vous ne me laisserez pas aller ; vous verrez cependant bientôt le fils de l'homme paraître dans les nuées assis à la droite de Dieu.*

Le grand-prêtre, entendant ces paroles, déchira ses vêtements et s'écria : *Il a blasphémé ! Nous n'avons plus besoin de témoins. Vous avez vous-mêmes entendu ses blasphèmes ; que vous en semble-t-il ?* Tous répondirent qu'il méritait la mort. Alors les soldats commencèrent à l'outrager, les uns lui crachèrent au visage, d'autres le voilèrent par dérision, et en le frappant, voulaient qu'il prophétisât et devinât ceux qui l'avaient frappé.

Le Jour étant venu, on le conduisit au tribunal de Pontius Pilate, gouverneur de la ville, pour qu'il ordonnât son supplice. Saint Pierre l'avait suivi ; mais, effrayé par tous ces outrages, sa fermeté l'abandonna, et trois fois il répondit à ceux qui lui demandaient s'il était un des disciples de Jésus, qu'il ne connaissait pas cet homme. Le coq chanta : saint Pierre se ressouvint de la prédiction de Jésus, et se repentit amèrement d'avoir renié son divin maître.

Pilate, ayant demandé les motifs de l'arrestation de Jésus, et n'entendant que des accusations vagues il voulut le mettre entre les mains des Juifs pour qu'ils le jugeassent eux-mêmes selon leurs lois. Mais ses accusateurs ne parlèrent plus de religion, et lui dirent que cet homme était un séditieux, qu'il soulevait le peuple, qu'il défendait de payer le tribut à César, et qu'enfin il se disait roi. Pilate interrogea Jésus-Christ qui lui déclara que son royaume n'était point de ce monde, et qu'il n'était venu sur la terre que pour rendre témoignage à la vérité. Pilate ne partageait pas la haine des Juifs : il leur déclara donc qu'il ne trouvait pas Jésus coupable. Mais alors des cris s'élevant de tous côtés, le gouverneur romain l'interrogea de nouveau, et ne put lui faire rompre le silence. Pilate ayant appris que Jésus était de Galilée, le renvoya à Hérode, tétrarque de cette province, et qui était alors à Jérusalem. Hérode l'interrogea, ne reçut aucune réponse, le méprisa, le fit revêtir d'une robe blanche, et le renvoya à Pilate. Le gouverneur déclara encore aux Juifs qu'il ne croyait pas Jésus coupable, et qu'Hérode, même, n'avait trouvé aucun crime en lui. Le tumulte redoublant alors avec violence, Pilate ordonna de flageller Jésus, espérant apaiser par là le ressentiment de ses ennemis. Les soldats l'accablèrent de coups de fouet ; et, pour se moquer de sa royauté, le revêtirent d'un habit de pourpre, lui mirent une couronne d'épines sur la tête, un à la main, et lui donnèrent des soufflets, en s'écriant : *Salut au roi des Juifs.* Ces tourments ne calmèrent pas la rage du peuple : lorsque le gouverneur lui présenta Jésus-Christ en disant : *Voilà l'homme,* de toutes parts, on demanda sa mort à grands cris. On avait coutume, dans Jérusalem, de donner tous les ans, la liberté à un prisonnier pour la fête de Pâque. Pilate voulut en profiter pour délivrer Jésus : sa femme lui conseilla de ne point tremper dans l'affaire de ce juste, et elle lui raconta à ce sujet un songe qui l'avait effrayée. Cependant les Juifs trouvèrent bientôt le moyen de surprendre la faiblesse du gouverneur, en lui faisant craindre le courroux de l'empereur, s'il protégeait un homme qui avait pris le titre de roi. Pilate sacrifia la justice à la fortune : il demanda au peuple lequel il devait délivrer, Jésus ou d'un voleur nommé Barabbas. Le peuple demanda la liberté de Barabbas. Alors Pilate, après s'être lavé les mains devant le peuple, en disant qu'il n'était pas coupable du sang de cet homme, prononça l'arrêt de mort contre Jésus-Christ, et le livra aux mains des Juifs. Ceux-ci ne différèrent pas à exécuter l'arrêt qu'ils avaient eu tant de peine à obtenir. Ils chargèrent Jésus de porter la croix, à laquelle il devait être attaché. Ils le firent sortir ainsi de la ville de Jérusalem pour aller au mont Calvaire, lieu destiné aux supplices ; et comme ils virent que Jésus-Christ, abattu par tant de travaux, succombait sous le fardeau de la croix, ils engagèrent un homme, nommé Simon, à la porter. Le Seigneur continua sa marche, au milieu des insultes de tout le peuple qui le suivait. Arrivé au Calvaire, on redoubla d'outrages : le peuple lui criait de se sauver lui-même, s'il était fils de Dieu. Lorsqu'il fut sur la croix, les soldats lui présentèrent du vinaigre à boire. Deux larrons étaient crucifiés à côté de lui : l'un d'eux l'insultait, mais l'autre, converti tout à coup, reconnut le Seigneur et le supplia de se ressouvenir de lui dans son royaume. Jésus lui promit de l'y faire entrer dès le jour même. Ayant aperçu la sainte Vierge au pied de sa croix avec saint Jean, il lui dit : *Femme, voilà vôtre fils.* Puis il jeta un grand cri, en disant : *Mon Père, pourquoi m'avez-vous abandonné !* Enfin, ayant accompli tout ce qui avait été dit de lui par les prophètes, il demanda un peu de vinaigre, recommanda son âme à son Père, baissa la tête et expira. Au moment de sa mort les ténèbres couvrirent, tout à coup, la terre ; cette obscurité dura trois heures. Le voile du temple se déchira ; La terre trembla ; les pierres se fendirent ; les sépulcres s'ouvrirent ; les morts ressuscitèrent, sortirent de leurs tombeaux, vinrent à Jérusalem, et apparurent à plusieurs personnes. A la vue de tant de signes extraordinaires, le centenier qui commandait les soldats reconnut que cet homme crucifié était vraiment le fils de Dieu ; les gardes effrayés tinrent le même langage, et la foule du peuple qui avait assistée au supplice, épouvantée par ce terrible spectacle, changea ses insultes en soupirs, et se dispersa en se frappant la poitrine et en versant des larmes. Cependant les Juifs, toujours scrupuleux, même au milieu de leurs plus grands crimes, ne voulurent pas permettre que les corps des condamnés demeurassent attachés à la croix pendant le jour de Pâque. Pilate, d'après leurs prières, fit rompre les cuisses des deux voleurs crucifiés ; ils furent détachés de la croix : un des soldats, trouvant Jésus-Christ déjà mort, lui perça de sa lance le côté, d'où il sortit du sang mêlé d'eau. Un disciple secret de Jésus, nommé Joseph d'Arimathie, vint le soir trouver, Pilate pour lui demander le corps du divin Rédempteur, le gouverneur le lui ayant accordé, Joseph et Nicodème embaumèrent ce corps, l'enveloppèrent d'un linceul blanc, et l'enfermèrent dans un sépulcre nouvellement fait, et où l'on n'avait encore mis personne.

Les Juifs, craignant qu'on ne publiât qu'il était ressuscité, comme on l'avait prédit, obtinrent de Pilate qu'on scellât le sépulcre avec une pierre, et qu'on y plaçât des gardes. Cette vaine précaution ne rendit que plus éclatant le miracle annoncé. Il se fit tout à coup un grand tremblement de terre ; un ange descendit du ciel, ôta la pierre qui fermait le tombeau, et s'assit dessus : ses yeux brillaient comme un éclair et ses vêtements éclataient comme la neige. Les gardes du sépulcre furent frappés de terreur et renversés ; ils allèrent ensuite à Jérusalem rendre compte aux prêtres de ce qui était arrivé. Ceux-ci ne trouvèrent d'autre remède à ce malheur que de corrompre les gardes pour leur faire déclarer que, tandis qu'ils dormaient, les disciples étaient venus enlever le corps dé Jésus.

Marie-Madelaine et d'autres saintes femmes, étant arrivées de grand matin au sépulcre, le trouvèrent, avec surprise, ouvert et vide ; elles coururent aussitôt en avertir les apôtres. Marie-Madelaine demeura seule et entra dans le tombeau. Deux anges, vêtus de blanc, lui apparurent et lui demandèrent pourquoi elle pleurait ? Elle répondit qu'on avait enlevé son maître. Se retournant alors elle vit Jésus-Christ, sous la forme d'un jardiner, qui lui fit la même question. Après sa réponse, Jésus ne lui dit que ce mot : Marie ; alors elle reconnut le Sauveur ; et voulut se jeter à ses pieds ; mais il l'en empêcha, et lui dit d'aller rapporter aux disciples ce qu'elle avait vu. Telle fut, selon l'Évangile, la première apparition du Seigneur après sa résurrection.

Lorsque Jésus se fut fait voir à Madelaine, il apparut encore aux autres saintes femmes, et leur recommanda d'apprendre sa résurrection aux apôtres ; mais ceux-ci prirent leur récit pour un rêve.

Peu de temps après, deux disciples d'Emmaüs marchant et s'entretenant ensemble de la vie et de la mort du Sauveur, Jésus s'approcha d'eux sous la forme d'un voyageur ; et leur demanda ce qui les occupait ; ils lui racontèrent sa propre histoire, et la terminèrent en lui disant qu'il n'était pas ressuscité le troisième jour, comme il l'avait promis, quoique plusieurs femmes en eussent répandu le bruit, et qu'eux-mêmes n'eussent plus trouvé personne dans le tombeau qu'ils étaient venus visiter. Le Sauveur, étonné de leur incrédulité après tant de faits qui pouvaient leur ouvrir les yeux, leur reprocha leur peu de foi, et leur expliqua comment tout ce qui avait été prédit par les prophètes depuis Moïse devait s'exécuter et avait été accompli. Il entra ensuite avec eux dans une hôtellerie, et lorsqu'il fut à table, il prit du pain, le bénit et le leur donna. Leurs yeux s'ouvrirent dans ce moment ; ils reconnurent le Sauveur qui disparut. Aussitôt les deux disciples, saisis d'étonnement, coururent faire-part aux douze apôtres de ce qui leur était arrivé.

Les apôtres étant réunis et dînant ensemble, Jésus parut tout à coup au milieu d'eux et leur dit : *La paix soit avec vous c'est moi, n'ayez point de peur*. Mais les apôtres, troublés par leur frayeur s'imaginaient voir un fantôme ; il les rassura en leur faisant voir et toucher ses mains et ses pieds ; et comme l'excès de leur joie les faisait douter encore de ce qu'ils voyaient, il leur demanda à manger, goûta du poisson et du miel, et leur partagea ce qui restait en leur rappelant que tout ce qui leur avait été prédit était ponctuellement arrivé. En même temps il leur ouvrit l'esprit pour qu'ils entendissent l'Écriture ; il leur recommanda de prêcher l'Évangile à tous les peuples, leur accorda le don des langues et des miracles, et le pouvoir de chasser les démons en son nom, et déclara que celui qui croirait et recevrait le baptême serait sauvé ; et que celui qui ne croirait pas serait condamné. Thomas Dydime, l'un des apôtres, n'étant pas avec eux lorsque Jésus les visita, il douta de la vérité de leur récit, et les assura qu'il n'y croirait pas s'il ne voyait lui-même les blessures que les clous lui avaient faites. Mais huit jours après comme ils se trouvaient tous dans le même lieu Jésus leur apparut de nouveau, et dit à Thomas : *Portez votre doigt dans les trous que les clous de la croix ont faits à mes pieds et à mes mains, touchez aussi la blessure de mon côté, et, ne soyez point incrédule, mais fidèle.* Thomas reconnut son Seigneur et son Dieu, et Jésus lui dit : *Vous avez cru, Thomas, parce que vous avez vu : heureux ceux qui ont cru sans avoir vu !*

Le fils de Dieu apparut encore différentes fois à ses disciples, et fit devant eux plusieurs miracles ; il déclara par trois fois à Pierre qu'il le chargerait du soin de *paître ses agneaux et ses brebis* ; enfin ayant conduit ses apôtres et ses disciples sur une montagne près de Béthanie, il leur renouvela ses ordres, ses dons et ses promesses, leva les mains au ciel, les bénit tous, et, en les bénissant, il se sépara d'eux et fut enlevé à leurs yeux vers le trône de son Père. Les disciples l'adorèrent et retournèrent comblé de joie à Jérusalem, où on les voyait sans cesse dans le temple, louant et bénissant Dieu.

Après l'ascension de Jésus, les apôtres voulurent choisir un disciple pour remplacer Judas, et le sort fit tomber leur choix sur Mathias. Quand les jours de là Pentecôte furent accomplis, les disciples étaient tous rassemblés dans un même lieu, on entendit tout à coup un grand bruit, comme celui d'un vent impétueux qui venait du ciel, et qui ébranla toute la maison ; en même temps ils virent paraître comme des langues de feu qui se partagèrent et s'arrêtèrent sur chacun d'eux. Aussitôt, ils furent tous remplis du Saint-Esprit, et commencèrent à parler diverses langues, et à prononcer les paroles que leur dictait l'Esprit-Saint.

Le bruit de ce miracle se répandit bientôt dans la ville. Or, il y avait alors dans Jérusalem des Juifs religieux, craignant Dieu, et qui étaient venus de tous les pays *qui sont sous le ciel.* Ces Juifs étrangers se rassemblèrent en grand nombre : Parthes, Mèdes, Élamites, Asiatiques, Syriens, Arabes, Égyptiens, Crétois, Romains, tous furent saisis d'étonnement d'entendre ces apôtres galiléens parler leurs langues diverses. Quelques uns attribuaient cette merveille à l'ivresse ; mais Pierre alors, à la tête des apôtres, éleva la voix, et leur rappela que ce miracle, qui les étonnait, avait été prédit par le prophète Joël. Il profita de cette circonstance pour leur retracer les merveilles de la mission, de la naissance, de la vie, de la mort et de la résurrection de Jésus-Christ. Enfin il leur rappela tous les miracles dont ils avaient été témoins, et leur apprit que Dieu avait répandu sur eux le Saint-Esprit, et que c'était sa parole qu'ils entendaient ; afin que toute la maison d'Israël sût que ce Jésus, crucifié par les Juifs, était le Christ promis par Dieu et annoncé par les prophètes,.

Après cette première prédication qui convertit environ trois mille personnes, et les réunit par le baptême aux disciples de Jésus-Christ, les apôtres réglèrent la conduite qu'ils devaient tous tenir, ainsi que les disciples. Tous ceux qui croyaient étaient unis ensemble ; tout ce qu'ils possédaient était commun entre eux. Ils vendaient leurs terres et leurs biens pour les partager et les distribuer, selon le besoin de chaque famille ; ils suivaient tous la doctrine des apôtres dans la communion de la fraction du pain et dans les prières ; ils fréquentaient assidûment le temple et se faisaient aimer du peuple par la pureté de leur culte et la simplicité de leurs mœurs.

Les apôtres faisaient chaque jour de nouveaux prodiges, et le Seigneur augmentait sans cesse *le nombre de ceux qui devaient être sauvés dans l'unité d'un même corps*.

Les princes des prêtres étaient irrités du succès des apôtres. Anne et Caïphe firent arrêter saint Pierre et saint Jean ; mais le conseil n'osa les envoyer au supplice, malgré la hardiesse avec laquelle ils soutinrent devant lui la divinité de Jésus-Christ, sa doctrine et sa résurrection. Il se contenta, en les mettant en liberté, de leur défendre de prêcher à l'avenir.

Les apôtres n'en continuèrent pas moins à répandre la parole de Dieu. Ils furent de nouveau jetés dans une prison, d'où un ange les délivra. Ils commencèrent peu de temps après, pour établir la hiérarchie dans l'église, à choisir parmi les disciples sept diacres qui devaient les aider dans leur mission. Étienne, le premier qu'ils élurent, prêcha avec ferveur dans Jérusalem. La hardiesse de son langage et la vivacité de ses reproches excitèrent la colère des Juifs infidèles qui se jetèrent sur lui et le lapidèrent.

Depuis ce moment il s'éleva une grande persécution contre les fidèles, qui furent, à l'exception des apôtres, dispersés en divers endroits de la Judée et de Samarie. Le plus ardent de leurs persécuteurs était un Juif nommé Saul, citoyen romain[1], qui ne pensait pas alors être destiné à devenir une des principales colonnes de l'église chrétienne. Cette conversion ne tarda pas à arriver. Comme il approchait de Damas, chargé des ordres menaçants du grand-prêtre pour les synagogues de cette ville, il fut tout d'un coup environné et frappé, par une lumière du ciel. Renversé par terre, il entendit une voix qui lui disait : *Saul ! Saul ! Pourquoi me persécutez-vous ?* Il répondit : *Qui êtes-vous Seigneur ?* Et le Seigneur lui dit : *Je suis Jésus que vous persécutez ; il vous est dur de regimber contre l'aiguillon*. Alors, tout tremblant, il demanda à Dieu ce qu'il devait faire ; le Seigneur lui répondit : *Levez-vous, entrez dans la ville, et on vous le dira*. Saul se leva ; mais il était privé de la vue ; on le conduisit à Damas. Un disciple nommé Ananie vint le trouver, lui rendit la lumière et le baptisa. Saul alors prit le nom de Paul et commença à prêcher Jésus dans toutes les synagogues.

L'histoire des prédications des apôtres et des disciples, en Judée, à Rome, en Grèce, en Asie, leurs épîtres, leurs miracles et leurs martyres ne tiennent plus à l'histoire des juifs, et font partie de celle de l'établissement du christianisme, que nous retrouverons dans chaque nation, en suivant le cours de cette histoire générale : il suffira de dire ici que le premier concile des chrétiens, présidé par les apôtres, se tint peu de temps après à Jérusalem, que saint Paul, accusé par les prêtres, se justifia devant le roi Agrippa, mais qu'il fut renvoyé à Rome, parce qu'il en avait appelé à César.

Nous allons à présent reprendre le cours des événements qui se sont passés en Judée, depuis la mort d'Hérode le Grand, sous lequel Jésus-Christ était né, jusqu'à la prise de Jérusalem et à la destruction du temple, prédite par le Seigneur.

---

1. Année 34 de Jésus-Christ.

27

ARCHÉLAÜS, AGRIPPA, HÉRODE LE TÉTRARQUE, AGRIPPA II, SIMON, JEAN, JOSÈPHE

AVANT de commencer l'histoire du Sauveur, nous ayons vu comment, sur les plaintes des Juifs, l'empereur Auguste avait exilé dans les Gaules Archélaüs, fils et successeur d'Hérode le Grand. Depuis cette époque, les princes de la famille, que Rome honorait du titre de tétrarque ou de rois, ne pouvaient être regardés comme souverains ; c'étaient tout au plus des gouverneurs secondaires, soumis au gouverneur général nommé par l'empereur, et leur obéissance plus ou moins sincère, réglait le degré et la duré de leur faveur.

La politique romaine crut d'abord que la Judée pouvait être tranquille sous sa dépendance, comme les autres royaumes qui tous successivement furent divisés, protégés et conquis par les généraux de la dominatrice du monde. Rome avait laissé aux Juifs, comme aux autres peuples, leurs coutumes, leurs lois et le libre exercice de leur culte, et ne se mêlait de leur administration intérieure que pour apaiser les troubles, recevoir des tributs et exiger des secours en hommes et en vaisseaux pour la guerre. Mais la religion et les opinions des Israélites étaient incompatibles avec cette dépendance, et les sentiments gravés par la loi de Moïse leur rendaient odieux tout mélange avec l'étranger. Un tel peuple, voulant toujours être gouverné par son Dieu, par ses prêtres et par ses anciens, ne pouvait qu'être esclave et non sujet s'il était conquis, et, en connaissant bien ses mœurs, on aurait pu prévoir facilement qu'il ferait de constants efforts pour secouer son joug, et qu'étant trop faible pour lutter avec succès contre l'empire romain, sa résistance continuelle et ses turbulentes secousses devaient amener sa destruction. Nous avons vu dans les livres sacrés que cette destruction avait été prédite aux Juifs, comme un châtiment inévitable de leurs vices et de leur impiété. Comme historien, nous devons seulement examiner ici les causes secondaires de l'accomplissement exact de ces prophéties.

La force des Juifs était depuis longtemps affaiblie par la division qui existait entre les peuples de Samarie et de Jérusalem, à l'époque de la naissance de Jésus-Christ. Cette division s'était accrue par la formation de trois sectes les pharisiens, les esséniens et les saducéens. La première et la plus puissante, plus attachée à la lettre qu'à l'esprit de la loi de Moïse, observait strictement les anciennes formes, était assidue aux heures de la prière, et ne souffrait aucun changement dans les cérémonies, conservait un grand respect pour la vieillesse, et exerçait beaucoup d'autorité sur le peuple. Les pharisiens croyaient l'âme immortelle ; mais leur doctrine était mêlée de fatalisme, et même d'une sorte de métempsycose, car ils pensaient que les âmes des justes revenaient habiter ce monde. Jésus-Christ leur reprocha souvent leur orgueil et leur hypocrisie.

Les saducéens étaient peu nombreux, mais composés des hommes les plus distingués par leurs richesses et leur naissance. Ils croyaient que l'âme mourait avec le corps, et n'ordonnaient l'observation de la loi que pour le maintien de l'ordre public.

Les esséniens, vertueux et austères, convaincus de l'immortalité de l'âme et résignés à tous les ordres de la Providence, employaient toute leur vie à étudier et à pratiquer la justice. Ils se contentaient d'envoyer leurs offrandes au temple, sans y venir faire de sacrifices. L'agriculture était leur seule profession. Tout était commun entre eux, ils n'avaient point de serviteurs, croyant qu'assujettir les hommes, c'était offenser la nature qui les rend tous égaux. Des prêtres, choisis par eux, recevaient tout le fruit de leur travail et les nourrissaient tous. Cette secte, peu nombreuse et séparée du reste de la nation, pouvait être regardée comme une communauté religieuse et n'avait aucune influence dans les affaires publiques.

Un homme appelé Judas fonda, une quatrième secte dont l'ardeur et l'activité entraînèrent une grande partie du peuple. Semblables en tout autre point aux pharisiens, ils soutenaient qu'on ne doit reconnaître pour seigneur et pour roi que Dieu seul ; et leur fanatisme républicain leur aurait fait souffrir toutes sortes de tourments et de supplices, plutôt que d'accorder à quelque homme que ce fût le nom de seigneur ou de maître. L'esprit turbulent de ces derniers sectaires fut, comme on le verra bientôt, une des principales causes de la ruine de leur patrie.

L'empereur Auguste avait nommé Syrhénéus gouverneur de Syrie, avec ordre d'y faire le dénombrement des biens de tous les particuliers. Cette mesure excitait le._ mécontentement des Juifs. Le grand-prêtre Joasar voulut vainement lui persuader de s'y soumettre. Ce même Judas, dont nous venons de parler, de concert avec un pharisien nommé Sadoch, excita le peuple à la révolte, en lui disant que ce dénombrement était une preuve évidente du projet formé par l'empereur de ruiner les Juifs et de les réduire en servitude. Il leur rappela tous les miracles de Dieu en leur faveur et l'obligation sacrée de défendre leurs lois et leur indépendance. Enfin, il leur promit au nom du Seigneur, les plus grands succès, s'ils se dévouaient pour servir sa cause. Aussitôt le feu de la révolte se répandit partout ; ce ne fut, de tous côtés, que meurtres et brigandages ; on pilla amis et ennemis, sous prétexte de défendre la liberté publique : on accusait les riches et les grands de trahison pour les tuer et s'emparer de leurs biens. La rage des séditieux fut portée à un tel degré de fureur qu'une grande famine qui survint n'arrêta pas le cours de leurs cruautés, et qu'on vit même le feu de cette guerre civile porter l'embrasement jusque dans le temple de Dieu.

Syrhénéus après avoir répandu beaucoup de sang, apaisa cette première révolte, et acheva le dénombrement qui eut lieu trente-sept ans après la bataille d'Actium. Le gouverneur confisqua les biens d'Archélaüs, et maintint Hérode et Philippe dans les tétrarchies qu'Hérode le Grand leur avait laissées par testament. Salomé, sœur de ce monarque, mourut dans ce temps, et laissa à Julie, sa fille, sa toparchie, dont les Romains lui confirmèrent la possession.

Syrhénéus, pour calmer l'esprit des révoltes, déposa le grand-prêtre, Joasar, leur ennemi, et donna sa charge à Ananus.

Peu après l'empereur Auguste mourut, et Tibère lui succéda[1]. Ce prince donna le commandement de la Judée à Valerius Gratus. Plusieurs grands-prêtres furent successivement déposés par le gouverneur : le dernier qu'il nomma fut Caïphe ; et Gratus lui-même, par onze ans de gouvernement, se vit remplacé par Ponce Pilate. Hérode le tétrarque se concilia l'amitié de Tibère, et bâtit en son honneur une ville qu'il nomma Tibériade. Ce fut sous leur administration que périt le Sauveur du monde, arrêté par Caïphe, méprisé par Hérode et livré aux Juifs par Pilate.

Le gouverneur romain envoya de Césarée à Jérusalem des troupes dont les drapeaux portaient l'effigie de l'empereur. Ces images révérées à Rome, exigeaient des honneurs contraires à la loi des Juifs.

Ils vinrent en foule supplier Pilate de faire porter ailleurs ses drapeaux. Il refusa d'y consentir, disant que ce serait offenser l'empereur, Leurs instances redoublèrent ; Pilate monta sur son tribunal, et fit prendre les armes à ses troupes qui enveloppèrent les Juifs, en les menaçant de les tuer s'ils ne se soumettaient. Tous alors découvrirent leurs poitrines, et s'écrièrent que le maintien de la loi leur était plus cher que la vie. Pilate, vaincu par ce zèle ardent, fit reporter les drapeaux à Césarée.

Quelque temps après, le gouverneur projetant de faire construire des aqueducs, crut nécessaire de tirer de l'argent du trésor du temple. Le peuple se souleva encore ; mais Pilate réprima cette sédition, après avoir fait mourir un grand nombre de révoltés. Il voulut ensuite soumettre les Samaritains, qui avaient pris les armes pour s'emparer de la montagne de Garizim, croyant qu'ils trouveraient dans le sein de cette montagne un trésor et des vases sacrés qu'on disait y avoir été cachés par Moïse. Les rigueurs que le gouverneur exerça dans cette expédition déterminèrent les Samaritains à l'accuser près de Vitellus, gouverneur de Syrie. Celui-ci commanda à Pilate d'aller à Rome pour se justifier. Il vint lui-même à Jérusalem pour la fête de Pâque ; on l'y reçut avec de grands honneurs. Il affranchit les habitants d'un tribut qu'on percevait sur les fruits, il permit aux sacrificateurs de garder l'éphod et les ornements sacerdotaux que la jalousie d'Hérode le Grand avait fait renfermer dans la forteresse Antonia ; enfin il déposa Caïphe, et donna le sacerdoce à Jonathas, fils de l'ancien grand-prêtre Ananus.

Il paraît qu'Hérode le tétrarque jouissait alors, sous la protection de Tibère, d'une autorité presque royale ; car on voit qu'il fit la guerre à Arétas, son beau-père, roi des Arabes, dont il voulait répudier la fille pour épouser sa sœur Hérodiade. Ses armes furent malheureuses ; Arétas le battit, et le peuple juif regarda ce mauvais succès comme un châtiment que Dieu infligeait à Hérode pour le punir de la mort de Jean-Baptiste, dont on révérait partout la sainteté.

Tibère mourut à peu près à cette époque : l'avènement au trône de son successeur Caïus Caligula changea totalement la fortune d'un petit-fils d'Hérode, nommé Agrippa. Maltraité par sa famille, privé de bien et d'apanage, il était venu à Rome pour implorer la protection de l'empereur. Accueilli par Antonia, mère de Caligula, il avait indiscrètement montré le désir de voir ce prince arriver à l'empire. Tibère, informé par un délateur, de ses vœux imprudents, l'avait fait enchaîner dans un cachot. Caligula, monté sur le trône, se souvint de son ami, le combla de présents, lui accorda de grands biens et une tétrarchie en Judée, avec le titre de roi, et lui donna une chaîne d'or du même poids que la chaîne de fer qu'il avait portée dans sa prison.

Hérodiade, jalouse de la fortune d'Agrippa, son frère, prétendait aussi avoir un diadème ; mais l'empereur, mécontent de sa conduite et de ses intrigues, l'envoya en exil, avec son mari Hérode le tétrarque, à Lyon dans les Gaules.

Les Juifs d'Alexandrie, ne voulant pas rendre hommage aux autels élevés en l'honneur de Caligula, Pétrone, gouverneur de Syrie, marcha contre eux. Le roi Agrippa intercéda en leur faveur et obtint leur grâce. Ils furent moins heureux à Babylone, leurs richesses les avaient rendus si puissants qu'ils donnèrent de la jalousie aux Grecs et aux Syriens, qui en égorgèrent cinquante mille.

L'empereur Claudius succéda à Caligula, confirma les faveurs accordées à Agrippa, et ajouta même à sa tétrarchie la Judée tout entière et le pays de Samarie. Il donna le royaume de Chalcide à Hérode, frère d'Agrippa, et publia des édits très favorables aux Juifs. Le roi Agrippa, étant arrivé à Jérusalem, consacra dans le temple la chaîne d'or que lui avait donnée Caligula. Il fit des sacrifices solennels, rétablit l'ordre et la discipline dans l'état, et prouva aux habitants de Jérusalem sa reconnaissance de leur affection, en les affranchissant de l'impôt que devait lui payer chaque maison. Il déposa le grand-prêtre Théophile, et donna le sacerdoce à Simon, dont la famille était alliée à celle d'Hérode ; enfin, après avoir levé des troupes, et réorganisé son armée, il en donna le commandement à Silas qui ne l'avait jamais abandonné. Ce monarque embellit Jérusalem, releva ses murs, et voulut la fortifier de manière à la rendre presque imprenable, mais un ordre de Marsus, gouverneur de Syrie, l'obligea de suspendre ses grands travaux. Ce prince établit des jeux et des théâtres dans la cité sainte ; et il donna au peuple, dans un cirque, le cruel plaisir de voir quatorze cents criminels, condamnés à mort, combattre et s'entretuer. Ce combat fut si opiniâtre qu'il n'en resta pas un seul vivant. La troisième année de son règne, il célébra la naissance de l'empereur par des jeux solennels. Le peuple voyait avec peine ces fêtes ; mais tous les grands y assistèrent. Il mourut quelque temps après d'une maladie aiguë. La douceur et l'éclat de son règne le firent universellement regretter.

Agrippa, son fils, étant trop jeune pour gouverner, Claude donna le commandement de la Judée à Caspius Phædus, et il accorda à Hérode, oncle du jeune roi, l'administration du temple et du trésor, et le droit de nommer les grands-prêtres.

Tibérius Alexandre succéda bientôt à Phædus, et fut ensuite remplacé par Cumanus. Ce nouveau gouverneur, voulant prévenir les troubles qu'occasionnaient souvent pendant les fêtes de Pâque, la multitude immense de gens qui accouraient de toutes les parties du royaume, avait placé une cohorte à la porte du temple. Un soldat de cette troupe s'étant, indécemment déshabillé à la vue d'un lieu si saint, cette imprudence souleva le peuple qui accusait Cumanus d'avoir ordonné ce sacrilège. Celui-ci s'efforça de les apaiser ; n'y réussissant pas, il commanda à ses troupes d'avancer. Les Juifs alors prirent la fuite, et ils se pressèrent de telle sorte qu'il y en eut plus de vingt mille d'étouffés.

Après treize ans de règne Claude mourut ; Néron lui succéda. Le nouvel empereur donna la petite Arménie à Aristobule, fils d'Hérode, et augmenta le royaume d'Agrippa.

Félix, frère de l'affranchi Pallas, avait été nommé récemment gouverneur de Judée. Son administration fut loin d'être paisible. Il détruisit une bande de voleurs, si forte, si hardie, qu'elle avait tué le grand sacrificateur Jonathas dans l'enceinte du temple. Il extermina aussi un grand nombre de fanatiques qui soulevaient le peuple, tua un faux prophète qui s'était mis à la tête de trente mille hommes pour chasser les Romains de Jérusalem.

Les Syriens renouvelèrent dans ce temps leurs anciennes prétentions à la souveraineté de la ville sainte. Cette querelle fut renvoyée au jugement de Héron. Festus, nommé par cet empereur au gouvernement de Judée, continua la guerre contre les brigands, mais ses deux successeurs, Albinus et surtout Florus, prirent le parti de ces voleurs, et se joignirent à eux pour piller les riches et pour opprimer le peuple.

Sur ces entrefaites, les Grecs osèrent profaner une synagogue à Césarée ; les Juifs se défendirent, mais ils furent battus. Florus, sous prétexte d'apaiser ces troubles, voulut tirer dix-sept talents du trésor du temple. Cette violation du lieu saint excita une nouvelle révolte ; les troupes du gouverneur massacrèrent une grande quantité de peuple, malgré l'intercession de Bérénice, sœur du roi Agrippa, qui courut elle-même risque de la vie.

Florus, décidé à piller le trésor et à humilier les Juifs ordonna aux habitants de Jérusalem d'aller au-devant des troupes romaines qui venaient de Césarée. Ces infortunés obéirent ; mais au moment où ils saluaient les drapeaux de l'empereur, les soldats les chargèrent et en firent un grand massacre. Cette cruauté porta le peuple au désespoir. De tous côtés on se rassembla, on courut aux armes, on délivra le temple, on chassa les Romains, et Florus, obligé de se réfugier à Césarée, instruisit Cestius, gouverneur de Syrie, de cette révolte, devenue une véritable révolution.

Cestius envoya des officiers à Jérusalem pour y prendre des informations sur ces grands événements. Le roi Agrippa, prévoyant les malheurs de son pays, rassembla le peuple et, par un discours éloquent, chercha vainement à le ramener à la soumission. Il lui rappela qu'autrefois la Judée avait été tour à tour la proie des Égyptiens et des Assyriens peuples beaucoup moins redoutables que les Romains ; il les fit souvenir de la prise de Jérusalem par Pompée ; il leur représenta, d'un côté la' Judée pauvre, faible, divisée, déchirée par des factions, désolée par des brigands, privée de places fortes, d'armées régulières ; et de l'autre, l'empereur de Rome, maître du monde entier, les enveloppant de toutes parts avec des armées innombrables et victorieuses, auxquelles nulle puissance ne pouvait résister. Enfin il les conjura de déposer des armes inutiles ; et d'obtenir, par des prières une justice que son père n'avait jamais sollicitée en vain, et une protection réelle au lieu d'une indépendance chimérique.

Le peuple, irrité, méprisa ses paroles. Les cris de religion et de liberté étouffèrent la voix du roi ; on le poursuivit à coups de pierres et on brûla son palais et celui de sa sœur. Il était resté une faible garnison romaine dans la forteresse. Le grand-prêtre et les personnes les plus distinguées de la ville voulurent encore apaiser le peuple ; mais les séditieux, commandés par Éléazar, massacrèrent la garnison romaine et contraignirent les sacrificateurs à refuser la victime, offerte au nom de l'empereur. Les principaux de Jérusalem demandèrent en vain des secours contre les factieux ; Florus les refusa. Agrippa envoya des troupes, mais elles furent battues.

Manahem, fils de Judas le fondateur de la nouvelle secte, souleva tout le peuple, en lui faisant jurer de secouer le joug des étrangers et de n'obéir qu'à. Il s'empara de la forteresse de Massada ; mais, enivré de ce triomphe entra dans le temple avec les habits royaux, et son propre parti l'envoya au supplice.

Le général romain Mitillius, qui commandait dans un fort, capitula et se retira à Césarée. De ce moment la vengeance des Romains commença à éclater d'une manière terrible : on égorgea vingt mille Juifs à Césarée, treize mille à Scythopolis, cinquante mile à Alexandrie. Ces massacres furent vengés en Judée par de cruelles représailles. Cestius Gallus entra dans le royaume avec une grande armée romaine ;

Agrippa se joignit à lui, mais le fanatisme, cette fois, l'emporta sur la discipline, et les Romains, battus à Béthoron, furent contraints de se retirer. Cestius ayant rassemblé de nouvelles forces, revint à la charge, et s'empara de Jérusalem ; mais, ayant échoué dans un assaut contre le temple, il, se découragea, fit sa retraite en désordre, et perdit plus de quatre mille hommes. Les habitants de Damas vengèrent sa défaite en égorgeant dix mille Juifs.

Les révoltés chargèrent, alors plusieurs généraux du soin de conduire la guerre : ce furent Éléazar, Silas, Jésus et Josèphe, l'historien. Ces chefs fortifièrent les places, levèrent cent mille hommes, les organisèrent, et les soumirent à une sévère discipline.

Dans ce même temps, Simon, fils de Joras, rassembla une foule de brigands et de gens sans aveu qui ne demandaient que le pillage des riches. Néron, irrité de ces révoltes, destitua Cestius donna le gouvernement de la Syrie, ainsi que le commandement de l'armée, à Vespasien. Dès que ce général fut arrivé en Syrie, il envoya son fils Titus à Alexandrie, et fit avec diligence tous les préparatifs nécessaires pour tirer une prompte vengeance de l'affront que les armes romaines avaient reçu,

Les Juifs enorgueillis par leur victoire, attaquèrent la ville d'Ascalon. Les Romains leur livrèrent bataille, les mirent en fuite, et leur tuèrent dix-huit mille hommes ; trois de leurs généraux, Silas, Jean et Éléazar, périrent dans cette affaire.

Vespasien et Titus, profitant de cet avantage, entrèrent en Galilée avec une armée de soixante mille hommes ; la terreur que cette marche répandit parmi les Juifs fût telle que Josèphe, abandonné par presque toute son armée se vit obligé de se retirer à Tibériade, Il chercha vainement à prouver à sa nation que, puisqu'elle ne pouvait pas combattre, elle devait traiter, ; il ne fut ni écouté ni secouru, et il s'enferma, avec le peu de braves qui lui restaient, dans la ville de Jotapat.

Vespasien vint l'y assiéger ; voulant absolument s'emparer de sa personne, parce qu'il croyait, dit Josèphe lui-même, que le prendre c'était s'emparer de toute la Judée. Au reste cet historien justifia son orgueil par un grand courage. Le siège fut long et sanglant ; les Juifs firent plusieurs sorties, dans l'une desquelles Vespasien lui-même reçut une blessure, et la ville résista à de fréquents assauts. Tandis que l'opiniâtreté des assiégés occupait le gouverneur romain, Titus s'emparait dé Jaffa, et Céréalis de la montagne de Garizim, où il tua onze mille Samaritains.

Vespasien n'ayant pu triompher ouvertement, parut ralentir ses efforts. La vigilance des Juifs se relâcha ; les Romains en profitèrent. Ils entrèrent une nuit, par surprise, dans la ville de Jotapat, et passèrent au fil de l'épée tous les habitants ; les femmes et les enfants furent seuls épargnés.

Josèphe s'était enfermé dans une caverne avec soixante de ses compagnons et les principaux de l'armée. Vespasien leur fit dire de se rendre, et leur promit la vie ; mais ces fanatiques, résistant aux prières de Josèphe, résolurent de s'entretuer tous. Le premier sur lequel le sort tombait, tendait la gorge au poignard de celui qui était près de lui ; le second était tué à son tour par le troisième ; et tous furent ainsi poignardés successivement, suivant l'ordre où ils s'étaient placés. Par une fortune inouïe, Josèphe et un de ses amis se trouvèrent les derniers, et, restèrent ainsi libres de se rendre à Vespasien qui voulait les envoyer à Néron. Mais Josèphe, qui prétendait avoir le don de prophétie, ayant annoncé au général romain qu'il serait empereur, et que son fils Titus régnerait après lui, cette prédiction le décida à changer de dessein, et à traiter son captif avec bienveillance. Cette amitié de Vespasien pour Josèphe lui attira la haine de ses compatriotes.

Les armes romaines éprouvèrent encore dans plusieurs lieux une forte résistance. Vespasien s'était emparé de la ville de Gamala, le roi Agrippa, qui, se trouvait dans son armée, fut blessé pendant le siège. Les Juifs revinrent avec fureur et chassèrent les Romains de Gamala que reprit ensuite Titus. Celui-ci poursuivit après, dans Giscala, un des plus célèbres chefs des factieux Jean de Giscala, et l'obligea de se sauver à Jérusalem.

Tel est l'aveuglement de l'esprit de parti, qu'il ne peut être éclairé par le feu de la guerre ni par l'aspect du danger ; le plus évident. Enveloppés, pressés de tous côtés par les armes du colosse romain, les Juifs réunis auraient pu difficilement se défendre ; divisés, leur résistance devenait impossible. On a peine à concevoir qu'une vérité si effrayante, si palpable, n'ouvrît pas leurs yeux, et cependant, resserrés dans Jérusalem, ils se battaient et se déchiraient entre eux. Au milieu de cette ville, dans le moment même où elle était assiégée par Vespasien, la guerre civile exerçait ses fureurs dans les rues, dans les places publiques et dans le temple, en même temps que la guerre étrangère éclatait contre eux au pied de leurs murailles.

Jean de Giscala, agissant de concert avec les zélateurs, c'était le nom qu'on donnait à la secte la plus fanatique, ouvrit la ville aux Iduméens, qui y exercèrent d'horribles cruautés et massacrèrent même le sacrificateur Zacharie. Bientôt Jean, comptant sur ses forces, voulut s'emparer du pouvoir suprême. Son ambition divisa les zélateurs en deux partis. Simon, fils de Joras, combattit Jean et le vainquit, mais sa victoire ne fut pas décisive, et les factions de ces deux chefs continuèrent de remplir la cité sainte de massacres et de pillage.

Dans un tel désordre, rien ne semblait pouvoir retarder la prise de Jérusalem ; mais une nouvelle révolution à Rome suspendit la ruine du peuple juif. Vespasien, proclamé empereur par son armée, se disposa à passer en Italie pour combattre Vitellius son compétiteur. Il chargea Titus, son fils, de continuer la guerre en Judée. Bientôt ce jeune prince resserra de nouveau la ville de Jérusalem, et l'entoura d'une grande muraille garnie de tours pour la priver de vivres et de tous secours. Ce nouveau péril ne fit pas cesser la discorde civile. Éléazar, occupant la partie supérieure du temple, Simon, la ville haute et Jean de Giscala, la ville basse, combattaient entre eux ; et cependant, au milieu de leurs fureurs, leurs troupes réunies sur les murailles résistaient vaillamment aux Romains, faisaient de fréquentes sorties, détruisaient les travaux des assiégeants, et, après les avoir repoussés, revenaient dans la ville pour se battre de nouveau entre elles.

Jamais aucune autre cité dans l'univers ne fut en proie à plus de malheurs. La haine, la vengeance, l'avarice, l'ambition, le fanatisme et le désespoir se joignaient aux désastres de la guerre pour déchirer Jérusalem. Le fléau de la famine vint mettre le comble à ces calamités, et les morts servirent bientôt de pâture aux vivants. On vit une mère égorger son propre enfant pour en faire un affreux repas. Rien ne pouvait calmer ni fléchir ces cœurs barbares. Leur ennemi Titus, plus humain qu'eux, s'attendrit sur leur sort, et leur envoya Josèphe pour les engager à se rendre, et à sauver ainsi leur peuple, leur temple, leur culte, leur capitale et leurs lois. On ne lui répondit que par des cris de fureur et par des menaces. Les chrétiens, avertis par les prédictions du Sauveur de la destruction de Jérusalem, avaient tous quitté cette ville avant le siège. Beaucoup de Juifs, distingués par leur fortune et leur sagesse, s'étaient sauvés de la ville, et étaient venus demander des fers aux Romains pour échapper au poignard des zélateurs. Tout le reste des habitants, égaré par le fanatisme et le désespoir, ne pensait qu'à donner et à recevoir la mort.

Titus, maître de la première et de la seconde muraille de Jérusalem, assiégea le temple où les factieux, malgré leurs discordes se défendirent longtemps[2]. Le prince romain s'empara de la forteresse Antonia, et, après avoir échoué dans un assaut contre la maison du Seigneur, il tenta, avec plus de succès, un dernier effort et pénétra enfin dans cette enceinte sacrée. Il fit tout ce qu'un homme pouvait faire pour sauver le temple, mais Dieu en avait résolu la ruine. Un soldat, sans avoir reçu aucun ordre, comme poussé par une inspiration, se fit soulever par un de ses compagnons, et jeta une poutre enflammée, au travers de la fenêtre d'or, dans l'intérieur du saint asile : Titus victorieux était alors dans le sanctuaire dont il admirait avec respect la magnificence. Ses ordres et ses efforts pour arrêter le feu furent inutiles ; la foule des légions qui se pressaient, la rage du peuple qui voulait les repousser, la fureur des combattants, le bruit des armes, les cris des mourants, portaient au comble le désordre, et ne laissaient entendre aucun commandement. La flamme dévorante, s'étendant avec rapidité, augmenta l'horreur de cette scène de carnage, par la chute des murs et des poutres enflammés, de sorte qu'en peu d'heures la destruction de cet illustre et saint monument fut entièrement consumée.

Il périt le même jour du même mois où Nabuchodonosor l'avait autrefois détruit. Les historiens assurent que de grands prodiges précédèrent ce désastre. Une comète effrayante avait paru l'annoncer ; on avait vu une vache produire un agneau ; les assiégés avaient aperçu dans le ciel une grande quantité de chariots armés ; quatre ans avant le siège, un paysan, nommé Jésus, fils d'Ananus, qui se trouvait à la fête des Tabernacles, s'écria : *Voix du côté de l'orient, voix du côté de l'occident, voix du côté des quatre vents, voix contre Jérusalem et contre le temple, voix contre les nouveaux mariés, voix contre tout le peuple !* Pendant l'espace de quatre années, cet homme répéta nuit et jour les mêmes paroles. Enfin, pendant le siège, faisant le tour des murailles, il dit : *Malheur sur la ville ! Malheur sur le peuple ! Malheur sur le temple !* À quoi ayant ajouté : *Malheur sur-moi !* un pierre poussée par une machine des assiégeants le renversa par terre ; et il expira en répétant les mêmes mots.

Titus fut proclamé empereur par son armée sur les ruines du temple ; il fit mourir les sacrificateurs, dont la folle résistance avait causé la ruine de ce lieu saint. Les zélateurs, retirés dans la ville haute et dans le palais, tentèrent encore de s'y défendre ; mais les Romains s'étant emparés de leurs tours, les exterminèrent et livrèrent toute la ville aux flammes et au pillage.

Ce siège coûta la vie à onze cent mille Juifs ; quatre-vingt dix-sept mille furent faits prisonniers. Titis condamna Jean'de Giscala à une prison perpétuelle ; Simon, qui s'était sauvé comme lui dans un égout, fut pris et réservé pour le triomphe ; après lequel on l'exécuta à Rome publiquement.

Les Romains rasèrent les murailles et la plupart des maisons de Jérusalem. L'empereur Vespasien bâtit le temple de la Paix à Rome, et y plaça les chandeliers d'or, la table et d'autres riches dépouilles du temple. Il fit vendre toutes les terres de la Judée, et obligea les Juifs à lui payer la capitation de deux drachmes qu'on percevait précédemment.

Les Juifs, conquis, opprimés, conservaient toujours l'espoir, d'une délivrance miraculeuse : ils tentèrent plusieurs fois de se soulever. Enfin, sous le règne d'Adrien, cinquante ans après la destruction du temple, ayant tous pris de nouveau les armes, l'empereur leur fit une guerre cruelle dans laquelle cinq cent quatre vingt-six mille Juifs périrent. Adrien acheva de détruire tout ce que Titus avait épargné dans Jérusalem. Il éleva sur ses ruines une autre ville qu'il nomma Ælia Capitolina ; il en défendit l'entrée aux Juifs sous peine de mort, et fit sculpter un pourceau sur la porte qui conduisait à Bethléem. Saint Grégoire de Nazianze dit cependant qu'on permettait aux Israélites d'entrer à Ælia une fois par an pour pleurer ; et saint Jérôme ajoute qu'on leur vendait au poids de l'or la permission de verser des larmes sur les cendres de leur patrie.

Une multitude d'esclaves de l'un et l'autre sexe furent vendus aux foires de Gaza et de Membré ; on rasa cinquante forteresses et neuf cent quatre-vingt-cinq bourgades. La dispersion des Juifs date de cette époque ; cependant l'Histoire parle encore de quelques mouvements qui eurent lieu dans la Judée sous les empereurs Antonin, Septime Sévère et Caracalla. Jérusalem était devenue païenne ; le culte du vrai Dieu y reparut enfin sous le règne de Constantin, et de sa mère, qui renversèrent les idoles élevées sur le saint sépulcre, et consacrèrent les lieux saints par des édifices qu'on voit encore aujourd'hui.

Trente-sept ans après, Julien, ennemi du christianisme, rassembla les Juifs dans Jérusalem, pour y rétablir le temple[3]. Ils accoururent en foule, et les riches comme les pauvres, voulurent tous travailler à sa réédification : mais on raconte que des globes de feu, sortant tout à coup des fondements à demi creusés, frappèrent d'épouvante les ouvriers, et les forcèrent à abandonner cette entreprise.

A la mort de Julien, Jérusalem redevint chrétienne, et Justinien éleva son église en 501, à la dignité patriarcale. Cosroès, roi des Perses, s'empara de cette ville en 613, et vendit aux Hébreux répandus dans la Judée quatre-vingt-dix mille prisonniers chrétiens qu'ils égorgèrent.

Héraclius chassa Cosroès de ce pays, en 627. Neuf ans après, le calife Omar, troisième successeur de Mahomet, prit Jérusalem après quatre mois de siège. La Palestine et l'Égypte passèrent sous le joug du vainqueur, qui fut assassiné dans la ville de David en 643. La chute de la dynastie des Ommiades, et l'élévation de celle des Abassides, les dominations successives des Fatimites, des Seljoncides et des sultans d'Égypte, remplirent la Judée de troubles et de malheurs. Enfin, les Fatimites, vainqueurs de leurs adversaires, régnaient dans la Palestine, lorsque les croisés parurent.

Pendant le cours de toutes ces calamités, très peu d'Hébreux s'obstinèrent à demeurer pauvres et méprisés au milieu des ruines de leur patrie. On en voit encore un petit nombre pleurer sur les débris de la cité sainte, qui n'offre plus à l'œil du voyageur qu'un vaste et silencieux tombeau, qu'insulte une mosquée victorieuse, et près duquel gémissent quelques couvents chrétiens.

Le peuple juif, répandu parmi toutes les nations, depuis le règne d'Adrien, est errant et dispersé sur la terre, ainsi que les prophètes l'avaient prédits, conservant avec constance son nom, ses mœurs, son culte et sa loi, servant de témoins à l'Évangile qu'il combat, et gardant, toujours l'espérance d'être délivré par le Messie qu'il attend, et qu'il a méconnu et sacrifié.

FIN DE L'HISTOIRE DES JUIFS

---

1. An 19 de Jésus-Christ.
2. An 70 de Jésus-Christ.
3. An 130 de Jésus-Christ.

Copyright © 2020 par FV Éditions
ISBN COUVERTURE RIGIDE : 9791029908156
Tous Droits Réservés

www.ingramcontent.com/pod-product-compliance
Lightning Source LLC
LaVergne TN
LVHW091544070526
838199LV00002B/202